国家社会科学基金项目：美国气候政策转向
国际气候谈判策略研究（15CGJ003）
南昌大学哲学社会科学青年人才培育创新基

美国气候政策转向背景下中国参与国际气候谈判策略研究

门　丹　著

中国财经出版传媒集团
经济科学出版社
Economic Science Press
·北京·

图书在版编目（CIP）数据

美国气候政策转向背景下中国参与国际气候谈判策略研究／门丹著 . -- 北京：经济科学出版社，2025.6.（南昌大学经管论丛）. -- ISBN 978 -7 -5218 -7070 -1

Ⅰ. P467

中国国家版本馆 CIP 数据核字第 2025E17P77 号

责任编辑：宋　涛
责任校对：靳玉环
责任印制：范　艳

美国气候政策转向背景下中国参与国际气候谈判策略研究
MEIGUO QIHOU ZHENGCE ZHUANXIANG BEIJING XIA ZHONGGUO
CANYU GUOJI QIHOU TANPAN CELÜE YANJIU
门　丹　著
经济科学出版社出版、发行　新华书店经销
社址：北京市海淀区阜成路甲 28 号　邮编：100142
总编部电话：010 - 88191217　发行部电话：010 - 88191522
网址：www.esp.com.cn
电子邮箱：esp@esp.com.cn
天猫网店：经济科学出版社旗舰店
网址：http://jjkxcbs.tmall.com
北京季蜂印刷有限公司印装
710×1000　16 开　18.25 印张　262000 字
2025 年 6 月第 1 版　2025 年 6 月第 1 次印刷
ISBN 978 -7 -5218 -7070 -1　定价：91.00 元
(图书出现印装问题，本社负责调换。电话：010 - 88191545)
(版权所有　侵权必究　打击盗版　举报热线：010 - 88191661
QQ：2242791300　营销中心电话：010 - 88191537
电子邮箱：dbts@esp.com.cn)

前 言
PREFACE

自20世纪90年代以来，气候变化问题一直是国际社会关注的焦点。在过去的几百年中，人类的活动，特别是工业化进程，导致全球大气中温室气体的急剧攀升，引发全球气温升高。气候变暖的危害是巨大的，其中包括冰川融化、海平面上升、河流湖泊开化期提前、降水量持续增加、农作物生长季延长、气候灾害频次及持续时间增强等。为了抵御气候变化带来的风险，国际社会集聚一堂，期望通过国际合作的方式有效降低未来全球温室气体的排放。于是，便有了最初的国际协定框架《联合国气候变化框架公约》，由此也拉开了全球气候谈判的序幕。近些年，国际气候谈判不断取得进展，从《京都议定书》的正式生效，到哥本哈根协议的签署，再到《巴黎协定》的出台，无不体现出国际社会进行全球气候治理的决心与努力。

然而合作的背后也隐含着利益的争夺。美国作为超级大国本应积极履行其碳减排承诺与义务，但是其各届政府对于碳减排的态度却经历了"过山车"式的变化：从之前的"或不温不火""或消极应对"的态度转向奥巴马总统时期的主动应对并积极引领。然而，特朗普总统上任后，美国的气候政策出现了再转向，由之前的积极转向了前所未有的消极。那么这背后的原因是什么？在不同态度的背后是否存在共同的政策规律与特点？这些政策是否会影响国际气候谈判？如果影响，那么影响的路径是什么？这是否会直接或间接的改变中国在全球气候谈判中的处境？中国该以什么样的策略进行应对？这些都是值得深入思考的问题。

针对这些问题，本书首先重点分析了美国气候政策的演变，对奥巴马政府之前、奥巴马政府时期、特朗普政府时期三个阶段的美国气候政策分别进行了梳理。第一阶段主要是从国际、国内两个层面对里根政府时期、老布什政府时期、克林顿政府时期、小布什政府时期美国气候政策内容、定位与特点进行分析与探讨。第二阶段是奥巴马政府时期美国气候政策的转向。主要从国际与国内两方面探讨奥巴马政府时期美国气候政策的定位。其中，国际政策包括国际领导力、国际气候合作、气候融资等；国内政策包括减少温室气体排放、发展清洁能源经济、加强能源效率升级、应对气候变化等。第三个阶段则是特朗普政府时期美国气候政策的再转向。首先，确认特朗普政府时期美国气候政策的消极态度。其次，分析美国气候政策中的国内政策，包括弱化气候变化问题的重要性、削减有关气候变化的预算、减少有关气候变化的研究、撤销奥巴马政府时期与气候有关的法案等方面的表现。由此，总结出美国气候政策的规律与特点，同时从总统的外交决策、府会的政党偏好、利益集团的游说三方面找出美国气候政策的驱动因素。在此基础上，深入探讨美国气候政策的转向对于国际气候谈判及中国的影响，并利用博弈模型对各种情形下的中美博弈进行模拟，分析各种情形下的利益得失。最后，在分析我国国内的气候治理政策演进历程的基础上，找出我国在国际气候谈判中的立场与策略及中美谈判间我国的策略选择。

结论如下：第一，美国的气候政策出现了转向后的再转向，而其政策也有很多共性。例如，在国际层面上一脉相承地强调发展中国家的参与、以经济利益作为气候外交的考量基础、拒绝做出具有约束力的减排承诺等。在联邦层面以低碳创新和低碳竞争为主要发展动力。在州级层面上，各州已经成为减排的主力军，由此形成了三层级的政策框架。第二，美国的转向分为积极的转向和消极的转向，在每一种情形下，其政策均可以通过碳关税、国际碳交易、低碳能源技术转让、国际气候合作及气候融资五大途径对国际气候谈判及我国的政治经济构成影响。第三，面对美国的转向，我国在国际气候谈判中应该继续坚持原有的谈判原则，结交盟友，提高话语权，注重策略的灵活运用，并在人类命运共同体下凝聚共识，为全球气候治理贡献"中国力量"与"中国智慧"。

"路漫漫其修远兮，吾将上下而求索"。书稿的出版是一个阶段研究的结束，也是另一个阶段研究的开始。在此特别感谢为本书稿的出版提出宝贵建议的专家们；感谢赵越同学对8.1节的贡献；感谢黄雄、刘思宇同学对6.3节特朗普总统第一任期部分内容的贡献；感谢经济科学出版社，感谢素未谋面的出版社编辑；感谢为本书的出版提供支持和帮助的所有单位和个人。

本书一定存在疏漏与不足，敬请专家和读者批评指正。

笔者

2024.2

目 录
CONTENTS

第1章 绪论 // 1
    1.1 研究背景与意义 // 1
    1.2 国内外研究现状述评 // 6
    1.3 总体框架与内容 // 19
    1.4 研究思路与观点 // 22
    1.5 研究方法 // 23
    1.6 创新之处 // 23

第2章 理论基础：全球主义与国家主义 // 25
    2.1 全球治理的价值观 // 28
    2.2 国家力量 // 36
    2.3 全球主义与国家主义之间 // 44

第3章 美国气候政策的演变（1918~2008年）// 49
    3.1 从开始认识到提高认识 // 50
    3.2 从提高认识到强化认识 // 55
    3.3 从强化认识到放弃认识 // 61

第4章 奥巴马政府时期美国气候政策的转向 // 69
    4.1 国际态度与定位：积极并引领《巴黎协定》// 69
    4.2 国内态度与定位：积极 // 77

第 5 章 特朗普政府时期美国气候政策的再转向 // 97
5.1 国际态度：消极并退出《巴黎协定》// 97
5.2 国内态度：消极 // 99

第 6 章 美国气候政策变化规律及其驱动因素 // 121
6.1 美国温室气体排放趋势与变化 // 121
6.2 美国气候政策变化规律与特点 // 124
6.3 美国气候政策的驱动因素 // 144

第 7 章 美国气候政策转向对中国参与国际气候谈判的影响因素与路径 // 154
7.1 国际气候谈判 // 155
7.2 美国参与全球气候治理的方式划分 // 164
7.3 不同参与类型下的主要影响因素 // 168
7.4 不同参与类型下的影响路径 // 190

第 8 章 美国气候政策转向背景下国际气候谈判困境与中美气候博弈模型分析 // 196
8.1 国际气候谈判的集体行动困境 // 196
8.2 国际气候谈判的中美气候博弈 // 204

第 9 章 美国气候政策转向背景下中国参与国际气候谈判的策略选择 // 223
9.1 我国的气候变化政策 // 224
9.2 我国参与国际气候谈判的立场与策略 // 237
9.3 中美之间气候谈判的策略选择 // 254

参考文献 // 260

第1章

绪 论

1.1 研究背景与意义

"国际气候谈判"某种意义上是基于保护本国利益与安全的国家间"竞争与合作"。随着气候恶化与人类活动因果关系的越发确认，随着减排与经济利益挂钩的逐渐形成，随着西方国家对温室气体减排的更加重视，随着美国这一超级大国对全球气候治理态度的转向再转向，国际气候问题已成为国际政治经济的最新议题。

1.1.1 研究背景

几百年来，人类经济和社会的快速发展在很大程度上应该归因于几次工业革命。但是巨大的工业文明给人类带来了很多正向效应的同时，也对人类赖以生存的环境和气候造成了前所未有的破坏。人类正在经历着一场以资源枯竭、生态破坏、污染频发、气候恶化等为主要表现形式的环境问题。这其中，气候变化由于其破坏力及治理紧迫性而备受关注。根据联合国的说法，"我们正处于气候变化与治理的决定性时刻"。[①] 因为，气候变化已经对人类生存环境产生了影响：冰川融

---

① United Nations. Climate Change [EB/OL]. https://www.un.org/en/sections/issues-depth/climate-change/.

化、海平面上升、河流湖泊开化期提前、降水量持续增加、农作物生长季延长、干旱及热浪频次增加、飓风频次及持续时间增强，等等。这其中的主要原因是人类工业化、大规模农业化及树木砍伐所造成的温室气体排放。实际上大气中适量的温室气体可以通过反射太阳发出的光和热对地球起到一定的保护作用，但是当温室气体过量的时候，对地球的直接影响就是温度升高。根据联合国政府间气候变化委员会（Intergovernmental Panel on Climate Change, IPCC）第五次报告，从1880~2012年全球气温已经升高了0.85摄氏度；1901~2010年全球海平面上升了19厘米，北极冰川正在以每10年113.42平方千米的速度消失。① 如果放任不管，继续任由其上升至1.5摄氏度或2摄氏度，那么地球的生态系统将会遭受不可逆的破坏，人类也将为此付出惨痛并具有灾难性的代价。② 而就人类社会来说，没有生存环境的一切发展在未来可能都是"纸上谈兵"。

为了应对这一问题，国际社会认为最有效的方式便是全球各国联合起来共同携手努力。于是，便有了最早的联合减排公约《联合国气候变化框架公约》（United Nations Framework Convention on Climate Change, UNFCCC）（以下简称《公约》）的形成，以期减缓人类对地球生态的破坏。从此，也开启了国际气候谈判的历程。国际气候谈判并非一帆风顺，相反却是漫长而艰辛的。1995年，在德国柏林各《公约》的缔约方集聚一堂，召开第一次缔约方会议（Conference of the Parties, COP1）旨在将框架式的《公约》落实到实际行动中，即开始起草后来的《京都议定书》（以下简称《议定书》）。1997年，第三次

---

① The Core Writing Team. AR5 Synthesis Report: Climate Change 2014 [R]. Intergovernmental Panel on Climate Change, 2014: 1 - 169.

② Masson - Delmotte, V., P. Zhai, H. - O. Pörtner, D. Roberts, J. Skea, P. R. Shukla, A. Pirani, W. Moufouma - Okia, C. Péan, R. Pidcock, S. Connors, J. B. R. Matthews, Y. Chen, X. Zhou, M. I. Gomis, E. Lonnoy, T. Maycock, M. Tignor, and T. Waterfield, etc. Global Warming of 1.5℃ – An IPCC Special Report on the impacts of global warming of 1.5℃ above pre-industrial levels and related global greenhouse gas emission pathways, in the context of strengthening the global response to the threat of climate change, sustainable development, and efforts to eradicate poverty [R]. IPCC, 2018: 1 - 630.

缔约方会议上《京都议定书》最终亮相，形成了《公约》的最终规则。《议定书》旨在通过"自上而下"的方式，在法律上对发达国家承诺的减排目标与减排行动进行激励与约束。根据《议定书》的规定，减排分为两个阶段，分别是 2008～2012 年阶段和 2013～2020 年阶段。此后，国际社会几乎每年召开一次缔约方会议，并就规划问题、执行问题及 2020 年后的减排问题进行研究与商讨。其间比较有影响力的谈判有"巴厘岛会议"及"哥本哈根气候大会"，这些会议为后续的国际谈判及减排行动奠定了坚实的基础。2015 年，第 21 次缔约方大会上，《公约》的各缔约方达成了一项全新的、具有里程碑意义的协定《巴黎协定》，标志着国际气候减排机制的改进与提升。

在国际气候减排中，有一个很重要的因素就是其中的"参与人"。美国作为全球最大的经济体，其态度和行动必然受到国际社会的重点关注。近些年，美国政府对于减排的态度可谓经历了"过山车"式的变化。实际上，在之前的历届政府中美国更多的是表现出温和或消极的态度。但是随着奥巴马总统的上任、随着总统高调参加哥本哈根气候大会，美国的气候政策直接转向积极。奥巴马总统不但在国际上积极呼吁各国进行减排、强调减排的重要性；而且在实际行动上积极促进多边及双边协定的签署，使得美国在国际气候减排中起到了大国本身应该具有的引领作用。此外，奥巴马总统绕过国内的政治阻碍，积极推行《总统气候行动计划》，不但积极实施减排措施，而且将低碳产业视为支撑美国未来发展的新兴产业进行培育。低碳行动进行得可谓"如火如荼"。然而，这种良好的势头随着特朗普总统的上任而最终告一段落。特朗普总统对于全球气候减排的态度可谓急转直下，不但在国际上宣布退出《巴黎协定》，同时在国内取消了奥巴马政府时期绝大部分的行动与计划；最终完成了美国气候政策的再转向。美国作为超级大国，其态度与行动必然会对国际气候谈判的方向、国际气候谈判的体系、国际气候谈判的格局产生巨大影响，进而对中国在国际气候谈判中的地位、话语权、定位，甚至中国经济产生一定的影响。

中国近些年因经济增长及国力增强而表现出的迅速崛起成为全球各国关注的焦点。然而，经济的飞速增长伴随的是温室气体排放的增加，2007年中国的二氧化碳排放量已经超越美国，成为全球第一大排放国。面对这些问题，中国政府高度重视，并充分认识到经济发展与环境保护两者之间的辩证关系。在"绿水青山就是金山银山"理念的指导下，不但在国内积极推进生态文明建设、构建低碳与绿色增长模式、进行碳排放权交易机制试点等；同时在国际上积极参与气候变化相关的多边与双边活动。但是，由于全球经济、政治及环境资源的动态调整，由于各利益集团不同的谈判诉求，使得我国在参与全球气候谈判的过程中也面临一定的困境。其中，发展中国家是否应该承担减排义务、减排空间如何合理公平的分配、减排制度应该遵循哪些基本原则、减排是否应该兼顾发展中国家的经济发展等问题一直是各方博弈的焦点。事实证明，矛盾和竞争不会马上消失，并且会长期存在。特别是在美国的气候政策经过了调整后的再调整，特别是在《巴黎协定》全新的国际减排制度模式下，中国如何在国际气候谈判中做好目标、立场、身份及国际责任等方面的定位与策略选择，最终实现从追随者向引领者的完美转变，将成为研究的重要议题。

1.1.2 研究意义

1.1.2.1 理论意义

第一，以美国气候政策为基础，梳理各项气候政策的基本内容，找出美国气候政策的规律及其驱动因素。美国作为全球大国，其任何政策都会对全球的多边协定及全球的政治和经济产生巨大影响。当然，美国的气候政策也不例外。美国历届政府气候政策的内容与定位并不是完全一致，有时甚至是与前任政府及国际社会背道而驰。因此，梳理各界政府对于国际和国内的减排态度，特别是奥巴马总统的积极转向及特朗普总统的消极再转向显得尤为重要。同时，在不同中找出美国近些年温室气体排放的趋势，找出美国气候政策变化在国际层面、联邦层面、各州层面的系统性规律与特点。并在此基础上，从国际政治经济学角度深入挖掘美国气候政策形成的驱动因素。这在某种意义上，对于将气候政策变化的现象上升到其背后的理论规律起到了重要作用。

第二，总结美国气候政策对国际气候谈判及对中国政治经济的冲击传导机制。国际气候谈判从开始形成《联合国气候变化框架公约》，到深入行动，再到新的国际减排制度的形成已经经历了30多年的历程。在这个过程中，已经有较多相关的研究，但是仍然多集中于对国际气候谈判进展、格局、制度等方面。然而，谈判并非一成不变的，它是随着世界经济格局与政治格局的变化而发生变化的。实际上，国际气候谈判最终形成的是所有缔约国都需要遵守的多边协议，而多边协议的形成受多方因素的影响。其中，某一个国家或某一个利益集团诉求的改变，都可能会影响国际气候谈判的走向。因此，总结出其中的传导要素，包括碳关税、国际碳交易、技术转让因素、气候融资、气候合作等要素，并找出其各自的传导规律显得尤为重要。

1.1.2.2 现实意义

研究美国气候政策调整对中国参与国际气候谈判的影响及中国的策略选择非常必要。其价值将突出体现在以下几个方面。

第一，有助于为中国更好地应对美国经济与政治战略转变的实践找到依据。每一个国家都有其长期和短期的发展目标。国家某一方面政策并不是独立存在的，而是与其他政策相互交织、相辅相成，最终服务并支撑于总体发展目标。美国的气候政策调整与再调整是否预示着其经济与政治战略的一种转变？这是值得思考的问题。例如，奥巴马政府时期，美国一改以前对于全球气候减排问题的态度，开始推行积极的气候政策，这除了表面的环境保护目的可能蕴含着更深刻的战略意义。美国很有可能一方面寻求重塑国际气候减排的领导力；另一方面以此为契机发展低碳产业与低碳技术以期寻找新的经济增长点。而特朗普时期，美国再次回归消极也是否标志着美国战略从低碳发展向其他领域的转移，而这种战略转变又会对国际气候制度产生什么影响？对中国将产生什么影响？

第二，为中国应对类似的压力争取更大的利益和政策性突破，争取在未来大国之间的非传统安全博弈中占据有利地位。随着时代的发展,国际社会除了要面对以往的政治、经济、军事等领域的传统安全威胁外,更多的是要处理急需解决的气候变化、能源匮乏、网络安全、突发性公共卫生疾病等非传统安全问题。这些非传统安全大多具有范围广、跨国界等特点,这也意味着需要各个国家的共同合作才能战胜困境。共同合作的背后一定会隐藏着相互间的竞争。国际谈判作为国际合作与竞争的最主要形式,必定存在一定的共性。因此,对美国气候政策转向进行研究,并在此基础上探讨中国参与国际气候谈判的策略选择将会对其他领域的非传统安全博弈起到有效的借鉴作用。

第三,对内,为中国更好地应对冲击提供思路;对外,对提高我国及发展中国家在全球气候谈判和气候治理中的话语权来讲具有重要意义。知己知彼,百战不殆。在清晰地知晓美国的气候政策内容与定位的前提下,在清晰地认清美国气候变化将会对国际气候谈判产生什么影响的基础上,在清晰地预判国际气候谈判的未来发展走向的基础上,在充分认识美国气候转向可能对中国产生何种影响的基础上,中国才可以提出更好的应对战略与应对思路,未来在国际气候谈判中承担更多的大国责任并发挥更大的引领作用。

1.2 国内外研究现状述评

1.2.1 有关国际气候谈判行动选择的研究

梳理文献可以发现,有关国际气候谈判行动选择的研究大致以各个时期气候变化协定为主题,因此可将全球温室气体减排时期主题分为四部分,分别是《公约》的形成、《京都议定书》及后京都时代、哥本哈根大会及哥本哈根时代、《巴黎协定》和后巴黎协定时代。在以往的研究中,学者主要根据不同的气候谈判文件,按国别、国家性质等不同的分类方式阐述不同博弈主体的作用和博弈力量。外国学者南杰(Najam,2003)分析了《公约》对发展中国家的影响,认为它并没有代表发展中国家的胜利,且发展中国家对全球气候制度的制定的担忧主要聚焦于代际公平、制度重点是否在于优先考虑最大风险和劣势的国家与地区的脆弱性和人们的主要注意力是否放在稳定大气温室气体浓度的长期目标上。① 迪米特洛夫（Dimitrov，2010）研究《京都议定书》后认为开发和传播清洁技术是气候问题长期解决方案的核心，然而发展中国家要求建立多边技术基金、强制许可、专利共同使用制，发达国家则坚持现行知识产权制度，反对设立技术基金和设立全球或地区信息交流中心，无疑会使气候谈判陷入集体困境。② 克拉姆顿（Cramton，2010）认为建立全球统一的碳价格协议结合产权转让制度有利于消除搭便车问题。③ 卡尔松（Karlsson，2011）在后京都时代研究美国、欧盟、中国和 G77 集团在国际气候谈判上的领导力，提出国际气候谈判合约的签订与有效履行必须发挥某些国家的领导作用，并说明跟随者在选择领导者时会根据其所在地理环境、信息灵通度和群体偏好、所解决问题的不同而有不同的追随选择。④ 博丹斯基（Bodansky，2010）认为《哥本哈根协议》虽然仍有不足，但它标志着全球气候谈判重大方向调整——从专注于发达国家减排到要求发展中国家一同参与到全球减排，并首次在会议上提出一个可量化的全球减排目标——将全球气候变暖控制在 2℃ 以下；同时，哥本哈根大会也反映了博弈力量的改变——中国开始以更积极的姿态参与全球气候治理，而欧盟影响力却逐渐减弱；不但如此，发展中国家阵营矛盾也更加突出。⑤ 我国学者则倾向于综合考虑各行为主体的博弈行为。陈刚（2005）对《京都议定书》进行了个案分析，运用集体行动理论分析了在新的国际环境制度不足以

---

① Najam A, Huq S, Sokona Y. Climate negotiations beyond Kyoto: developing countries concerns and interests [J]. *Climate Policy*, 2003, 3（03）: 221-231.
② Dimitrov R S. Inside UN Climate Change Negotiations: The Copenhagen Conference [J]. *Review of Policy Research*, 2010, 27（06）: 795-821.
③ Cramton P C, Stoft S E. Price Is a Better Climate Commitment [J]. *The Economists Voice*, 2010, 70（01）: 3-4.
④ Karlsson C, Parker C, Hjerpe M, et al. Looking for Leaders: Perceptions of Climate Change Leadership among Climate Change Negotiation Participants [J]. *Global Environmental Politics*, 2011, 11（01）: 89-107.
⑤ Bodansky D. The Copenhagen Climate Change Conference - A Post - Mortem [J]. *The American Journal of International Law*, 2010, 104（02）: 230-240.

吸引足够多的行为加入的情况下，选择性激励分别对发展中国家、苏联与东欧国家和西方发达国家的刺激作用。① 高蕾（2015）运用"智猪博弈"分析了南北国家在气候外交上的矛盾关系并运用博弈论解读了中国气候外交政策。②

如今，一方面观察数据表示全球变暖不断加剧，世界各地气候灾难频发；另一方面美国以质疑气候变暖的真实性为由宣布退出《巴黎协定》，国际气候治理面临的新形势使得应对全球气候谈判的紧迫性不断加强。在新的情境下，国际气候谈判方面的研究集于美国退出《巴黎协定》后新的国际合作制度如何进行构建的过程、参与主体的博弈行为以及进行博弈所得均衡结果，及集体供给困境的形成原因。国外学者福克纳（Falkner，2016）指出，在各国减排承诺没有法律约束力、无法强制执行的情况下，国际气候政治的主要动力将是政治领导、财政援助和道义劝说。③ 随着外界对我国减排行为的越发关注，高（Gao，2018）表明在新的国际环境下，外界对中国在气候谈判中所扮演角色的认知不仅影响着中国对国际气候合作的态度，也影响着中国对全球气候合作努力的参与和与其他各方的互动，这些都将为完善国际气候制度奠定基础；同时，笔者基于角色理论和领导理论建立了可接受性、可信任性、建设性三个标准评估外界环境对中国在国际气候谈判中的作用，并指出中国的实际行动将是影响外界评估的决定性因素。④

同时越来越多的学者开始关注非国家行为体的作用，李昕蕾（2019）综合前人的理论，表明非国家行为体的影响力来源可以划分为以下五类：认知性影响力（科学知识、专业技术）、手段性影响力（关键代理人和决策制定过程的获取途径）、社会性影响力（来自网络性社会资本的支持）、资源性影响力（获取资源和全球经济地位的途径）和象征性影响

---

① 陈刚. 京都议定书提供的"选择性激励"［J］. 国际论坛，2005（04）：17 – 21 + 79.
② 高蕾，陈俊华，沈长成. 基于博弈论的气候外交研究［J］. 西南师范大学学报（自然科学版），2015，40（06）：30 – 36.
③ FalknerR, Robert. The Paris Agreement and the new logic of international climate politics［J］. International Affairs，2016，92（05）：1107 – 1125.
④ Xiaosheng G. China's Evolving Image in International Climate Negotiation：From Copenhagen to Paris［J］. China Quarterly of International Strategic Studies，2018：1 – 27.

力（提出合法性道德主张的能力）。① 特朗普政府的全面"去气候化"政策刺激美国非国家行为体开始追求一种地方性气候领导力，并且谋求这种地方性气候行动在全球气候治理层面的可见性，这表现为通过多元网络性伙伴关系来建构其结构性影响力、通过议题引领和主场峰会外交来提升其手段性影响力、通过权威性和系统性研究强化其认知性影响力、通过把握政治机会和塑造集体认同来增显其象征性影响力。

1.2.2　有关美国气候政策转向再转向的研究

在气候政策问题上，美国经历的是"波形"的变化，特别是近些年可谓形成了奥巴马总统和特朗普总统甚至拜登总统执政时期的转向再转向。

奥巴马总统上任后，一改以往美国前几届政府"或不温不火""或消极应对"的态度，大有冲击欧盟作为国际气候治理领头羊的趋势，引发国际学界关注。拜伦·W. 戴恩斯和格伦·苏斯曼（Byron W. Daynes and Glen Sussman，2010）认为奥巴马总统更倾向于在气候变化问题上有所作为，在政治交流、立法领导、管理操作和环境外交四方面较小布什总统做出了很大改善。② 杰拉尔德·L. 施努尔（Jerald L. Schnoor，2012）强调奥巴马总统试图通过排放权交易、制定发电厂排放标准、制定汽车排放新标准、提高燃油效率等手段治理气候。③ 虽然势头良好，但政策受压重重。保罗·R. 布鲁尔（Paul R. Brewer，2012）指出，压力主要来自共和党与民主党的差异态度导致的政治两极化；不同层次公众的认知差异等。④ 同时，罗伯特·J. 布鲁勒和杰森·卡迈克尔（Robert J. Brulle and Jason Carmichael，2012）等认为转

---

① 李昕蕾. 美国非国家行为体参与全球气候治理的多维影响力分析 [J]. 太平洋学报，2019，27（06）：73-90.

② Byron W. Daynes, Glen Sussman. Economic Hard Times and Environmental Policy: President Barack Obama and Global Climate Change [J]. APSA 2010 Annual Meeting Paper, 2010（09）: 1-52.

③ Jerald L Schnoor. Obama Must Lead on Climate Change [J]. Environmental Science & Technology, 2012（03）: 5635.

④ Paul R. Brewer. Symposium Polarisation in the USA: Climate Change, Party Politics, and Public Opinion in the Obama Era [J]. European Political Science, 2012（11）: 7-17.

向也受到非政府组织的影响。① 罗伯特·福克纳（Robert Falkner, 2010）则更加强调新能源产业利益集团、华尔街新兴利益集团在气候治理中的作用。② 彼得·奥尔德斯（Peter Aldhous, 2013）推测奥巴马总统已将治理全球变暖作为其第二任期的核心内容，并做出削减17%温室气体排放的承诺，很有可能推动全球气候谈判。③

对于特朗普总统上任后的气候政策转向，国外的学者也进行了一定的研究。有些学者甚至成功地预测出了美国可能退出《巴黎协定》的行动。卢克·坎普（Luke Kemp, 2016）研究发现美国对于《巴黎协定》的通过很有可能是通过一项总统执行协议来完成批准，但这也使得未来的总统或敌对的国会很容易扭转这种情况。④ 然而，特朗普总统上台之后的行动恰恰如学者所料，2017年6月1日便宣布退出《巴黎议定书》。此举，将会对美国的国内气候政策及国际气候谈判均产生较大影响。在国内方面，弗兰克·约佐、乔安娜·德普拉芝和哈拉尔德·温克勒（Frank Jotzo, Joanna Depledge and Harald Winkler, 2018）发现美国实际上在退出《巴黎协定》生效之前就已经停止了对于该条约的所有实施行动。⑤ 拉米罗·贝拉多和费德里科·霍尔姆（Ramiro Berardo and Federico Holm, 2018）认为政府已经取消了低碳方面的投资，更多的是鼓励煤和石油方面的高碳发展，降低车辆排放标准及废除《清洁能源计划》。⑥ 国际方面，乔纳森·皮克林、杰弗里·S. 麦

---

① Brulle, Robert J., Carmichael, et al. Shifting Public Opinion on Climate Change: An Empirical Assessment of Factors Influencing Concern over Climate Change in the US, 2002 - 2010 [J]. *Climate Change*, 2012, 114 (02), 169 - 188.

② Robert Falkner. Business and Global Climate Governance: A Neo - pluralist Perspective [J]. *Chapter for: Business and Global Governance*, ed. by M. Ougaard and A. Leander, 2010 (09): 1 - 27.

③ Peter Aldhous. How Obama Will Deliver His Climate Promise [J]. *New Scientist*, 2013 (02): 10 - 11.

④ Luke Kemp. US - proofing the Paris Climate Agreement [J]. *Climate Policy*, 2016, 17 (1 - 4): 86 - 101.

⑤ Frank Jotzo, Joanna Depledge, Harald Winkler. US and international climate policy under President Trump [J]. *Climate Policy*, 2018 (07): 813 - 817.

⑥ Ramiro Berardo, Federico Holm. The Participation of Core Stakeholders in the Design of, and Challenges to, the US Clean Power Plan, Climate Policy, 2018 (09): 1152 - 1164.

基、蒂姆·斯蒂芬和西尔维娅·I. 卡尔森（Jonathan Pickering, Jeffrey S. McGee, Tim Stephens and Sylvia I. KarlssonVinkhuyzen, 2017）通过与退出《京都议定书》相比较，认为由于《京都议定书》和《巴黎协定》在实质内容和政治经济背景方面存在明显区别，因此美国退出《巴黎协定》的不利影响可能低于退出《京都议定书》的影响；但是退出仍旧会对国际气候谈判产生较大影响，包括打击其他国家的积极性及对于全球减排的抑制等。① 此外，约翰内斯·厄佩莱宁和泰斯·范德格拉夫（Johannes Urpelainen and Thijs Van de Graaf, 2017）也总结了美国退出《巴黎协定》的影响：退出可能无法实现美国的减排承诺、退出意味着美国很有可能破坏国际减排机制的审查体系、退出可能使得国际气候融资由于美国捐献的缺失而陷入困境。②

由于美国气候政策的"非线性"变化，拜登政府的气候政策也备受关注。在拜登总统上任之初，埃尔德（Elder, 2022）便提出了拜登政府气候政策的乐观前景，研究指出拜登政府在上任之初就采取了一系列积极行动，并将气候问题置于政策议程的首位；同时，通过重新加入巴黎协定和取消 Keystone XL 输油管道项目，展现了其应对气候变化的决心。③吉布森（Gibso, 2023）通过定量分析证明，拜登政府的环境政策在推动环境变化和可持续发展方面具有一定潜力。④ 学者也在全球治理的背景下指出了其积极行动的原因。深入研究后，学者也发现拜登政府气候政策的实施成效仍受到多种因素的制约。万加拉等（Vangala et al., 2022）的研究表明，拜登政府在竞选期间承诺的气候政策在上任后取得了一定进展，包括重返《巴黎协定》，重新参与全球

---

① Jonathan Pickering, Jeffrey S. McGee, Tim Stephens et al. Karlsson – Vinkhuyzen. The impact of the US retreat from the Paris Agreement：Kyoto revisited？ [J]. *Climate Policy*, 2017（12）：818 – 827.

② Johannes Urpelainen, Thijs Van de Graaf. United States Non – cooperation and the Paris Agreement [J]. *Climate Policy*, 2018（07）：839 – 851.

③ Elder M. *Optimistic prospects for US climate policy in the Biden Administration* [M]. Institute for Global Environmental Strategies, 2022.

④ Gibson, Emily D. "The Biden – Harris Administration's Contributions to Climate Change：A Quantitative Analysis Surveying Recent US Policy."（2023）.

气候治理、签署了具有里程碑意义的基础设施投资和就业法案（IIJA）、广泛强调环境的公平公正等，但也面临着国际冲突推高对石油天然气的需求、党派反对和法院挑战等多重问题。[1] 查等（Cha et al., 2022）进一步分析了拜登政府第一年的气候与环境政策，指出政府在推进气候与环境政策时特别注重公平和正义的考量，但面临来自共和党州官员的挑战。[2] 托勒夫森（Tollefson, 2020）和洛文（Louvin, 2024）的研究则认为拜登政府的气候政策实施面临诸多不确定性，包括国会的分裂和最高法院的限制。[3][4] 巴里奇拉（Barichella, 2023）更指出了拜登政府与次国家实体的多级气候治理的衔接仍然不紧密的问题。[5] 此外，学者也从能源，特别是清洁能源视角提出了拜登政府气候政策实施过程中面临的诸多问题。赫洛波夫（Khlopov, 2023）和在其研究中强调了拜登政府能源政策中的气候变化问题，指出尽管政府致力于推动清洁能源革命，但美国经济仍高度依赖化石燃料，缺乏全面的能源战略。[6] 同时，赫尔曼（Herman, 2024）认为尽管《通货膨胀削减法案》和《基础设施就业法案》为清洁能源技术提供了大量资金，但对储能技术和项目的支持相对不足，可能成为实现气候目标的瓶颈。[7]

对于美国的转变与再转变，我国学者也迅速察觉。蔡林海（2009）、

---

[1] Vangala, Shreyas, Kaylene Hung et al. "Revisiting the Biden administration's approach to climate change." Climate and Energy 39.1（2022）：1-12.

[2] Cha J M, Farrell C, Stevis D. Climate and environmental justice policies in the first year of the Biden administration［J］. *Publius*：*The Journal of Federalism*, 2022, 52（03）：408-427.

[3] Tollefson, Jeff. "Can Joe Biden make good on his ambitious climate agenda." Nature 588（2020）：206-207.

[4] Louvin, Roberto. An assessment of the Biden Presidency's climate policy. DPCE Online, 2024, 67. SP3.

[5] Barichella, Arnault. "Climate politics under Biden：the clean energy revolution, enhanced cooperative federalism and the 'all-of-government' approach." Can Cities, States and Regions Save Our Planet? Transatlantic Perspectives on Multilevel Climate Governance. Cham：Springer International Publishing, 2023：85-128.

[6] Khlopov, Oleg A. "The problem of climate change in the energy policy of the Biden administration." USA & Canada：economics, politics, culture 3（2023）：85-108.

[7] Herman, Kyle S. "Biden's climate agenda：The most ambitious ever, or overlooking key technological bottlenecks?." Sustainable Futures 7（2024）：100209.

熊焰（2010）、马骥（2013）等学者观察到美国在金融危机压力下奥巴马总统对内不断推出以"绿色革命"作为重要组成部分的经济刺激计划，对外则以积极参加国际气候大会为抓手，大打"软实力"之牌，争当"气候领袖"。①②③ 特别是第二任期内，于宏源和李志清（2013）认为美国更是将温室气体减排上升到了"政治纲领"的高度。④ 李海东（2009）经研究发现美国国际气候变化政策经历了由边缘到中心、从环境问题到安全问题的演进过程。⑤ 究其原因，刘卿（2010）、张焕波（2010）、王维等（2010）、焦莉（2018）等认为在于两党间的政治博弈及传统产业利益集团、新兴产业利益集团和公益性利益集团之间的博弈而引发的对国会气候立法进程、政府气候决策的影响。⑥⑦⑧⑨ 而更深层次原因，于欣佳（2010）分析是美国"强化规则，弱化行动"的模糊战略，以"未加入"的身份参与到"加入"的状态中，在不影响本国利益的前提下获取更多国际利益的最优战略与长期的路径选择。⑩

奥巴马总统的政治遗产之一便是与世界各国一道促成了《巴黎协定》的签署；然而正当全球为此欢呼雀跃之时，特朗普总统对于退出的宣布似乎给了国际气候谈判当头一棒。这么强烈的反差自然会引起国内学者的关注。于宏源（2018）、刘元玲（2019）认为特朗普时期美国的气候政策出现了又一次的调整；这种调整不是转向更加积极反而

---

① 蔡林海. 低碳经济大格局 [M]. 北京：经济科学出版社，2009：1-262.
② 熊焰. 低碳之路——重新定义世界和我们的生活 [M]. 北京：中国经济出版社，2010.
③ 马骥. 美国在全球治理中的角色——以气候变化问题为例 [J]. 湖北民族学院学报（哲学社会科学版），2013，33（001）：92-95.
④ 于宏源，李志青. 浅析奥巴马政府的气候政策调整及其前景 [J]. 现代国际关系，2013（11）：27-32.
⑤ 李海东. 从边缘到中心：美国气候变化政策的演变 [J]. 美国研究，2009（02）：20-35.
⑥ 刘卿. 论利益集团对美国气候政策制定的影响 [J]. 国际问题研究，2010（03）：58-64.
⑦ 张焕波. 中国、美国和欧盟气候政策分析 [M]. 北京：社会科学文献出版社，2010.
⑧ 王维，周睿. 美国气候政策的演进及其析因 [J]. 国际观察，2010（05）：77-83.
⑨ 焦莉. 奥巴马政府气候政策分析 [D]. 上海：上海外国语大学，2018：1-81.
⑩ 于欣佳. 奥巴马的困境——美国在世界气候变化问题面前的选择 [J]. 世界经济与政治论坛，2010（02）：101-110.

是转向"倒退",美国已经由原来的"气候化"转向了"去气候化"。①② 这种变化表现在多个方面。张腾军(2017)研究发现,特朗普时期美国对于气候变化的认知发生了改变,认为气候变化实为骗局并非科学;同时,美国对于能源的发展方向产生了变化,发展战略开始偏向于传统煤炭石油产业。除此之外,曹慧(2019)分析认为变化还表现为特朗普总统对于奥巴马时期的《清洁电力计划》的推翻及对于环保机构规模及预算的削减。③ 此外,赵行姝(2017)认为美国的转变实际上更表现为美国在各项国际议程中对于气候议题的边缘化。④ 转变的原因也是多方面的。张海滨(2017)、何彬(2018)研究发现,特朗普时期的气候政策转变更多的是来自利益集团多样、政治极化、社会分化、治国方略偏好、政府利益追求程度等方面的原因。⑤⑥ 然而,现在的世界,由于全球化的发展,已经形成了牵一发而动全身的局势。张永香等(2017)认为美国的气候政策变化必然会对全球气候治理产生影响。⑦ 冯帅(2018)认为特朗普的"灰色型"气候政策还会对中美的气候外交产生影响;即将导致中美气候"互动模式"失灵——既可能破坏两国现有的合作成果,又可能阻碍两国气候方面预期目标的实现。⑧

至此,美国气候政策的转向再转向已经明确,在这种背景下中国对

---

① 于宏源. 特朗普政府气候政策的调整及影响 [J]. 太平洋学报, 2018, 026 (001): 25-33.

② 刘元玲. 特朗普执政以来美国国内气候政策评析 [J]. 当代世界, 2019 (12): 64-70.

③ 曹慧. 特朗普时期美欧能源和气候政策比较 [J]. 国外理论动态, 2019 (07): 117-127.

④ 赵行姝.《巴黎协定》与特朗普政府的履约前景 [J]. 气候变化研究进展, 2017 (05): 448-455.

⑤ 张海滨, 戴瀚程, 赖华夏, 等. 美国退出《巴黎协定》的原因、影响及中国的对策 [J]. 气候变化研究进展, 2017, 13 (05): 439-447.

⑥ 何彬. 美国退出《巴黎协定》的利益考量与政策冲击——基于扩展利益基础解释模型的分析 [J]. 东北亚论坛, 2018, 27 (002): 104-115.

⑦ 张永香, 巢清尘, 郑秋红等. 美国退出《巴黎协定》对全球气候治理的影响 [J]. 气候变化研究进展, 2017 (05): 407-414.

⑧ 冯帅. 特朗普时期美国气候政策转变与中美气候外交出路 [J]. 东北亚论坛, 2018, 27 (005): 109-126.

美国的战略定位、战略内容及战略影响，尤其是对中国参与国际气候谈判的影响的研究就显得特别迫切和重要，而这方面的研究才刚刚开始。

　　拜登总统上台后，政府迅速对特朗普政府时期气候政策的消极立场进行了全面调整。信强和杨慧慧（2024）、王波和翟大宇（2022）、熊鑫（2024）、王玉婷（2023）等学者普遍认为，拜登政府推行气候新政，并将气候变化问题置于国家安全与对外政策的核心，其动因主要包括个人气候政策偏好、重塑美国全球领导力以及通过气候政策推动美国经济的绿色转型和复苏等方面。[1][2][3][4] 该气候政策包括国内和国际两个层面。在国内，于宏源（2024）、张健等（2023）认为拜登政府强调引领清洁能源革命，重视国内清洁能源发展，推动科技创新和需求刺激，投资基础设施等措施。[5][6] 在国际上，于宏源（2021）、王瑞彬（2021）的研究发现：拜登政府气候政策主要包括重返《巴黎协定》、积极推动气候治理多边主义、寻求在国际气候合作中实现重塑盟友关系、重返多边主义、重夺世界事务领导权的战略突破等方面。[7][8] 此外，学者还对拜登政府的气候政策的特点进行了深入研究。刘建国（2021）、赵行姝（2021）指出其气候政策具有显著的多边主义色彩，强调全政府合力应对气候危机，并将气候政策与产业、就业等经济政

---

[1] 信强，杨慧慧. 中美气候技术合作：进程、动力与挑战［J］. 美国问题研究，2024（01）：1－25＋287.

[2] 王波，翟大宇. 拜登政府气候政策：原因、特点及中美合作方向［J］. 中国石油大学学报（社会科学版），2022，38（04）：38－44.

[3] 熊鑫. 气候政治：拜登政府气候治理政策调整及实施困境研究［D］. 南昌：南昌大学，2024.

[4] 王玉婷. 拜登政府的气候政策研究［D］. 长春：吉林大学，2023.

[5] 于宏源. 拜登政府气候政策的内容、特点与前景［J］. 当代世界，2024（02）：32－37.

[6] 张健，陈云轩，张亦诺. 拜登政府气候政策：动因、框架与缺陷［J］. 和平与发展，2023（04）：25－50＋156－157.

[7] 于宏源，张潇然，汪万发. 拜登政府的全球气候变化领导政策与中国应对［J］. 国际展望，2021，13（02）：27－44＋153－154.

[8] 王瑞彬. 当前美国应对气候变化的战略分析［J］. 人民论坛，2021（31）：93－95.

策紧密结合。①② 在实施效果方面，徐金金和余秀兰（2023）提出尽管拜登政府的气候政策取得了一定的成绩，如提高全球减排标准、推动气候外交等，但在气候立法、气候融资等方面仍有提升空间。③ 同时，熊鑫（2024）、张健（2023）、雷亚男（2023）、肖兰兰（2021）、徐金金、余秀兰（2023）等学者指出拜登政府的气候政策面临着多重挑战，包括党派政治分歧显著、传统能源利益集团的反对、国会和联邦法院对气候政策的支持力度有限、乌克兰危机的影响等。④⑤⑥⑦⑧

1.2.3　有关中美博弈及中国策略选择的研究

为了使温室气体排放的不利影响降到最低，国外早有学者呼吁国际社会积极采取行动，制定国际减排框架，⑨ 但国际气候谈判可谓一波三折。乔蒂·帕里克（Jyoti Parikh，1994）总结出谈判的格局大体由以欧美为代表的发达国家（北方集团）和以中国为代表的发展中国家（南方集团）构成，其争论的焦点体现在减排责任和减排义务分担方面。⑩ 很多学者认为从可持续发展角度，国际气候协议应包含所有的国

---

① 刘建国，戴时雨，崔成，等. 拜登政府气候新政内容及其影响［J］. 国际经济评论，2021（06）：161－176＋8.

② 赵行姝. 拜登政府的气候新政及其影响［J］. 当代世界，2021（05）：26－33.

③ 徐金金，余秀兰. 拜登政府的气候政策及中美气候合作前景［J］. 区域国别学刊，2023，7（04）：128－153＋160.

④ 熊鑫. 气候政治：拜登政府气候治理政策调整及实施困境研究［D］. 南昌：南昌大学，2024.

⑤ 张健，陈云轩，张亦诺. 拜登政府气候政策：动因、框架与缺陷［J］. 和平与发展，2023（04）：25－50＋156－157.

⑥ 雷亚男. 气候新政下美国碳中和路径研究［D］. 北京：外交学院，2023.

⑦ 肖兰兰. 拜登气候新政初探［J］. 现代国际关系，2021（05）：41－50＋61.

⑧ 徐金金，余秀兰. 拜登政府的气候政策及中美气候合作前景［J］. 区域国别学刊，2023，7（04）：128－153＋160.

⑨ Nicholas Stern. The Economics of Climate Change：The Stern Review［R］. Cambridge University Press，2017（01）：1－662.

⑩ Jyoti Parikh. North－South Issues for Climate Change［J］. *Economic and Political Weekly*，1994，29（45－46）：2940－2943.

家[1]并建立在"共同但有区别的责任"原则的基础上。[2] 国际气候谈判则需建立在相关利益的基础上，发展中国家有效参与需要发达国家的支持与帮助。发达国家对发展中国家经济与社会发展现状的忽视及减排领导力的缺失，必然极大破坏协议的有效性。就中美方面，芭芭拉·毕希纳和卡洛·卡拉罗（Barbara Buchner, Carlo Carraro, 2006）表示美国选择合作，加之国际气候制度能够为参与国提供更多的经济激励是构成中美及美国与其他国家双边合作的必要条件。[3] 因此，中美双方应摒弃隔阂、尊重对方，开展例如能源、环境、技术等具体领域的双边合作。[4] 当然这种合作需考虑两国不同的发展阶段、能力和责任，而最终的成败取决于各自带动市场参与融资的能力。[5]

国内学者认为中美气候合作需要联手；但深层次看，中美在气候问题上又存在竞争关系。[6] 然而相关成果仍处于理论消化和事实陈述的阶段。陈迎（2009）关注了中美气候合作紧迫性，强调了中美气候合作的重要战略意义。[7] 同时，袁鹏（2009）、丁一凡（2012）强调了合作的可行性及必要性。[8][9] 赵行姝（2016）关注了中美合作的鲜明特征，总结出中美合作中的就国际气候谈判的核心问题达成一致、排放

---

[1] Piet Buys, Uwe Deichmann, Craig Meisner, et al. Country Stakes in Climate change negotiations: Two dimensions of Vulnerability [J]. Climate Policy, 2009 (03): 288-305.

[2] Harris, P. G.. Common but Differentiated Responsibility: The Kyoto Protocol and United States Policy. New York University Environmental Law Journal, 19997 (01), 27-48.

[3] Barbara Buchner, Carlo Carraro. US, China and the Economics of Climate Negotiations [J]. International Environmental Agreements: Politics, Law and Economics, 2006, 6 (01): 63-89.

[4] Kenneth Lieberthal, David Sandalow. Overcoming Obstacles to U. S. -China Cooperation on Climate Change [R]. John L. Thornton China Center Monograph Series, 2009 (01): 1-84.

[5] Pew Center on Global Climate Change. A Roadmap for U. S. -China Cooperation on Energy and Climate Change [R]. Pew Center on Global Climate Change & Asia Society, 2009 (01): 1-58.

[6] 潘家华. 和谐竞争：中美气候合作的基调 [J]. 中国党政干部论坛, 2009 (06): 42-44.

[7] 陈迎. 中美气候合作牵动全球政经大格局 [N]. 上海证券报, 2009-07-27 (007).

[8] 袁鹏. 奥巴马政府对华政策走向与中美关系前景 [J]. 外交评论（外交学院学报），2009, 26 (01): 1-6.

[9] 丁一凡. 中美建设性合作有利世界经济增长 [N]. 经济日报, 2012-05-06 (003).

源间的技术与功能性合作及地方和私人部门间的自发合作三大特征。[1] 潘家华（2009）关注了合作基调——和谐竞争，即中美两国应本着造福于全球、造福于两国人民的原则，由浅入深，进行"负责任"的大国间合作。[2] 宋亦明和于宏源（2018）表示中美合作也面临一定的挑战，特别是特朗普总统执政后中美气候合作受到较大冲击。[3] 此外，学者也对中美气候问题博弈中各自的主张立场、焦点分歧及对世界经济政治格局的影响进行了探讨。[4] 面对中美博弈的现状，面对国际气候谈判形势，国内学者一直主张几大坚持：第一，坚持减排责任义务分担应遵循"共同但有区别责任"的原则；[5] 第二，减排标准选择方面应将人均、单位 GDP、国际贸易等因素考虑在内；[6][7] 第三，资金、技术援助方面应取得实质性的突破，发达国家应对历史排放进行补偿。[8] 因此，中国应在加强中美合作的基础上，将发展战略与全球经济技术发展大趋势紧密结合，[9] 坚持核心地位，坚持立场，大力推进节能减排，降低碳排放强度，积极扩展气候谈判外治理领域，[10][11][12] 做好国际气候

---

[1] 赵行姝. 透视中美在气候变化问题上的合作 [J]. 现代国际关系，2016（08）：47 - 56 + 65.

[2] 潘家华. 和谐竞争：中美气候合作的基调 [J]. 中国党政干部论坛，2009（06）：42 - 44.

[3] 宋亦明，于宏源. 全球气候治理的中美合作领导结构：源起、搁浅与重铸 [J]. 国际关系研究，2018（02）：137 - 152 + 158.

[4] 田慧芳. 中美能源与气候合作博弈：深化与突破 [J]. 国际经济评论，2013（06）：68 - 78 + 6.

[5] 何建坤等. 在公平原则下积极推进全球应对气候变化进程 [J]. 清华大学学报，2009（06），47 - 48.

[6] 潘家华. 满足基本需求的碳预算及其国际公平与可持续含义 [J]. 世界经济与政治，2008（01）：35 - 42.

[7] 樊纲等. 最终消费与碳减排责任的经济学分析 [J]. 经济研究，2010（01）：4 - 14.

[8] 李强. "后巴黎时代"中国的全球气候治理话语权构建：内涵、挑战与路径选择 [J]. 国际论坛，2019（06）：3 - 14.

[9] 王文涛，朱松丽. 国际气候变化谈判：路径趋势与中国的战略选择 [J]. 中国人口·资源与环境，2013（09）：6 - 11.

[10] 胡鞍钢，管清友. 中国应对全球气候变化 [M]. 北京：清华大学出版社，2009（12）：1 - 175.

[11] 许琳，陈迎. 全球气候治理与中国的战略选择 [J]. 世界经济与政治，2013（01）：116 - 134.

[12] 马小军等. 国际战略格局转变中的能源与气候问题研究 [M]. 北京：人民出版社，2019（01）：1 - 581.

谈判中的"引领者"。[①]

综上所述，目前有以下几方面研究显然迫切和需要：一是在新背景下研究内容的拓展。挖掘美国气候政策调整再调整后的政策特点及定位，总结出美国气候政策的最终诉求。二是研究方法的综合运用。现有研究多为规范分析，多停留在现状描述的层面，定性与定量相结合研究特别是博弈模型应用还不够深入。三是大系统视角下交叉领域研究的形成。美国气候政策的调整势必会对国际政治经济格局产生影响，而中国是发展中大国，与美国的经济往来密切，经济政治联动效应较大，美国政策的变动会对中国的各个方面产生影响。四是关键领域研究的深入。国际形势变动必然对国际谈判产生冲击，国际谈判中的大国因素十分明显，因此必须对大国政策变动影响国际谈判的机理进行深入研究。

1.3 总体框架与内容

第1章绪论。本书起于这样一个大背景，即全球气候恶化已经对于人类构成了许多不利影响，国际社会试图通过国际气候减排机制实现全球气候治理，作为全球主要谈判参与国的美国的态度却一再转向，这将会对我国参与国际气候谈判产生一定的冲击；这同时也构成了本研究的选题意义。在此基础上，本书从国际气候谈判行动选择、美国气候政策转向、中美博弈及中国策略选择三方面对相关问题进行了综述，以期找出研究的创新点。

第2章理论基础：全球主义与国家主义。在全球治理与国家主义的理论框架下，讨论国际气候变化谈判的相关理论，其中包括公共物品理论、国际公共物品理论、全球治理及全球治理范式、双层博弈理论。在此基础上探讨全球主义关照下的国家主义，指出要积极地看待

---

① 庄贵阳，薄凡，张靖. 中国在全球气候治理中的角色定位与战略选择 [J]. 世界经济与政治，2018（04）：4-27+155-156.

民族国家力量在建立一个新的多元主义与多层主义的全球治理中的作用。

第3章美国气候政策的演变（1918~2008年）。对奥巴马及特朗普总统之前的美国气候政策进行梳理。发现里根时期美国政府并没有将环境与气候问题作为优先考虑的领域；老布什时期虽然有所转变，但是基本立场不变；克林顿时期美国气候政策开始转向积极；但是最终却遭遇了小布什时期美国对气候问题前所未有的消极。

第4章奥巴马政府时期美国气候政策的转向。首先，对奥巴马政府时期美国气候政策的演进进行梳理，找出气候政策转向的特点和定位。其次，结合2013年奥巴马的《总统气候变化行动计划》，借助新政治经济学的分析方法从国际政策与国内政策两方面探讨目前美国气候政策的定位（其中国际政策包括国际领导力、国际气候合作、气候融资；国内政策包括减少温室气体排放、发展清洁能源经济、加强能源效率升级、应对气候变化）。

第5章特朗普政府时期美国气候政策的再转向。首先，确认特朗普政府时期美国的国际气候减排的消极态度；其次，分析美国气候政策中的国内政策，包括弱化气候变化问题的重要性、削减有关气候变化的预算、减少有关气候变化的研究、撤销奥巴马与气候有关的法案等方面的表现。

第6章美国气候政策变化规律及其驱动因素。对于美国气候政策的演进的梳理只是研究的起步阶段。本章在对美国碳排放趋势进行研究的基础上，总结出其气候政策的规律与特点，同时从总统的外交决策、府会的政党偏好、利益集团的游说三方面找出美国气候政策的驱动因素。

第7章美国气候政策转向对中国参与国际气候谈判的影响因素与路径。从两大维度（美国采取积极的减排态度、美国采取消极的减排态度）、五大要素（碳关税、国际碳交易、低碳能源技术转让、气候能源合作、气候融资），分别探讨美国气候政策的转向对于国际气候谈判及中国的影响。

第8章美国气候政策转向背景下国际气候谈判困境与中美气候博

弈模型分析。首先,通过博弈分析,发现国际气候谈判的困境及激励机制。其次,在此基础上,对各种情形下的中美博弈进行模拟,并分析各种情形下的利益得失。

第9章美国气候政策转向背景下中国参与国际气候谈判的策略选择。具体包括中国国内的气候治理政策、中国在国际气候谈判中的立场与策略选择(坚持的原则、话语权、合作基调、灵活的谈判策略、人类命运共同体下凝聚共识等)、中美间的气候谈判策略。

本书总体框架如图1-1所示。

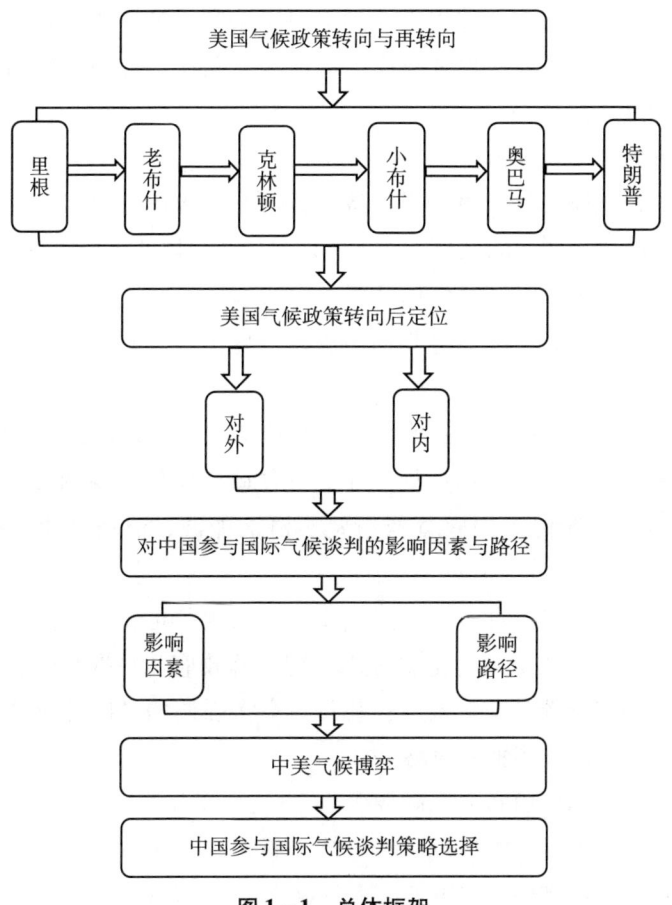

图1-1 总体框架

1.4　研究思路与观点

本书将从各种途径收集美国气候政策和国际气候谈判相关数据和资料，并进行数据处理、分析和提取相关信息，以博弈模型为分析基础，结合中美新型大国关系原则，应用气候经济学、低碳经济学、世界经济理论、国际政治外交理论，瞄准美国气候政策转向，遵循"美国转向—影响国际经济规则的制定—影响中国参与国际气候谈判—中国的策略选择"轨迹，并提出谈判应对思路和对策。即"现象分析—理论提炼—博弈研究—政策选择"的研究思路，结合中国国情，探索中国的应对之策。

本书的主要观点为：

第一，气候变化问题具有经济、政治及资源环境属性，某种意义决定了国际气候博弈的属性，而大国博弈的政治属性更加明显。

第二，美国应对气候变化最新动向对国际气候谈判和国际政治经济格局产生影响。美国会将其动向深入世界经济规则的制定中，一定会波及中国的对外经济与内部经济。

第三，奥巴马执政以来美国气候政策出现转向，尤其在2013年6月的《总统气候变化行动计划》中，气候政策定位出现调整，显现出新的特点，更倾向于国际气候行动、清洁能源、清洁技术、排放权交易。

第四，特朗普上台以后美国气候政策出现了再转向。这一转向以美国退出《巴黎协定》为主要标志。特朗普政府几乎推翻了奥巴马时期制定的一切低碳与减排政策；相反，更多强调的是以传统能源生产和消费为基础的能源独立战略。

第五，中国应做好"未雨绸缪"，采用博弈分析找出理论分析框架对中国积极、退让、维持现状等策略进行模拟，厘清国际谈判的核心要素，在国际谈判中调整策略，重新定位，做好防控机制。

1.5　研究方法

（1）数据资料法。在分析美国气候政策调整的时候，本书将会不可避免地运用所获得的数据资料对美国气候政策的演变历程进行回顾、梳理和评价。

（2）系统分析法。将中国参与国际气候谈判的策略选择视为一个系统，对系统内各要素及其相互作用进行综合分析，最终提出解决问题的可行方案。

（3）博弈分析法。在探讨美国气候政策的调整对中国参与国际气候谈判的影响机理后，将采用博弈论分析方法对中美气候博弈进行模拟。

1.6　创新之处

第一，研究问题和切入视角新颖。

作为一种非传统安全问题，全球气候变化构成了当今世界上最具有挑战性的问题之一。在当前全球气候治理的格局中，大国在国际规则制定的谈判中仍然具有较多的话语权。奥巴马上台以后，美国气候政策逐渐调整，加之特朗普上台后的再转向，必将影响国际谈判格局，而这也是中国目前迫切需要了解和解决的问题之一。

第二，试图建立大国因素影响国际制度进而影响他国的分析框架。

大国政策变动影响他国在国际谈判中的战略定位必然遵循一定的路径，并以一种或多种形式表现出来。本书试图建立起大国政策—国际制度—影响条件—具体表现的分析框架。

第三，研究分析方法的创新。

尝试采用博弈模型对中美气候博弈过程中动态变化的应对策略进行模拟。将节能减排、发展低碳经济与转变我国经济增长方式等重大战略议题相结合，从而在全球碳博弈中寻求对我国的有利策略和优势地位。

第 2 章

理论基础：全球主义与国家主义

文艺复兴之后，当从英国出发的一艘艘洲际远洋轮船从世界各地源源不断地运回巨额财富的同时，不够发达的航海技术与变幻莫测的海洋风暴也经常给这些远洋冒险者带来灭顶之灾。17 世纪中叶，爱德华·劳埃德在泰晤士河畔开设了"劳合咖啡馆"，作为如今世界知名保险交易所劳埃德保险社的前身，这家咖啡馆在成为航海冒险者交换航运信息与商业新闻的场所之后，也逐渐为这些航海冒险者提供保险业务。只要缴纳一笔保险费，就能够为航海者避免由于海上风暴所带来的灭顶之灾。经过几百年的发展，如今我们已经形成了针对各种各样的风险的、系统的、精密计算的现代保险业。从水灾、火灾、风灾等各种自然灾害到人寿健康保险、金融保险，现代保险业已经覆盖了人们生活的方方面面。正如乌尔里希·贝克在其开创性的著作《风险社会》一书中所指出的，现代工业社会繁荣昌盛的景象是建立在识别风险、规避风险、控制风险从而保证法律与秩序发挥正常作用的理性决策基础之上的，是一个对工业化所产生的风险与灾难不断提高推算与预警精确性的过程。[①] 在这样一个过程中，我们对于未来的灾难未雨绸缪，制定出关于预防预警、事故赔偿、善后处理等一系列预案，将工业社会之前的不可知的风险与损失降低到最低限度，并使每一个社会成员对于未来都有一个稳定的预期。

---

① 乌尔里希·贝克，王武龙. 从工业社会到风险社会（上篇）——关于人类生存、社会结构和生态启蒙等问题的思考 [J]. 马克思主义与现实，2003（03）：26 – 45.

从 20 世纪 80 年代开始，特别是随着切尔诺贝利核电站泄漏事故以及英国"疯牛病"在全球的蔓延，研究者们开始发现，传统意义上的针对某个固定时空中的、基于概率计算与事故赔付的风险控制策略已经失效了。工业时代末期的风险相比以往的特殊性在于：第一，风险造成的灾难不再局限于某一个特定的地区或国家，而是扩散至全球。气候变化、臭氧空洞与艾滋病病毒等都是如此，如今，我们再也找不到一个"存有外部、出口或者说避难所的世界"。[①] 每个人都均等地处于全球性风险的威胁之下。因此，对于风险中的经济赔偿也无法实现。第二，由于风险发生的时空界限已经发生了变化，甚至根本就无法确定风险的时空界限，所以，关于风险的计算也无从谈起。第三，尽管各国政府一再声称已经将一系列的核危机、生态危机以及科学实验的风险控制在一个很小的范围，但是现代社会的不确定性灾难的严重程度已经超出了预警检测与事后处理的能力。灾难一旦发生，毁灭不可避免。第四，灾难事件的结果多种多样，我们也无法使用固定的、程序化的风险计算的常规标准对其进行把握。[②] 总体上，一个全球性的风险社会正在形成。如果说在工业社会，关于财富与权力的分配是其核心议题，那么在风险社会，关于风险的"定义"与分配则成为新的核心问题。"阶级社会的驱动力可以概括为这样一句话：我饿。而风险社会的驱动力则可以概括为：我害怕。"[③]

　　风险的全球化如今已经成为公共领域与私人领域的一个核心的组织范畴，它迫使我们承认世界的脆弱性，并呼唤一种新的突破传统的基于民族——国家的主权管理的全球治理模式。在风险计算的四大支柱被核风险、生态风险、化学品风险等全球性风险摧毁之后，按照谁污染、谁赔偿，谁酿成灾难谁负责的因果原则来确定全球风险灾难的责任主体已经成为不可能的事情，并且经常会导致相互矛盾的结果。

---

　　① 贝克，邓正来，沈国麟. 风险社会与中国——与德国社会学家乌尔里希·贝克的对话 [J]. 社会学研究，2010，25（05）：208-231+246.

　　② 杨雪冬. 风险社会理论述评 [J]. 国家行政学院学报，2005（01）：87-90.

　　③ Beck, Ulrich, Johannes Willms. Conversations with Ulrich Beck. Cambridge, UK: Polity Press, 2004.

单纯依靠民族——国家的一己之力以应对全球风险的挑战也无异于刻舟求剑。① 以国际气候谈判为例，从 1990 年开始的《联合国气候变化框架公约》到《京都议定书》再到《巴黎协定》，从发达国家的集合到包括更多的发展中国家，从超级大国到更多的国家与区域性组织的加入，都体现了通过制定、实施全球性的超越民族——国家主权管辖范围的规范、计划与政策来实现共同的目标和解决全球性的风险的意识。

然而，全球风险在改变我们长期以来的全球治理的形式的同时，它也在另一方面加剧了全球化之间的摩擦。关于风险的定义与分配制造了新的政治分歧与分裂，它们"腐蚀了社会团结，强化了对于民主的幻灭感。"现实的风险（失业、生活成本提高）与未来的风险（气候变暖）之间的比较与博弈也可能会导致不同价值观的冲突，民族——国家也可能会利用人们对于风险的恐惧进行自我强化，经过合理化的授权掌控更多资源。全球风险可能会扩大民族——国家的内部权力，② 正如在 2008 年金融危机时各国政府都专注于发挥国家的主动权来加强金融管制，在 2020 新冠病毒肆虐时各国关闭边境互相指责而不是相互合作一样，全球性风险也呈现出了"去全球化"的特点，因为各国政府都试图向它们的人民表示政府是如何关心他们的安全的。国际气候谈判的过程同样也表现出了这一类似的特征，特朗普政府上台之后马上退出《巴黎协定》就是典型的标志。

在本章中，我们将在全球治理与国家主义的理论框架下，讨论国际气候变化谈判的相关理论，指出国际气候谈判中一个基于可持续发展理念的全球治理价值观的形成以及主权国家在凝聚共识与重新分配影响力对于这种全球价值观的影响，并最终造成国际气候谈判中的反复博弈。

---

① 周战超. 当代西方风险社会理论引述 [J]. 马克思主义与现实，2003（03）：53－59.

② 贝克，邓正来，沈国麟. 风险社会与中国——与德国社会学家乌尔里希·贝克的对话 [J]. 社会学研究，2010，25（05）：208－231＋246.

2.1　全球治理的价值观

从 1962 年美国科普作家蕾切尔·卡逊出版的《寂静的春天》到 1972 年罗马俱乐部发表的《增长的极限》，他们共同为我们描绘了一个过量使用化学品与不可再生能源所导致的"黑暗"的未来的图景：为了提高农产品产量而发明的化学毒剂在杀死了吉卜赛飞蛾的同时也杀死了鱼、螃蟹和各种鸟类，在未来的春天中不再有万物的复苏与各种各样的虫鸟的叫声，只有死一般的寂静；而对于不可再生资源比如石油、金、铬等按照资源消耗指标的持续增长，不用多久，这其中的绝大部分的资源将消耗殆尽，未来的社会将重新进入野蛮丛林社会。尽管卡逊与罗马俱乐部关于未来生态危机的讨论受到了许多专家学者的批评，但是不容置疑的是他们成功地唤起了我们对于控制人口增长、保护资源环境和开发绿色再生能源的关注。1987 年，世界环境与发展委员会出版了《我们共同的未来》报告，系统地阐述了可持续发展的思想：既能满足当代人的需求，又不对后代人满足其发展的能力构成危害的发展。在之后的十几年间，联合国陆续通过了多项以可持续发展为核心的文件与协定，包括《里约环境与发展宣言》《21 世纪议程》等。

全球气候变化与谈判正是在这样的情境中产生的。1988 年，美国气候专家詹姆士·汉森博士通过世界各地的气温测量数据以及电脑模拟，指出了由于人类活动所造成的温室效应正在缓慢但显著地改变全球气候；1992 年，各国政府在联合国环境与发展大会上签署了《联合国气候变化框架公约》，提出了控制温室气体排放的长期目标，并确立了"共同的但有区别的责任"以及可持续发展等一系列的应对全球气候变化的原则；1997 年根据《联合国气候变化框架公约》第三次会议在日本通过的《京都议定书》则对各参与国提出了具体的减排目标以及碳排放权交易机制的设定；2015 年在巴黎气候变化大会上通过的《巴黎协定》则进一步兑现了"共同但有区别的责任"原则，明确了全球共同追求的温室气体排放限制的"硬指标",推动发达国家继续带头减排以及加强同发展中国家开展技术合作与财力支持,允许参与各方以"自主贡献"的方式参与应对全球气候变化的行动。①

然而,正如我们之前所指出的,气候变化作为一种典型的全球性风险,突破了传统的以阶级冲突与主权国家治理的框架,每一个人都平等地面对风险,每一个国家的单独的努力也必将徒劳无功,这也导致全球气候变化呈现出明显的公共产品的特性。根据以萨缪尔森为代表的新古典综合学派的观点,公共产品主要包括三个方面的特征:第一,效用的不可分性。与私人产品的相对性受益不同的是,公共产品的效用是不可拆分的,它不能够被划分成某些人或某些群体的收益,而是面向所有人。不管个人是否喜欢或是愿意,无论是否支付相对物都可以且必须消费。对于气候变化而言也是如此,地球上的每个人与其他所有的生物都共享由一种特定的气候所形成的生态系统,不管我们是否支付代价,不管某一个单独的集团或者国家是否做出过努力,最终是地球上的所有生物都能够享受到气候变化的效用。第二,消费的非竞争性。这是指对于公共产品而言,每个人对这种产品的消费并不会导致任何其他人消费的减少。公共产品的非竞争性消费主要来源于其边际生产成本为零或接近于零,也就是每增加一个消费者对公共产品供给的成本的增加可以忽略不计。以气候变化为例,尽管人类的总体活动可能是导致全球气候变化的主要因素,但是同这个总量相比,每增加一个人或一项单独的活动对于气候的消费或者说影响可以说是微乎其微。当然公共产品的这种特性也不可避免地导致被"过度利用"。第三,受益的非排他性。对于私人产品,一旦我们支付了相应的价格获得其产品的所有权之后,我们可以轻易地排除其他人对于该产品的消费。而公共产品由于缺乏明确的产权,一旦生产出来,要排除其他人对于该产品的消费是不可能的。公共产品的这种特性是造成"搭便车"现象、市场失灵以及公共产品供给不足的主要原因。举一个例子,一个稳定的气候对地球上的所有人都是有益的,它无法将任何

---

① 朱超. 公共产品、外部性与气候变化 [D]. 上海:华东师范大学,2011.

人排斥在外,然而,也正是如此,没有人愿意为此出价,所有人都期待着"搭便车",免费使用,让其他人付费,最终导致没有任何国家或个体愿意为稳定的气候买单。①

从20世纪70年代开始,国际政治经济领域所发生的一系列的重要变化,包括布雷顿森林体系的瓦解、两次石油危机以及国家之间日益频繁的贸易摩擦,推动着一批政治经济研究者将公共产品理论引入国际关系领域,重新思考国际秩序的价值与体系构建。查尔斯·金德尔伯格在1986年发表的《没有国际政府的国际公共产品》一文中提出了三种国际公共产品,包括和平的国际环境和秩序,开放的经济贸易体系、国际货币体系以及固定的汇率等,维持开放的国际市场。金德尔伯格强调,世界经济体系要保持稳定,就必须要有一个稳定器,即由某个国家来承担这项公共成本。② 在这里,金德尔伯格暗示着这个承担公共产品成本的国家应该是在国际秩序中起领导作用的霸权国家,而现实主义学者罗伯特·吉尔平则进一步地将这种"霸权国家稳定论"推向顶峰。吉尔平指出,国际公共产品的缺乏是导致国际政治经济秩序不稳定的根源。在无政府状态的国际政治经济体系中,只有霸权国才能生产、供给国际公共产品,才能维持霸权稳定的局面。霸权国的地位合法性,即来自对于国际公共产品的生产以及其他国家对于其作为国际公共产品所有权或管理者地位的承认。③ 1999年,由联合国开发计划署发布的《全球公共产品:21世纪的国际合作》对国际公共产品进行了详细的定义:全球公共产品是这样一些公共产品,其受益范围,包含多个国家,扩展到多个甚至是全部人群,既包括当代,也包括未来数代,或者在至少不妨碍未来数代发展选择的情况下满足目前当代需求。此后,联合国开发计划署又陆续出版了

---

① Samuelson, Paul A. "The Pure Theory of Public Expenditure." *The Review of Economics and Statistics*, Vol. 36, No. 4, 1954, pp. 387–389.

② 查尔斯·金德尔伯格. 1929—1939年世界经济萧条[M]. 宋承先,等译. 上海:译文出版社,1986:348.

③ 罗伯特·吉尔平. 国际关系政治经济学[M]. 杨宇光,等译. 上海:上海人民出版社,2006.

著作与报告，讨论了全球公共物品的最佳供应、效率与公平、激励机制、制度选择等方面。①

许多研究者利用公共产品理论对国际公共产品进行了深入的分析，并指出包含全球气候变化框架公约的一系列国际公共产品的困境来自多个方面：第一，由于"搭便车"现象的大量存在所导致的国际公共产品供给不足。奥尔森在《集体行动的逻辑》中指出，由于公共产品的非排他性，理性的个体行动者出于自利的目的不会付出代价而是等待着"搭便车"，除非存在着一个强制性的超个体组织或者联盟，对成员进行选择性激励，包括正向的激励与反向的惩罚，才有可能导致集体行动的产生。② 对于国内公共产品，民族——国家政府可以自己作为行动的主体，通过征收"庇古税"、协商、民主选举等多种形式募集资金，承担公共产品的成本。而对于国际公共产品，由于缺乏一个具有强制力、约束力的国际政府，每个国家在其中都成了奥尔森所说的自利的理性个体，都等待着其他国家付出代价而自己"搭便车"。举个例子，作为一个全球性气候变化框架公约的《京都议定书》在开放签字的两年时间内也只有84个国家签署，同时，美国虽然在议定书上签了字却并没有得到国内核准，最终成为首个退出议定书的国家，2011年，加拿大也宣布退出《京都议定书》。第二，由于不平等消费所造成的供需失调以及国际矛盾。由于各个国家经济发展的程度各不相同，科技水平有强有弱，导致各个国家在公共产品的消费能力方面各不相同。总体上，发达国家由于其较长的发展历史以及更好的科技能力比发展中国家在公共产品的消费上更占优势，这也导致了发达国家与发展中国家在公共产品的供给、消费体系上的对立。国际公共产品的这一困境表现在国际气候谈判方面，就是尽管《联合国气候变化框架公约》提出了"共同但有区别的责任"原则，然而，在涉及具体的碳排放目标的设置上，一个重要的分歧就在于发展中国家指出发达国家应当为

---

① 朱超. 公共产品、外部性与气候变化 [D]. 上海：华东师范大学，2011.
② 曼瑟尔·奥尔森. 集体行动的逻辑 [M]. 陈郁，等译. 上海：上海人民出版社，1995.

它们过去的碳排放负历史责任,而以美国为首的发达国家则在尽可能地回避历史责任而提倡一个指向未来的共同目标。第三,狭隘的国家利益观所导致的过度使用。当每个民族——国家在缺乏秩序的国际社会中变成了自利的个体时,国际公共产品的"公地悲剧"也将必然上演。① 尽管绝大部分国家政府与民众都意识到持续地向大气中排放温室气体最终将可能导致毁灭性的结果,然而,降低温室气体排放会降低国家内部的工业发展潜力,提高民众的生活成本,从而可能影响政府在民众心中的满意度。最终,这些国家、政府基于自利的目标并不愿限制温室气体的排放,一旦有一个国家例如美国在其中产生了错误的示范,其他国家也都跟进,从而导致全球气候变化谈判的"破产"。②

将公共产品理论引入国际政治关系从而形成的关于国际公共产品的讨论不可避免地指向一种新的超越国家主义的全球治理的理论范式。1972年的联合国环境会议指出:我们已经进入了人类进化的全球化,每个人有两个国家,一个是自己的祖国,另一个是地球这颗行星。③ 在这种情况下,人类必须确立一些新的知识,包括关于分享主权政治经济与建立伙伴关系的意识,关于超出狭隘的地方——国家意识而忠诚于全人类的意识等。罗马俱乐部的创始人之一佩西不止一次提到:现在通往全人类解放道路上的一个主要障碍就是国家主权原则,它已经成为文化发展与全球意识陷入停滞困境的典型病症。④ 著名历史学家汤因比也认为,今天"必须剥夺地方国家的主权,建立一个服从于全球的世界政府"。⑤

同市场失灵、政府失灵一样,全球治理的概念也是在一个全球失灵的经验观察基础之上提出来的。冷战结束以来,全球化的迅速发展、

---

① Garrett Hardin. The Tragedy of the Commons, *Journal of Natural Resources Policy Research*, 2009, 1 (03): 243 - 253.
② 英吉·考尔等编. 全球化之道——全球公共产品的提供与管理 [C]. 张春波,高静,译. 北京: 人民出版社, 2006.
③ 芭芭拉·沃特,勒内·杜博斯. 只有一个地球 [M]. 长春: 吉林人民出版社, 1997: 17.
④ 奥利雷奥·佩西. 人类的素质 [M]. 北京: 中国展望出版社, 1988: 183.
⑤ 汤因比,池田大作. 展望二十一世纪 [M]. 北京: 国际文化出版公司, 1985. 转引自蔡拓. 全球主义与国家主义 [J]. 中国社会科学, 2000 (03): 16 - 27 + 203.

国家之间相互联系与依存关系的扩展、全球性风险的凸显以及新兴经济体的崛起导致全球政治经济环境发生了巨大的变化，这体现在世界权力分配从集中到分散的趋势、新安全威胁替代传统安全威胁以及国家之间从对抗到合作关系的发展等方面，然而，基于霸权国家的世界制度安排与秩序理念却严重滞后，这是造成全球失灵的主要原因。[1] 托尼·麦克格鲁从国家间秩序、经济秩序与知识秩序三个方面系统地阐述了全球失灵或者说扭曲的全球治理的形成机制：首先，从国家间秩序来说，由美苏争霸所产生的世界结构体系贯穿现在所有正在运作的世界秩序与制度当中，自由贸易、全球性资本、意识形态对立等基本上都是美国霸权主义的产物。美国在主导世界政治经济秩序中的作用与其本身经济政治力量在世界中的比例是不相符的，同时也忽视了有些时候则是故意遏制了新兴经济体在全球秩序中所应发挥的作用。

其次，从经济秩序而言，经济全球化推动了资本与市场在全球范围内蔓延的同时，它又很少参与到全球再分配以克服全球不平等的活动，由此造成的结果是经济全球化加深了全球的不平等。以萨米尔·阿明为代表的新马克思主义学派发展出的依附理论已经明确指出了正是资本在全球范围的运作所产生的全球性分工导致了前殖民地区与发展中地区被动地依附于前宗主国与发达国家，在这种不对等的经济关系中，发达国家的资本主导了发展中国家的主要经济部门并攫取了大量的经济剩余，发展中国家只能通过出售原材料以及基本的粗加工业为生，陷入低水平发展陷阱中无法逃脱。正如阿明所说：全球化是资本对国家的进攻，它反映了"资本主义经济管理的全球化经济空间与政治和社会管理空间的分裂"。[2] 一些研究者甚至认为，全球秩序如今被一个由精英、跨国公司与政府网络组成的强大的跨国力量所控制，财富、权力与文化网络都与这个跨国力量在全球范围内的生产与再生产有关。依据一个自由的、全球流动的经济贸易体系价值观，它赋予

---

[1] 秦亚青. 全球治理失灵与秩序理念的重建[J]. 世界经济与政治, 2013 (04)：4-18+156.

[2] 参见萨米尔·阿明. 五十年足矣, 转引自王列, 杨雪冬. 全球化与世界[M]. 北京：中央编译出版社, 1998：231-251.

了全球资本集团在全球治理的计划中的非正式的特权，而这个特权经常是以国家、共同体与自然环境的福利为代价的。① 例如，受大豆价格上涨的影响，巴西的农业企业大面积地烧毁了热带雨林以开拓更多的大豆农场，这导致了 2018 年全球有 12 万平方千米的热带雨林消失，相当于英格兰的面积。

最后，在知识秩序方面，全球性风险的来临促成了一个专家政治社会的形成，从而剥夺了普通人的知情权、参与权与治理权。全球性风险的不可计算性、无法预估性以及多样性导致了全球治理中的许多常规领域或关键领域如今都成了职业性的与专家网络的专有领域。例如，主要由核物理学家组成的欧盟原子能委员会管理与审核欧盟范围内的核电站的安全与运作工作，国际民用航空组织的专家委员会赋予全球航空标准合法性，疾病控制中心的专家负责指导各种传染病与疾病的预防与控制工作等。在全球性风险的各项领域中，专家的知识、理解力成了参与、促进全球治理的基本"门票"，人们"只需要按照专家的指导进行投票就可以了"。最终，专家政治或者说对于科学至上主义的崇拜将普通的人们从各种领域中排除出去，全球治理容易成为单一的排他性事务。②

对于全球失灵的讨论为我们走向真正的全球治理指明了方向。正如贝克所说，大规模的全球性风险突破了文化、阶层与民族——国家的自主性，迫使那些原本不想与其他人发生联系的人进行沟通，在不同的阵营、不同的国家、不同的党派与阶级之间创造出了一个协调行动的语境。③ 一个真正的全球治理，按照联合国全球治理委员会在《天涯若比邻》的报告中的定义，是指各种公共的、私人的和机构管理其共同事务的总和，它是使相互冲突的或不同的利益得以调和并且能够

---

① Greider, W.. *One World, Ready or Not – The Manic Logic of Global Capitalism* [M]. New York, Simon Schuster, 1997.
② 托尼·麦克格鲁, 陈家刚. 走向真正的全球治理 [J]. 马克思主义与现实, 2002 (01): 33 – 42.
③ 贝克, 邓正来, 沈国麟. 风险社会与中国——与德国社会学家乌尔里希·贝克的对话 [J]. 社会学研究, 2010, 25 (05): 208 – 231 + 246.

使各方采取持续性的联合行动的过程。① 麦克格鲁责在分析了扭曲的全球治理之后也提出了一个多层全球治理的概念，即从地方到全球的多层面中的个体、市场、非政府组织以及政府之间逐渐演进的正式的与非正式的政治合作体系，旨在制定和实施跨国的计划、政策以实现一个共同的目标。简单来说，多层全球治理就是多种路径的综合，以赋予缩小的世界一个共同的方向。②

总体上，全球治理范式是建立在以下几个方面的认知基础之上的：第一，它是一个多层的结构。尽管主权国家仍然可能是全球治理中的一个重要主体，但是通过引入更多的跨国或者跨地区的政府组织与非政府组织，建立一个更广泛的平台让更多的个体直接发声而不是被代表，以及各种公共协会、商业组织与公民社会体系等的参与，全球治理范式能够建立一个让民族——国家夹在中间的多层结构体系。第二，全球治理是多元化的，不依赖于一个单一的权威中心。不管是以美国为代表的霸权国家，还是以联合国为代表的超国家组织都是全球治理中的一个环节，但是也仅仅是一个环节。多元化的权威中心并不认为参与者之间存在着平等的权利，但是通过尽可能地将权力分散给更多的参与者，最终才能够实现一个相互沟通、协调的一致行动的产生。第三，全球治理是一个多样性的结构。这不仅是由于在某些问题或者全球性议题方面的宏观结构在相对重要性与控制能力上存在较大差异，也是因为它本身就是由不同权力与能力的机构、组织组成，从而在不同的议题上表现出独特的模式。第四，它是一种建立在伙伴关系基础上的、注重多方实践参与的体系。中国的研究者所提出的伙伴关系视角超越了以利益得失、阵营对立为基本标准的现实主义原则，将关注的重点放在相互关系与整体氛围的营造上。伙伴关系将塑造关系身份作为治理的要素，将协商与参与过程视为治理的根本所在。③ 第五，在

---

① 吕晓莉. 全球治理：模式比较与现实选择 [J]. 现代国际关系, 2005 (03)：8－13.
② 托尼·麦克格鲁, 陈家刚. 走向真正的全球治理 [J]. 马克思主义与现实, 2002 (01)：33－42.
③ 秦亚青. 关系本位与过程建构：将中国理念植入国际关系理论 [J]. 中国社会科学, 2009 (03)：69－86＋205－206.

全球治理体系中，国家主权政府并没有被降格，而是逐渐演化为关键的战略性位置。国家主权政府将各种治理单元整合在一起，并使全球调控合法化。

全球治理范式代表了一种在多层参与、协商与合作基础之上重构国际秩序的价值观，它是建立在美国霸权地位衰落、新兴经济体崛起、非政府组织的广泛参与以及全球性风险社会的来临等多种综合要素基础之上的。这种新的价值观通过可持续发展理念与开放共享理念在全球范围内的传播与内化，以指向一种具有指导性而非强制性的共同行动的达成。关于国际气候变化的谈判与各种协议的签署，既是全球治理价值观指导下的各个国家共同行动的体现，也在具体的参与实践中进一步地完善了全球治理的价值观体系并赋予了这个新的价值观更多的合法性。

2.2 国家力量

尽管全球治理提供了一个新的国际秩序构建的视角，但是也不乏研究者对于全球治理理论的批评，其中，一个主要的观点就是全球治理理论在把多种参与主体纳入秩序构建的过程中，存在着一个将参与主体特别是主权国家政府作为一个统一的整合的主体预设，从而忽视了不同主体内部之间的矛盾与博弈。在新的国际秩序的构建方面，把"国家"看作是一个内部没有斗争、冲突的统一的行动体并不符合我们现在的国际政治实际，这将忽略传统的国际秩序结构的惯性以及参与主体间特别是国家内部政治派别互相对立的复杂性。[①] 举一个经常被提到的例子，美国宪法规定，美国总统要缔结条约，必须要获得参议院2/3 的到场参议员的同意。美国参议院通过的 Byrd – Hagel 决议案更是规定，美国总统不能签署对"美国经济造成严重损害"的条约。这也

---

① 邢彩丽. 对气候政治中国家利益的阶层属性的马克思主义解读 [D]. 杭州：浙江理工大学，2013.

导致了在 1998 年 11 月 12 日，尽管时任美国副总统戈尔在《京都议定书》上签了字，但是在提交国会审议时却被参议院驳回。2001 年小布什就任美国总统后不到 3 个月，美国国家环保局局长惠特曼就以议定书不符合美国国家利益为由直接声明退出《京都议定书》。①

1988 年，罗伯特·普特南根据美国两党阵营对立以及府院分治的政治实践，融合国际与国内两方面的因素提出双层博弈理论。② 该理论将国际博弈与国内博弈划分为两个不同的层次，第一层次是国际层面以国家整体力量为主体的谈判过程，第二层次则是国家内部的谈判过程。国际与国内的两层次博弈是相互交织、相互纠缠在一起的，它们之间并不存在着一个绝对的时间顺序。在多回合的国际谈判中，第一层次与第二层次的博弈经常处于互动和循环的过程中。例如，美国国内的各种政治力量的博弈可能导致美国消极地应对国际气候谈判，而在国际谈判中这个结果与评价又会反馈到国内，形成新一轮的调整、适应。普特南认为，总体上，以美国两党政治为典型的国际博弈是嵌入在国内各种政治经济力量的讨价还价过程中的，一个国际条约的达成需要在国际和国内的双重博弈中找到一个"交集"，普特南将这个"并集"定义为"获胜集合"（Win-Set）。"获胜集合"的概念简单地说，就是指国内选民批准与履行国际协议的可能性大小，它的规模范围取决于国内选民的利益结构、政治偏好、多层次联盟以及国内总体政治制度与谈判者策略。如果要达成一个有意义的国际协议，需要充分考虑与整合国际与国内两个层面的利益偏好，尽可能地扩大各个国家的"获胜集合"，在参与国之间产生一个"交集"。③

普特南的"双层博弈理论"经常被用来解释美国在国际气候变化谈判中的反复，包括克林顿政府签字的《京都议定书》没有获得参议院的批准以及特朗普退出奥巴马政府签署的《巴黎协定》，都反映出美

---

① 门丹. 美国低碳经济政策转向研究 [M]. 北京：社会科学文献出版社，2014：41.
② Putnam, Robert D. Diplomacy and Domestic Politics: The Logic of Two-Level Games [J]. *International Organization*，1988，42（03）：427-460.
③ 薄燕. 双层次博弈理论：内在逻辑及其评价 [J]. 现代国际关系，2003（06）：54-60.

国政府在国际气候谈判中没有形成"获胜集合"而缺乏一个连续的、统一的政策。然而,"双层博弈理论"在对国家这一复杂的主体进行内部审视的同时也将它的解释范围更多地限制在对于破裂的、失败的国际谈判方面,它不能够解释为什么欧盟作为一个多国家主体的区域组织在国际气候谈判中表现出了一致的、连续的政策。无论是在英国、德国、法国这些大国还是比利时、荷兰、丹麦等小国,保持一个稳定的气候并推动全球环境的治理都成为人民的共识。在这些国家的政治竞争中,环境与可持续发展并不是一个值得争论的议题,无论哪个政党执政,都依赖"绿党"的支持,都需要通过对于环境的关注以获得选民的支持。总体上,在欧盟国家,"是否应该推动环境与气候稳定"不是问题,而是如何推动环境与气候稳定成为问题。在某种意义上,环境保护尤其是应对全球气候变化的环境变化,已经成为欧洲民族主义的一种表达方式。[①] 显然,"双层博弈理论"可能需要被限定在一个具体的范围中,在那些共识没有达成的国家或地区,它是一个有效的分析工具,但是它并没有给出一个具体的解释:获胜集合或者说共识如何达成。

"双层博弈理论"在国际博弈引入多维的、复杂的内部国家一方面唤起了人们对于国家内部权力结构的关注,然而,又在分裂的"国家"视角中消除了国家作为一个主体的整体性力量。它同样也不能解释像我国在国际气候谈判中的作用,国家内部之间的权力分配与价值观并不总是分裂的、冲突的。在权威主义政府以及其他类似的国家资本主义政府当中,主要是东亚模式中的国家,包括日本、韩国、新加坡等,政府既通过掌控关键领域的资源分配,又利用以往的发展成就获得人们对于政府的充分信任与授权,进而在社会文化中建构一个统一的环境价值观。从实际的全球气候变化谈判来看,将分析的重点放在国内各种力量的博弈中似乎是美国的一个特例,事实上,包括中国在内的东亚国家与欧盟都是《全球气候变化框架公约》的积极的提倡

---

① 娄伶俐. "双层次博弈"理论框架下的环境合作实质——以多边气候变化谈判为例[J]. 世界经济与政治论坛, 2008 (02): 117 – 121.

者，在环境保护与气候稳定上不仅形成了社会共识，同时也做出了积极的行动。以我国为例，党的十八大把生态文明建设纳入中国特色社会主义事业"五位一体"的总体布局中，同时，通过淘汰落后产能、优化能源结构、推进碳转型以及发展新能源产业，控制了温室气体的排放。根据《中国应对气候变化的政策与行动2019年度报告》，2018年我国单位国内生产总值二氧化碳排放下降4.0%，比2005年累计下降45.8%，提前完成了2020年比2005年下降40%~45%的碳排放目标。[1]

正如秦亚青所指出的全球治理失灵主要是由于原有的国际政治秩序不符合世界迅速发展的形势一样，[2] 普特南的"双层博弈理论"是在一个依然以美国作为世界单极霸主地位为分析框架的解释，它的一个潜在的前提就是美国能够在国际事务中发挥统治性作用，能够不按照国际社会共识进行单独的行动。按照国际与国内双重博弈，特别是将国内博弈作为分析的重点从具体各国实践来看，更多的是体现美国作为世界霸主的特殊主义思想。2016年的《巴黎协定》尽管美国在2019年宣布退出，但是它的参与国仍然有195个之多，它反映的是全球绝大多数国家对于控制温室气体排放、保护我们共同家园的一个共识。因此，在关于国际气候变化的谈判中，与其关注作为一个单独的特例的美国为什么在有关气候政策方面多次反复，我们应该更加需要讨论的是，在主权国家仍然在发挥重要作用时，为什么能够形成一个全球性的共识。这不仅是与冷战结束以来的新的全球治理理念共识的形成有关，同时也与国家作为一个积极的主体在建构全球共识与适应性经济结构政策有关。

尽管围绕着国家的地位与权力有不同的主张，但是一个基本的立场，即国家在管理社会生活与发展经济方面起到不可或缺的作用，并没有改变。现代意义上的民族——国家概念是随着资本主义的发展而

---

[1] 中国政府网. 我国提前完成2020年碳减排国际承诺［EB/OL］. http：//www.gov.cn/xinwen/2019－11/28/content_5456537.htm.

[2] 秦亚青. 全球治理失灵与秩序理念的重建［J］. 世界经济与政治，2013（04）：4－18＋156.

产生的，从马基雅维利、布丹到霍布斯等的论著中都指出了国家拥有全面的、最高的权力。黑格尔则明确地提出了一个绝对主义国家观，认为国家本身即是目的，是个体生存意义之所在，个人的一切权利、利益与自由只有当它们符合国家这一最高目的时才有意义。卡尔·曼海姆则将国家实体化，认为国家是一个客观存在的实体，"国家或民族不应当做其各组成部分的总和，相反个人更应当被看作仅仅是这个更普遍的整体的组成部分。"① 尽管全球化进程与公民社会的建构在一定程度上消解了国家的权威性，但是在面对全球性风险时，国家仍然是一个重要的力量，总体上，我们认为，国家不应当被看作是全球共识塑造的对立面而应当是一个推动力量。国家可以整合性地利用各种媒体传播平台向人民传递可持续发展的理念与对环境友好的价值观，我国从20世纪90年代初就开始引入可持续发展理念并进行了大范围的连续宣传，从党的十八大以来我们国家对于生态文明与美丽中国的宣传就是一个典型的例子；在全球主义时代，国家依旧是最基本的政治单元，是社会价值与资源的主要分配者，能够为积极的环境行动提供各种资金与政策上的支持。为了减少温室气体的排放，我国关停了数以千计的小煤矿与落后产能，更新了多个环境保护的国家标准并且在2018年制定了环境保护税法案；国家也可以是新环境理念与价值观的供给者，尽管关于可持续发展与气候变化的知识都来源于专家与各种公民社会组织，但是在最终的成体系的价值与行动体系方面，国家仍然是主要的供给者。国家也能够将减少环境污染与温室气体排放作为一个主要的增加人民福利的行动纲领进行价值观推广，环境污染与温室气体排放既是一个跨国家的全球风险，也是很多发展中国家需要面对的本地风险。例如，在国际环境绩效指数中，随着我国经济的发展，我国的环境指数排名也从2006年的70多名掉到2014年的118名。减排行动尽管可能有带来一定的社会经济成本的提高，但是减排行动也能够产生一系列的正外部性包括减少本地环境污染、改善居民健康、

---

① 卡尔·曼海姆. 保守主义的思想，转引自吴惕安，俞可平. 当代西方国家理论评析[M]. 西安：陕西人民出版社，1994：40.

增加居民隐形福利等环境效益，对于节能减排的正负效益的综合考量也能够使国家在发展应对气候变化的政策框架中增强其合法性。[1]

国家在推动新的适应环境保护的低碳经济的发展方面也能发挥重要作用。新制度经济学已经系统地阐述国家作为一种整体性力量在现代化进程中所发挥的巨大作用，林毅夫等在《中国的奇迹：发展战略与经济改革》一书中指出了后发展国家通过对于经济与市场的控制以积累资本完成经济起飞前的准备，包括城乡二分分割制度、大规模的连续的经济发展计划、农业与工业部门产品的剪刀差等都可能是一个国家为了实现经济社会发展所必须经历的痛苦阶段，同时也是国家能够发挥力量突破低水平发展陷阱的主要体现。[2] 以国家力量为基础的在日韩等国的财阀主义模式以及以新加坡为代表的国家资本主义模式同样也说明了国家力量在促进经济发展的巨大能量，例如，新加坡在许多与政府有关联的公司中拥有股权，并通过主权财富基金指导投资，通过发展有利于企业的各种立法，鼓励国外西方社团企业文化以及加强国家与企业之间的密切合作，吸引了一大批有较强竞争力的大型国际企业。韩国在1970～1980年的高速增长奇迹也主要来源于国家支持的财阀集团在国内与国际市场中的快速扩张。

在应对国际气候变化的谈判中，国家力量的最重要的体现在于将气候变化与一个适应于未来社会持续增长的低碳经济产业结合在一起。碳排放权就是发展权已经成为许多政策研究者与主权国家的共识，这其中包括两个层面的意思：一方面，碳排放权经常与发展的传统工业与便捷现代化的生活方式有关，因此，减少温室气体排放经常被一些政府与评论家认为将在一定程度上损害国家的工业发展潜力，并推动人们生活成本的提高。《京都议定书》要求美国以1990年的碳排放为基准，在2008～2012年将温室气体的排放降低7%，美国参议院估计要完成这个目标将导致美国花费4000亿美元并损失490万个工作岗位

---

[1] 陈迎. 国际气候制度的演进及对中国谈判立场的分析 [J]. 世界经济与政治, 2007 (02): 5-6+52-59.

[2] 林毅夫, 蔡昉, 李周. 中国的奇迹: 发展战略与经济改革 [M]. 上海: 上海人民出版社, 1999.

从而否决了这项协定。① 一些发展中国家不愿加入《全球气候变化框架公约》也是考虑到改进机器设备、提升减排技术将可能会损害到它们脆弱的工业系统。然而，另一方面，碳排放权的经济属性也可能为国家在推动相关产业发展与技术"弯道超车"上提供一个更普遍的舞台。降低碳排放的逻辑起点不应局限于现有的传统的工业结构限制，而更应该是以降低碳排放的一系列的技术的发展。根据对于温室效应的研究，现在一个基本的研究共识就是，减少大气中二氧化碳的途径主要来自四种途径：提高能源效率、开发可再生能源或清洁能源、发展碳捕捉和碳封存技术以及提高森林覆盖率。② 除了植树造林以外，其他三种途径都依赖于技术的发展与创新。例如，提高能源效率意味着我们必须寻找新的制造与加工方式，包括在钢铁、水泥等高能耗的制造业中进行技术革新或者寻找到可替代性的材料加工方式，以及在交通运输业发展更好的节能减排技术等；开发可再生能源与清洁能源，包括风能、水能、太阳能与地热能等，都需要新技术的开发利用以"驯化"这些新能源；碳捕获与封存技术更是极度依赖新技术的开发利用，因为到目前为止这方面仍然还处于理论论证阶段。总体上，降低碳排放的策略不应该是以一种经济失败的风险来替代全球性的气候危机风险，经济发展不应该是全球气候变化的原因而是一种解决方案，在应对全球气候变化风险的过程中，都隐含着国家传统经济结构的调整、能源效率的提高与新兴产业的发展等，从而最终带来全球生产模式与消费模式的转变。

低碳经济最早由 2003 年的英国能源白皮书《我们能源的未来：创建低碳经济》提出，指的是在可持续发展的理念指导下，通过技术创新、制度创新、产业转型与清洁能源开发等多种方式，降低温室气体排放，实现经济社会发展与生态环境保护双赢的经济发展形态。③ 一些

---

① 中国气候变化信息网. 美缘何一再拒签《京都议定书》？[EB/OL]. https：//www. ccchina. org. cn/Detail. aspx？newsId = 19763&TId = 58.

② 付允，马永欢，刘怡君，等. 低碳经济的发展模式研究 [J]. 中国人口·资源与环境，2008（03）：14 – 19.

③ 鲍健强，苗阳，陈锋. 低碳经济：人类经济发展方式的新变革 [J]. 中国工业经济，2008（04）：153 – 160.

政治经济学家认为，碳排放与低碳经济的概念的提出的一个主要原因在于以英、法、德为代表的欧洲老牌工业国家在21世纪失去了与美、日、韩甚至"金砖四国"等新兴经济体博弈的核心竞争力后，希望抓紧应对全球气候变化进行产业革命的机会，发展下一个核心竞争力与经济制高点。欧盟国家在全球气候变化的谈判中扮演积极的领导角色，建立对碳排放进行严格管制的政策体系以及全球性的碳排放交易框架，推动新能源产业与技术的发展等种种表现都反映了国家以及区域组织在发展低碳经济以积极的态度应对全球气候变化中的重要作用。例如，欧盟委员会在2007年陆续通过了一揽子能源计划以及欧盟能源技术战略计划，并单方面承诺到2020年将温室气体排放量在1990年的基础上减少20%。美国尽管在全球气候变化谈判中扮演消极的角色，然而它也在通过一系列的产业与创新政策以及规则性调控等措施将创新战略延伸到能源气候变化领域。在2015年8月，美国环境保护署以奥巴马政府的《气候行动计划》为基础提出一项新的标准建议，以减少温室气体和挥发性有机气体的排放，其目标是在到2025年，甲烷排放量在2012年的基础上减少40%~45%。2016年，美国交通部也提出了促进传统能源技术升级与新能源电动汽车行业的创新发展策略，包括改善节油技术、鼓励电动汽车发展等，据估计，这将为美国社会带来2300亿美元的净收益。[①]

我们国家正在将"低碳"作为一项重要的国家战略与新增长引擎，以推动我国转变经济发展方式、发展新的制度红利实现社会经济持续增长。中央政府已经在2007年正式发布了《中国应对气候变化国家方案》，同时将减排目标纳入到了"十二五"规划并在2019年提前完成了碳减排目标。通过积极发挥政府的主导作用，制定出台相关政策，包括产业导入政策、土地出让政策、资金配套政策以及系统的产业与产品认证标准等，最终也增强了我国在低碳经济与技术方面的国际竞争力。如今，我国是世界上最大的太阳能组件、风力涡轮机、电池和

---

① 刘慧．"隐性"发展型网络国家视角下的美国气候政策［J］．美国研究，2018，32（02）：88－100＋7．

电动汽车的生产国、出口国和投入使用国,也是世界上在可再生能源研发上投资最多的国家。根据联合国环境规划署的报告,在2010~2019年10年间,我国在全球可再生领域以7580亿美元的规模位居榜首位置,是第二名美国投资额的2倍。① 尽管在低碳产业发展中我国仍然面临着许多挑战,例如整体工业生产技术水平落后、科技研发水平不足、低碳资源选择有限以及工业化城市化快速发展对于能源消费的持续增长需求等,但是我国的人民代表大会制度的政治体制以及以发展主义作为施政纲领,能够保证政府与大多数人民的利益保持一致,能够在全社会中凝聚一种环境友好的价值观共识,能够继续发挥政府在社会经济发展中的积极角色,最终,在国际气候变化谈判中扮演一个有影响力的大国与负责任的大国的双重形象。

2.3　全球主义与国家主义之间

气候变化既是国际问题也是国内问题,既是环境问题也是政治经济问题。在应对全球气候变化谈判中的错综复杂的政治经济力量与大国博弈时,一些研究者认为,当前气候变化已经成为国际政治的重要议题,如何应对气候变化不再是科学家的专属领域而变成了重塑国际秩序,特别是重新建构大国关系的一种工具。② 无论是成功的例子和失败的例子都表明了这一点:在美国,一些能源和汽车公司组成了全球气候联盟,利用气候科学中的不确定性、政府间气候变化专门委员会(IPCC)报告中的一些疏漏诋毁气候变化科学,③ 大肆宣传减排所带来的社会成本与即将可能发生的大量失业等负面言论以唤起民众对于减排的恐惧。仅在1998~2005年,埃克森美孚公司就向各种智库和媒体

---

① 中国新闻网. 联合国报告:中国近10年可再生能源投资规模全球第一 [EB/OL]. http://news.sciencenet.cn/htmlnews/2019/9/430241.shtm.
② 陈迎. 气候问题不宜过度政治化 [J]. 环境经济, 2007 (06): 5.
③ 董亮, 张海滨. IPCC如何影响国际气候谈判——一种基于认知共同体理论的分析 [J]. 世界经济与政治, 2014 (08): 64-83+157-158.

组织捐赠了 1600 万美元，其目的就是质疑化石燃料导致全球变暖这一共识。它们通过发布各种调查报告，参与国际国内立法听证，积极游说美国政府拒绝签署减排条约，在 2001 年美国决定退出《京都议定书》与 2019 年退出《巴黎协定》上都扮演了重要角色。[①] 同样在 2001 年，作为俄罗斯碳排放权交易的最大的客户美国退出议定书之后，俄罗斯在是否加入议定书上也发生了动摇，最终俄罗斯决定加入《京都议定书》，则是因为欧盟把俄罗斯加入《京都议定书》与加入世贸相挂钩，承诺支持其加入世贸组织，使俄罗斯重回《全球气候变化框架公约》。激励俄罗斯加入议定书的不是全球气候变化与守护共同家园的价值观共识，而是来自其他方面的激励。全球气候变化从开始产生以来就贴上了各种利益的标签，这也导致我们在全球变暖的现象及成因上到目前为止仍然还没有达成牢固的共识。据于这个观点，这些研究者指出，我们现在需要做的事情不应该在各个国家与组织中寻找"获胜集合"，而是应该剥离气候变化的政治经济属性，让科学来管理专业的知识与领域，在全球气候变化的知识问题上先凝聚一个基本的共识。

这种让气候变化回归科学的观点并没有解决在全球气候变化谈判中的各种政治经济体错综复杂的博弈，而只是一种回避问题的鸵鸟策略。正如我们在上一节所指出的那样，在全球气候变化上缺乏共识仅仅只是在个别国家中存在，在这些国家，导致没有形成共识的原因并不是由于"科学意识"的缺乏，恰恰相反，各种研究报告与有偏颇的新闻都报道打着"科学"的旗号传播着伪科学的知识与观点。因此，我们认为，在已经讨论了全球治理与国家主义视角在全球气候变化谈判中的基本观点与作用路径后，依据现有的全球主义与国家主义并存且都在发挥重要作用的情况下，融合国际与国内两个层次的积极因素，采用一个全球主义关照下的国家主义视角，对于我们在国际气候谈判中最终达成一个有意义的行动方案是更有价值的。

资本的全球化运作、交通技术与信息网络技术的发展以及世界范

---

① 刘慧. "隐性"发展型网络国家视角下的美国气候政策[J]. 美国研究, 2018, 32 (02): 88 - 100 + 7.

围内的劳动分工与价值链传递体系都表明了一个不可避免的全球化时代正在到来,然而,国家主义在全球化时代仍然具有其现实合理性,片面地强调某个方面忽视另外一个方面都是不可取的。全球治理理论能够跨越传统国家主权管治的空间局限性,通过引入市场与非政府组织等多方力量达成应对全球性风险的共识,然而如哈贝马斯所指出的,全球治理仍然存在五个方面的缺陷导致它自身存在着意义危机,包括国际公共物品供给不足所导致的管理不足,全球不平等的扩散导致的合理性不足,缺乏明确战略共识的协调性不足,无效的执行机制导致的服从不足以及新的资本政治权威的产生导致的民主的不足。[①] 从美国特朗普政府的反全球主义到欧洲内部民粹主义思想的复燃都在表明全球主义仍然存在合法性危机,历史学家哈罗德·詹姆斯在《全球化的终结》一书中考察了20世纪30年代全球化早期阶段的消亡并指出,"在特殊时刻,解决全球问题的制度并没有有效地发挥作用,反而成了反全球化分子发泄怨恨的主要渠道"。[②] 今天,詹姆斯的结论仍然是我们理解现实国际政治秩序下的国家主义抬头的有力解释。尽管断裂的、碎片化的国家主义并不能有效地应对全球性风险,然而,国家主义在其长期的发展历史中对人民的影响仍然根深蒂固。不管全球化如何发展,国家仍然是国际政治中的基本单元,依旧是国际关系的主角和最基本的行为体,国家在地区社会经济的发展中仍然起到重要的作用。[③] 全球主义关照下的国家视角在承认全球主义与国家主义并存的前提下,既区别于跨国家政府甚至消灭国家的理想全球主义,也区别于传统的以国家利益至上的国家主义,表现为以国家主义为基础而发展出来一种基本的全球治理共识,一种考虑不同国家、组织之间的利益与声音的民主协调的框架,另一种考虑国家主权现实性与情感性的新的国际合作与行动秩序。

国际主义观照下的国家主义应该以一个更为宏大的视角看待全球

---

① Habermas, J.. *Legitimation Crisis* [M]. Lon-don, Heineman, 1976.
② James, H.. *The End of Globalization* [M]. Princeton, Princeton University Press, 2001.
③ 蔡拓. 全球主义与国家主义 [J]. 中国社会科学, 2000 (03): 16-27+203.

化的大趋势，自觉认同主权的相对性，并在此基础上探究全球化时代主权的要旨与新的表现形态。在风险社会中，传统的安全威胁与非传统的安全威胁裹挟在一起，现在的损失与未来的灾难纠缠在一起，两者相互转化与强化。温室气体的排放将会导致地球变暖，然而强制性地对发展中国家的碳排放进行惩罚性的碳关税也会剥夺这些国家的发展权利，使它们陷入贫困与饥饿的传统陷阱中。巴西企业为了生产更多的大豆而大规模焚烧热带雨林从而可能需要对全球二氧化碳浓度的上升负责，然而，谁能够为这些企业保留热带雨林而产生的经济损失负责却不能够达成一致。对于主权国家的碳排放进行指导与约束的行动是否属于干涉他国内政，还是可能会导致民族——国家内部产生相反的对于全球治理的反抗与斗争情绪？这些问题都要求我们必须在国际政治经济的框架下对各种全球与地方性事务的界限有清醒的认识，要求我们更加深入地讨论主权与发展的本质，弄清楚什么是主权中不可变更的要素与功能，什么又是可以变通或者赋予新的意义的要素与功能；弄清楚什么是纯粹的地方性事务，什么是需要展开合作与主权共享的国际事务。① 对于主权国家而言，在划分清楚边界的基础上积极地引入国际治理力量，将它与市场、非政府组织等第三方力量结合在一起，对于形成一个整合性的、开放共享的社会大众价值观至关重要。一个国际主义观照下的国家主义概念，首先即要在国家内部形成一种对于全球治理大趋势的共识，不是将国际治理当作主权国家的威胁而是作为完善主权国家治理的重要补充力量，并向全社会传递、扩散这种价值观体系。

全球主义关照下的国家主义也要求积极地看待民族国家力量在建立一个新的多元主义与多层主义的全球治理中的作用。在相当长的时间里，民族国家仍然是人类社会生活的支点，是当代国际关系结构产生、发展以及变化的重要原因。尽管围绕着人类共同利益与集体性风险在国际关系中的分量越来越重，但围绕着国家之间的利益合作、冲

---

① 蔡拓. 全球主义与国家主义 [J]. 中国社会科学，2000 (03)：16 – 27 + 203.

突与对抗,仍然具有基础的意义。① 在面对全球气候变化这种涉及经济、政治、环境与文化等多种属性的风险时,发展中国家与发达国家的态度是迥然不同的。发展中国家主张正视现有国际政治经济秩序中的不平等与发达国家在以往的资本主义掠夺与工业碳排放的历史责任,进而希望在国际气候变迁谈判中建构一个补偿性的、能够更加重视发展中国家的声音与发展的合作策略。发达国家则希望削弱国家主权之间的藩篱,搁置现有的不平等而将气候合作置于原有的国际政治经济秩序框架之下。解决发展中国家与发达国家在这方面的分歧,最终形成一个有约束力与服从性的全球治理框架,必须将不同国家的行动偏好转变为"分配价值"的政策,以主权国家为基础,建立一个由参与特定网络的国家、非政府组织、专家体系以及跨国家体系所组成的政策网络。② 通过对话和协商、开放信息与共享资源,在改善国家间互动关系的基础上达成各方都可以接受的政策方案,最终形成一个能够产生有效的集体行动的价值观与行动网络体系。

---

① 蔡拓. 全球主义与国家主义 [J]. 中国社会科学, 2000 (03): 16 - 27 + 203.
② 吕晓莉. 全球治理:模式比较与现实选择 [J]. 现代国际关系, 2005 (03): 8 - 13.

第3章

美国气候政策的演变（1918~2008年）

美国的气候政策更多地表现为联邦政府的行动，旨在规范对美国的气候产生影响的活动。美国的环境与气候政策开始于1970年的尼克松总统任职时期，以《美国国家环境政策法案》的签署为主要标志。此后，随着多项法案的签署及生效，旨在规制水和空气污染的环保署成立，这也预示着美国环境与气候政策的日趋成熟。然而，法规也时常因为其高额成本而遭到相关利益集团的反对而陷入制定困境。1981年，里根总统上任，占据上风的共和党更倾向于"反环境"主义，直接导致环保署年度预算的削减、员工的解聘及环境与气候法规的改革。改革的方向是对于环境和气候问题监管的放松。1989~1993年，老布什政府执政期间，美国的环境与气候政策表现出创新与限制并存的特点。在国际上，签署《联合国气候变化框架公约》，但却拒绝签署《生物多样性公约》，游说删除碳减排提案中具有约束力的目标；在国内，开始重视环保署的作用发挥，通过《清洁空气法》等法案，但同时也无法抵挡来自反对派的谈判与压力。1993年，克林顿当选总统，美国环境与气候政策呈现出良好的态势。不但在国际上签署《京都议定书》，而且在国内创立了"可持续发展总统委员会"，加大了对于环保署的投入力度；最终美国的很多环境与气候资源得到良好的保护。2001年，小布什开始执政，虽然在国内进行了一些减少空气污染的行动，但是实际上并没有完全履行竞选时的环境承诺，反而在国际上宣布退出《京都议定书》，而这种行为被反对者称为"相当于将小鸟扔到世界其他地方"，也让国际社会大跌眼镜。

3.1　从开始认识到提高认识

3.1.1　里根政府时期

里根总统走的是一条非渐进式改革之路，放弃了美国一直沿袭的"新政"政策，并快速开启了"里根革命"。经济上，他奉行的是"里根经济学"，即降低税率、减少政府开支和放松政府监管。而这些理念必然某种程度上影响其环境与气候政策。

3.1.1.1　国际

（1）面对气候议题兴起的国际环境。里根总统任期内（1981～1989年）面对的是日益兴起的国际环境治理阶段。1972年联合国人类环境会议的召开标志着人类开始对于环境保护问题的重视。1979年第一次世界气候大会召开意味着全球各国对于气候变化问题有了初步认识。1988年IPCC成立，标志着人类关于气候变化开始进行科学性的探究。随着对于环保认识的进一步深化，世界各国开始纷纷设立相应的机构，颁布相关的法律，制定相关的措施，同时非政府组织在环境与气候议题中的促进作用也开始不断增强。

此外，世界各国纷纷聚集在一起商定减少全球环境损害的计划与措施。1982年内罗毕会议上，各国肯定了1972年以来人类对于环境问题的贡献，同时制订了未来10年人类对于环境保护的工作计划，并最终形成了《内罗毕宣言》。1982年的《联合国海洋法公约》、1983年的《国际热带木材协定》、1985年的《保护臭氧层维也纳公约》、1987年的《关于消耗臭氧层物质的蒙特利尔议定书》等多个公约及协定都体现了20世纪80年代国际社会在环境和气候问题上的共同努力。

（2）对参与全球环境与气候治理持"保守"态度。经济上的客观压力及政治上的主观偏好促成了里根政府的环境气候态度。经济方面，20世纪70～80年代，美国经济面临前所未有的"滞胀"。面对由于科技创新停滞、出口贸易下降、实体经济增长缓慢而造成的经济停滞，面对油价高升、美元贬值、粮食紧缺而形成的通货膨胀，面对由于"滞胀"而导致的大批企业倒闭、失业率居高不下的影响，美国更多考虑的是如何恢复经济的问题。环境作为非紧迫问题，自然被里根总统置于身后，而持有"环境是经济的负担"观点。在政治方面，里根总统时期，美国奉行的是"保守主义"。在连任庆祝会上，里根表示其再次当选将会是 20 年前他在加州点燃有关"保守"的星星之火的继续，而现在这星星之火已经燎原。这"在很大程度上是对自由主义的否定"。①因此，在这种思想的指导下，美国就环境和气候问题奉行的是减少政府监管的范围、将责任转移到各州并更多地依赖于私营部门的主张。②

（3）双边减排问题上行动迟缓。里根总统在任时期，最主要的气候问题是酸雨问题。酸雨问题不单单是美国自己的问题，而是美国与邻国共同面临的问题。在酸雨问题上美加两国一直争论并各持己见，加拿大政府认为加拿大东部 50000 个湖泊中 20% 被酸雨污染，污染的主要根源是美国燃烧化学燃料引起的；而里根政府则认为酸雨是一个尚未得到充分认识的问题，应该避免昂贵的、可能是误导的清理程序。③美国政府的长期政策是采取任何二氧化硫捕捉措施之前，必须了解更多有关酸雨的成因和影响。1980 年美加两国签署了酸雨协定。1982 年，里根政府制定一项有关酸雨的提案。而这些努力仅限于对于酸雨的研究，并没有采取实质性的减排措施。1986 年，里根总统就酸雨问题与加拿大总理布莱恩·穆罗尼会面，提出就酸雨问题耗资 50 亿美元的 5 年计划；然而，5 年计划只是主要用于清洁煤的研究与开发，并没有提及减排的具体目标。④

---

① 汤国维. 里根当选与他的保守主义 [J]. 国际问题资料，1984（05）：1-2.
② Michael E. Kraft. U. S. Environmental Policy and Politics：From the 1960s to the 1990s [J]. Journal of Policy History，2000（01）：17-42.
③ George D. Moffett Ⅲ. Mulroney, Reagan postpone tough political factors [EB/OL]. https：// www.csmonitor.com/1985/0319/acid.html.
④ The New York Time. Reagan Is To Back Steps on Acid Rain [EB/OL]. https：// www.nytimes.com/1986/03/13/us/reagan-is-to-back-steps-on-acid-rain.html.

3.1.1.2 国内

20世纪80年代的美国在环保方面可谓是倒退的10年,里根总统奉行的是"放松管制",因此,对应的在环保的各个方面都进行了改革与改组。

(1)人事任命。美国与环境和气候有关的两个最大行政单位是美国环保署(United States Environmental Protection Agency,EPA)及美国内政部(United States Department of the Interior,DOI)。通过这两个部门的行政任命,即可看出里根总统对于环境和气候议题的态度。里根政府任命的最著名的官员包括内政部长詹姆斯·G.瓦特和环境保护署署长安妮·伯福德。瓦特是一位经验丰富的行政官员,他对内政部的资源保护持高度敌对的态度;伯德福是一名在环境领域毫无经验的律师,但他决心削减环境法规,并严格限制对商界有害的活动。[1] 此外,对于环保署,里根总统不断质疑其作为独立机构的合法性,同时致力于放松监管,推迟环保标准的出台,最终导致环保署官员大规模辞职。[2]

(2)经费预算。里根总统在其任期内将经济及军事发展作为国家发展的第一要务。对于环保持忽视的态度,甚至公开发表声明称:"树木造成的污染比汽车造成的污染更大。"政府认为环保标准会给美国的企业、产业及州政府带来沉重的经济负担与经济成本,因此在其任期内不但大幅减少了美国的环保法规,还大幅削减环保署的年度预算。截至1983年8月,里根政府审查了119条法规,其中76条被修订或取消,而这里边许多是EPA的法规。[3] 里根政府还实施了一项新政策,根据1981年2月17日发布的12291号行政命令,任何提出新法规的政府机构都必须权衡经济利益及其成本。[4] 到1984年,美国环保署的工

---

[1] Michael E. Kraft. U. S. Environmental Policy and Politics: From the 1960s to the 1990s [J]. Journal of Policy History,2000(01):17-42.

[2] On The Issiue. Ronald Reagan on Environment [EB/OL]. https://www.ontheissues.org/Celeb/Ronald_Reagan_Environment.html.

[3][4] EPA. The Environmental Protection Agency in the 1980s [EB/OL]. https://www.grc.nasa.gov/WWW/K-12/fenlewis/epa.html.

作人员总数比1980年减少了29%，预算削减了44%。[①]

3.1.2 老布什政府时期

在环保和气候变化问题上，老布什总统的政策措施被称为"里根总统的第三任期"：虽然一定程度上有所重视，但是很多问题上基本立场没有变化。

3.1.2.1 国际

（1）质疑IPCC第一次报告的科学性。1990年IPCC发布了第一次评估报告，报告确认了有关气候变化问题的科学基础。报告指出地球确定存在温室效应。人类活动大大增加了温室气体的排放，进而增强了温室效应。根据预测，在21世纪期间，全球平均温度每10年将增加约0.3摄氏度。同时，也指出由于某些原因，报告的预测可能存在一定的不确定性。[②]报告发出后，引起了国际社会对于全球气候变暖问题的重视，很多国家都表示确信该报告的科学评估并将采取积极的应对措施以抵御未来的气候变化。但是老布什政府却以报告的科学性较低、不确定因素较多为由，拒绝接受该报告的结论。1990年4月在美国主办的全球气候变暖问题会议上，老布什宣称："我们需要的是事实科学的事实。"[③] 此外，老布什政府认为减排会增加美国的经济成本，给美国的经济造成巨大负担。

（2）签订《联合国气候变化框架公约》。全球气候变暖的命题提出后，世界各国纷纷响应，认为应采取全球的共同努力来减少温室气体的排放。在这个过程中经过各方的谈判，最终决定建立《联合国气候变化框架公约》（以下简称《公约》）。1992年6月在巴西里约热内卢举行的联合国环境与发展大会上，150多个国家签署了该《公约》。《公约》于1994年3月21日正式生效，它是世界上第一个为全面控制

[①] EPA. The Environmental Protection Agency in the 1980s [EB/OL]. https://www.grc.nasa.gov/WWW/K-12/fenlewis/epa.html.

[②] Wikipedia [EB/OL]. https://en.wikipedia.org/wiki/IPCC_First_Assessment_Report.

[③] 孙振清. 全球气候变化谈判历程与焦点 [M]. 北京：中国环境出版社，2013 (06)：1.

二氧化碳等温室气体排放而制定的国际公约，具有里程碑意义。《公约》将所有缔约国划分为两类：附件Ⅰ国家和非附件Ⅰ国家。其中，附件Ⅰ列出了1990年经济合作与发展组织的所有成员国，以及"经济转型"国家、中欧和东欧国家（不含阿尔巴尼亚和前南斯拉夫大部分地区）。默认情况下，其他国家称为非附件Ⅰ国家，其中绝大多数为发展中国家。根据"共同但有区别的责任"原则，《公约》对发展中国家和发达国家所应履行的义务进行了区别对待：发达国家应该自愿采取措施来限制温室气体的排放，发展中国家则不承担具有法律约束力的减排义务。同时，发达国家应向发展中国家提供资金和技术支持以帮助发展中国家进行温室气体减排。最终，美国也签署了《公约》，成为了缔约国。

美国参院很快通过了该《公约》。因为《公约》只建立了基本的减排目标、原则、机构和协调国际行动的程序。但是没有就成员国的减排义务做强制性规定，即没有规定所有国家的减排目标和减排时间表，只是要求附件Ⅰ的缔约方在2000年将温室气体排放量降到1990年的水平。总之，《公约》的非强制性不会对美国经济造成影响，符合美国的利益。

（3）拒绝做出具有约束力的减排承诺。一直以来老布什政府坚决反对制定具体的减排目标和减排的时间表，拒绝做出任何具有约束力的减排承诺。

1990年10月第二次世界气候大会如期举行，会议的主题是"全球气候变化及相应对策"，旨在呼吁全世界行动起来，以阻止全球温室气体的迅速增加。老布什却在会议上表示美国在没有明确科学依据的前提下，不会就任何温室气体的减排目标和减排时间签署任何协定。

1991年2月至1992年5月举行的第六次《联合国气候变化框架公约》政府间谈判会议上，欧共体提出应将发达国家对于二氧化碳的减排目标以及减排时间表（到2000年主要发达国家的二氧化碳排放降低至1990年的水平）加入《公约》之中。美国对此表示坚决反对，并拒绝承担义务。

在签署的《联合国气候变化框架公约》中，国际上就温室气体减排的目标以及减排进程并没有达成最终的强制性协议。美国反对将温室气体减排目标和时间表按国家进行细化，而更多的是呼吁制定国家层面的战略。

3.1.2.2 国内

（1）提出了《清洁空气法》修正案。修正案的提出目的是改善美国城市的空气质量，减少美国消耗臭氧层物质的排放，解决酸雨问题。因为当时美国位于中西部的燃煤电厂大量排放二氧化硫导致东北和大西洋中部酸雨的产生，对森林及海洋生物造成了严重的破坏。老布什总统通过总量控制及排放权交易的市场激励型手段，在二氧化硫减排与酸雨治理方面取得了显著成效。

（2）制定《1992年美国能源政策法案》。1992年10月24日，美国《能源政策法案》生效。该法案以增加清洁能源的使用并提高美国的整体能源效率为主要目标，详细说明了旨在减轻国家对进口能源的依赖，提供清洁和可再生能源使用激励以及促进建筑物节能的各种措施。

（3）出台《全球气候变化国家行动计划》。老布什总统于1992年12月颁布了《全球气候变化国家行动》，该计划主要目的在于评估美国温室气体排放趋势及现有活动对温室气体排放的影响。该计划覆盖了能源部（United States Department of Energy，DOE）提出的"国际能源战略"、环保署的"绿色计划"及《1992年能源政策法》提出的行动。[①]

3.2　从提高认识到强化认识

3.2.1　克林顿政府时期——国际态度：温和

3.2.1.1　承认气候变化与人类活动的因果关系

在克林顿总统执政的8年中，无论国际还是国内针对气候变化的

---

① Larry Parker, John Blodgett. U.S. Global Climate Change Policy: Evolving Views on Cost, Competitiveness, and Comprehensiveness [R]. CRS Report for Congress, 2008（01）：1–24.

研究都取得了突飞猛进的进展。

国际上，IPCC 于 1996 年发布第二次气候变化评估报告。报告给出确切的结论，即全球温室气体排放量不断增加，导致全球变化，这将对未来人类的生存环境造成巨大影响。① 这不仅包括对地球自然陆地生态系统、水资源、能源、农业、林业的影响，② 还包括对经济和社会的影响。因此，全球各国应积极采取措施减少碳排放。

在美国国内，科学界也加紧了对气候变化的研究。例如，美国热带海洋和全球气温变化研究小组指出了气候变化的周期性并分析了依据周期性的季节变化预测气候变化的可能性；美国科学院自然资源委员会的长期性的追踪研究则指出，人类化石能源使用量越高，越容易导致地表温度升高；③ 美国国家科学院地球环境和资源委员会则进一步扩大了气候变化相关的范围，分析了气候变化对于生物多样性、热带雨林、生态循环系统以及人类基因的影响。④ 这一系列的研究进一步证实了 IPCC 第二次报告的科学性。

随着科学研究的进一步推进，克林顿政府承认了气候变化与温室气体排放之间的直接关系，并将气候变化纳入了威胁国家发展问题的国家发展战略层面。⑤ 1997 年 10 月 22 日，克林顿总统在国家地理学会发表了一次备受期待的演讲。他说：“今天，我们有明确的责任和千载难逢的机会，提出一项对美国、工业化国家及发展中国家都有利的环境和经济战略，战胜 21 世纪最重要的挑战之一——气候变化。虽然科学家们还不知道温室气体浓度增加的确切后果是什么，但是我们现在

---

① IPCC. Climate Change 1995：A report of the Intergovernmental Panel on Climate Change, Second Assessment Report of the Intergovernmental Panel on Climate Change ［EB/OL］. 1995. https：//archive. ipcc. ch/pdf/climate - changes - 1995/ipcc - 2nd - assessment/2nd - assessment - en. pdf.

② W J Tegart，G W Sheldon. Climate Change 1992 - The supplementary report to the IPCC Impacts Assessment ［EB/OL］. 1993. https：//www. ipcc. ch/site/assets/uploads/2020/02/ipcc_wg_II_1992_suppl_report_full_report. pdf.

③ 张莉. 美国气候变化政策演变特征和奥巴马政府气候变化政策走向［J］. 国际展望，2011（01）：75 - 94 + 129.

④ 马建英. 美国的气候治理政策及其困境［J］. 美国研究，2013（04）：72 - 96.

⑤ 孙振清. 全球气候变化谈判历程与焦点［M］. 北京：中国环境出版社，2013（06）：4.

知道的已经足够多了,我们知道工业时代显著增加了大气中的温室气体,这些气体需要一个多世纪才能消散;如果我们想要继续我们的经济进步,保护美国和整个地球的生活质量,这个过程必须放缓,然后停止,然后减少。"①

3.2.1.2 签订《京都议定书》并推动谈判进程

1998年11月12日,美国签署了《京都议定书》,并承诺将美国温室气体排放量在1997年的基础上减少7%。

实际上,在1996年7月COP第二次缔约方会议上,美国就表示支持为34个工业化国家制定具体的减排目标和减排时间表。这引起了美国商界和参议院的警觉。于是,1997年6月美国国会参议院会议以95:0票通过了伯德-哈格尔决议,表明了美国议会的态度,即美国成为任何协定的缔约方并加入附件Ⅰ国家中进行温室气体减排必须具备以下几个条件:第一,协议需包含要求发展中国家在明确时间表承诺下的温室气体减排条款;第二,减排不能对美国的经济造成严重影响;第三,协议必须通过美国参议院的同意方可批准。

几个月后,世界各国在日本京都举行了COP第三次缔约方会议,最后达成了《京都议定书》(以下简称《议定书》)。《议定书》达成了美国很多的谈判目标:第一,工业化国家在1990年的基础上减排5%,美国减排7%;第二,减排目标将在五年的预算期内实现,而第一个预算期要到2008年才开始;第三,将某些吸收碳汇的活动计入减排目标;第四,引入了三个灵活机制——国际排放权交易、联合履约机制和清洁发展机制。②但是,就允许发展中国家自愿承担有约束力的排放目标这一部分没有达成最后统一的意见。因此,虽然美国成为了《京都议定书》的第60个缔约国,但这也只是象征性的签字。克林顿没有将《议定书》提交至美国参议院进行审议,因为根据伯德-哈格尔决议,《议定书》不可能通过美国国会的批准。

---

①② Amy Royden. U. S. Climate Change Policy Under President Clinton:A Look Back [J]. *Golden Gate University Law Review*,2002(01):415-478.

总之，虽然受到国内政治的制约，导致了执行效力的降低，但是克林顿政府时期的国际气候行动整体上是积极地，为推动国际气候谈判进程做出了一定贡献。

3.2.1.3 接受有约束力的减排目标和时间表

克林顿政府时期对于明确减排目标和减排时间表的确定并不是一蹴而就的，相反是一个艰难的过程。

1993年10月，克林顿总统宣布了《气候变化行动计划》。该计划包括了52项举措，例如，能源效率标准、与企业的合作项目、联合试点项目等，旨在通过该计划使美国的温室气体排放量在2000年时降回到1990年的水平。同时，承诺在1994~2000年争取19亿美元新的和重新定向的资金，以使计划得到顺利实施。然而，该计划只要求企业进行自愿减排，而没有提出任何执行减排的建议。

1995年德国柏林举行的COP第一次缔约方会议，通过了"柏林授权"。"柏林授权"要求附件Ⅰ缔约方通过限制温室气体排放和增加碳汇，在减缓气候变化方面采取国家政策和相应措施，并就这些政策和措施以及预计排放量提出报告。然而，美国等发达国家对于条款中的加强公约的义务问题持反对意见，并且继续反对承担具有约束力的减排时间表以及减排进程。

1995年后，由于欧盟、日本等国呼吁减排的压力，及美国国内环保组织及民众对于低碳环保的支持，美国终于在COP第二次缔约方会议上同意制定具有约束力的减排目标。负责全球事务的副国务卿蒂莫西·沃斯称，"科学要求我们采取紧急的行动……如果其他国家赞同，美国也支持达成一项具有法律约束力的温室气体排放协议。"他还强调，"谈判必须集中到那些现实的和可以完成的成果上，目标应当定位在各国可以实现的基础上，盲目的设定过大且雄心勃勃的目标只会导致失败。美国将采取灵活的和成本有效的，并且以市场为基础的解决方案。将来的谈判应该集中在达成一项现实的、可核查的和具有约束力的中期排放目标的协议上。通过选择履行政策方面最大的灵活性来实现目标，包括在世界范围内使用联合履约活动和贸易机制来实现"。①这标志着美国向有约束力的减排目标与减排措施的转变。

3.2.1.4 积极参与缔约方会议但基本立场不变

从 COP 第二次缔约方会议之后，克林顿政府对于参与全球气候减排就表现出了积极的态度。从第二次会议美国国务院负责全球事务的副国务卿蒂莫西·沃斯的转折性讲话，《日内瓦部长宣言》的达成，到第三次缔约方会议大规模团队的参与、减排目标的折中方案，到第四次缔约方会议《京都议定书》的签署，再到第五次、第六次缔约方会议排放权交易机制和碳汇手段的坚持，都体现了美国政府的积极参与。

总体上，在克林顿政府时期，美国参与国际气候谈判的立场并没有发生改变。美国政府反对在现阶段提出具有法律约束力的短期减排承诺，而支持设定削减温室气体排放的长期目标；美国政府强调发展中国家在全球气候治理中的责任并通过相关法案认为发展中国家在减排中的实际参与是美国签署任何气候治理国际协定的前提；美国政府反对欧盟提出的三种温室气体而主张将更多的温室气体纳入气候测定和减排行动中；它也主张增加减排行动中的灵活性，以适应气候变化和经济发展的波动；最后，美国政府主张在承担减排约束力目标的国家之间建设碳排放权交易市场；主张建立清洁发展机制，发达国家可以通过协助发展中国家减排而获得冲抵额度从而降低发达国家的减排成本；主张实施碳汇措施，即缔约国家可以通过提高森林蓄积量以抵消温室气体排放量，从而获得更多的排放空间。②

3.2.2 克林顿政府时期——国内态度：相对积极

克林顿政府不但在国际上给出了确切的承诺，制定了明确的减排目标；在国内更是通过颁布相应的政策、实施相应的政策措施等方式

---

① 马建英. 美国的气候治理政策及其困境 [J]. 美国研究，2013（04）：72-96.
② 王瑞彬. 美国气候政策之辩：支持联盟视角（2001-2008）[J]. 外文学院，2009（06）：55.

力求目标得到实现。

3.2.2.1 经济激励手段

对于减排的直接规制手段，克林顿总统更倾向于税收和市场手段的应用。首先，1993年2月17日，克林顿总统提出了能源税（BTU税）——一种基于能量热量的税。他认为BTU税收除了可以增加政府的财政收入、消除财政赤字，还可以起到减少碳排放的作用。该税将针对煤炭、天然气、液化石油气、汽油、核能发电、水力发电和进口电力等行业进行征税。基本税率为每百万Btu 25.7美分，精炼石油产品的税率为每百万Btu 34.2美分。此提案很快遭到了能源生产者和使用者在国会的反对，1993年10月1日，"运输燃料税"成为法律，但并不是最初提出的基础广泛的税种。根据颁布的法律，汽油、柴油和特殊汽车燃料的平均税率为每加仑13.814美分。其次，在市场手段方面，美国总统经济顾问委员会在1998年发布的《京都议定书及气候变化之总统政策》评估报告中指出，如果美国能够充分利用碳排放权交易和清洁发展机制等市场激励手段来降低美国温室气体的排放，美国就能够以较低的成本（大概是GDP的0.5%），即可达到《京都议定书》设定的减排目标，不会对美国经济发展造成明显影响。

3.2.2.2 低碳技术研发

克林顿政府提出多项计划以期对低碳消费、低碳技术研发等进行激励。首先，"清洁空气伙伴基金"主要是通过向州、地方和私人提供2亿美元的资金支持，鼓励政策创新、技术创新和空气质量的改善。其次，"气候变化技术倡议"是美国2000财年预算提出的一揽子税收优惠政策和对研发的投资，重点包括：为购买节油型汽车、房屋、电器、屋顶太阳能系统以及从风、太阳能和生物质等替代能源中购买能源的消费者提供税收抵免；增加了研发支出，用于建筑、交通、工业和电力等主要碳排放部门的清洁技术的开发。最后，"碳循环倡议"主要鼓励美国对于森林和农田等部门关于碳汇的研究。

3.2.2.3 清洁能源与能源效率提高

克林顿政府十分重视清洁能源使用率与能源效率的提高，期望通过这种方式完成一定的减排目标。从 1993~2000 年，克林顿政府发布了一系列的激励政策以鼓励可再生能源的使用、能源利用效率的提高、能源消费结构主要是天然气使用的倡导等。具体表现为：支持新能源与可再生能源的研究开发，能源部逐渐把研究开发资金从传统的煤炭项目转移到新能源与可再生能源的开发与供给上；提高传统能源利用效率，支持联盟资金开发提高传统化石能源生产率的新技术；支持清洁能源的生产，包括继续研究高能核反应堆技术、研发更高燃料效能的汽车燃油技术等方面。但苦于受制于联邦预算、受制于国会、受制于电力部门重组方案，效果并不十分显著。①

3.3 从强化认识到放弃认识

3.3.1 小布什政府时期——国际态度：消极

3.3.1.1 否认全球气候变暖的科学依据

第一，承认人类活动与全球气候变暖的因果关系。小布什总统承认在过去的一百年中，全球气候出现了变暖趋势，上升了 0.6 摄氏度。其中，1980~1940 年全球呈温度上升趋势，1940~1970 年全球温度呈现下降趋势，1970 年之后全球呈现逐渐升温趋势。这种升温，一方面源自地球本身的温室效应；另一方面源自人类活动而导致的全球二氧化碳的增加。而这种承认是以美国国家科学院的确认为前提的。

第二，质疑人类活动对于全球气候变暖的影响程度。小布什总统

---

① 杰费里·法兰克尔，彼得·奥萨格编. 美国 90 年代的经济政策 [M]. 徐卫宁，译. 北京：中信出版社，2004（07）：396.

认为，虽然确认全球在变暖，但是变暖的进度、变暖的程度在科学上无法解释。此外，人类活动与全球气候变化的因果关系已经被确认，但是两者关系的大小无法得出科学的解释。人类活动到底多大程度上会影响全球的气温升高，影响的路径又是什么。

第三，认为人类碳减排及碳捕获技术存在缺陷。在解决全球温室气体排放的方法和措施上，小布什总统认为无外乎有两种途径，一方面是从根源上减少温室气体排放；另一方面是将排放出去的碳捕捉回来。每一种途径都需考虑其自身的成本收益。然而，全球现在还没有创新出具有较低成本的碳减排及碳捕捉与封存技术。

3.3.1.2 强调减排缺少发展中国家参与

《京都议定书》是迄今为止人类历史上最具意义的气候协定之一，因为它在《联合国气候变化框架公约》的基础上制定了具体的规则。《京都议定书》按照"共同但有区别的责任"的原则规定了发达国家的减排义务，也提出了发展中国家的减排责任，即发展中国家制定国家信息通报、国家排放清单及符合成本效益的国际方案。同时，制定了有利于发达国家的灵活机制，使得发达国家可以通过项目合作及帮助发展中国家减排等方式实现境外减排。

但是在美国政府看来只有符合其自身利益的标准才是真正的标准，不符合其利益的标准就是不公平的、不公正的。按照这种逻辑小布什总统不承认"共同但有区别的责任"的原则。他拒提发达国家工业化时期由于经济发展带给世界的巨大排放，而是将过去一切清零，认为从现在开始任何国家都必须承担减排义务，才能做到100%地减排。小布什总统认为中国和印度是世界上排放量较大的发展中国家，这些发展中国家的经济还在飞速发展，未来的排放量还会继续增加，但是这两个国家都被排除在了《京都议定书》的减排责任国之外。总之，小布什总统强调的是世界所有的国家的共同参与，以最终推动全球的气候减排目标的实现。

3.3.1.3 推行单边主义并退出国际谈判

单边主义并不是小布什政府的专利。实际上,在美洲拓展时期便已经显现出来,直到19世纪末20世纪初美国走上世界舞台,单边主义开始迅速蔓延,并在后冷战时期达到成熟。[①] 美国的单边主义外交并不是不停歇的使用,而是单边与多边的交替使用。美国是联合国、国际贸易组织、国际货币基金组织及世界银行等国际组织的主要创始国,因此如果多边可以达到目的,那么美国更多会采取多边外交,但是当目的无法达成时,美国就会凭借其强大的经济、政治及军事实力,转向单边外交。[②]

小布什政府多边外交的根源是以保守主义为理论奠基的共和党操控了国会的两院,新保守主义势力占据了几乎所有的政府部门的要职。[③] 而新保守主义的核心是"军事优先、普世民主、单极霸权"。[④] 这一点自然会渗透到美国气候外交领域。在这种思想影响下,小布什政府在多边的国际组织和美国利益之间选择了后者。他认为即使减少温室气体排放对全球都是有利的,但是这会对美国的国内经济产生影响,进而影响美国的就业,同时不符合其大力发展军事的战略重心,因此他还是置全球各国的利益而不顾单方面选择退出《京都议定书》。尽管给出了气候变化不具科学性、发展中国家未参与、清洁技术比减排目标更重要等冠冕堂皇的理由,小布什总统奉行的更多的还是以自我为中心的单边环境外交。[⑤]

3.3.2 小布什政府时期——国内态度:相对积极

小布什执政期间,在清洁能源技术研发、清洁能源使用、能源效率

[①] 储昭根. 美国单边主义历史溯源 [J]. 湖北社会科学, 2007 (08): 108 – 112.
[②] 袁征. 美国为何偏爱单边主义 [J]. 人民论坛, 2017 (035): 116 – 118.
[③④] 谢莉娇. 新保守主义在小布什外交政策中的悖论 [J]. 国际关系学院学报, 2006 (05): 41 – 44.
[⑤] 张海滨. 环境与国际关系:全球环境问题的理性思考 [M]. 上海:上海人民出版社, 2008.

提高方面有一定的作为，虽然初衷很大部分来自减少美国对于石油的依赖，但是某种程度上对美国的温室气体减排也有一定的促进作用。

3.3.2.1 出台政策，并倡导自愿减排措施

2002年2月，小布什退出《京都议定书》后提出了他所谓的替代方案，即10年内将美国的温室气体排放强度降低18%的计划。实现这一承诺将在2012年之前阻止超过5亿公吨的碳当量排放，相当于减少了7000万辆汽车的行驶。对于目标的实施，小布什总统采取的是胡萝卜（技术补贴）而不是大棒（排放配额或税收）的做法。[①] 通过一系列的自愿性的激励计划，通过税收抵免的方式以支持发明和采用节能技术，并促进林业和农业扩大吸收二氧化碳。它还要求扩大温室气体排放的记录，并敦促私营部门自愿减少排放量。但是，所有的政策手段都没有涉及传统能源价格的变动，即传统能源价格的提高（见表3-1）。

表3-1　小布什政府时期美国清洁能源与气候变化计划列表

政策名称	政策目内容
《2005年能源政策法案》	鼓励对能源效率和替代性可再生能源的投资
气候变化技术计划（CCTP）	增加开发和使用旨在减少温室气体排放的关键技术
气候变化科学计划（CCSP）	调查地球全球环境系统中自然和人为因素的变化，并为国家和地区发展奠定坚实的科学基础
SmartWay运输合作伙伴关系	货运行业各个部门与环境保护署之间的自愿性合作伙伴关系，旨在提高能源效率，同时显著减少温室气体（或气体排放）和空气污染
地面运输计划	缓解拥堵和改善空气质量计划以及创新的财务计划；缓解拥堵，改善交通流量和增加公交使用量的系统管理项目
能源之星计划	推广节能产品
天然气STAR	EPA通过该计划与公司合作，确定并促进使用具有成本效益的技术和做法以减少甲烷排放

---

① Lawrence H. Goulder. U. S. Climate – Change Policy: The Bush Administration's Plan and Beyond [R]. 2002 (02): 1-5.

续表

政策名称	政策目内容
美国农业部计划	鼓励广泛使用土地管理
气候领导者	EPA的一项合作伙伴关系,鼓励各个公司制定长期、全面的气候变化战略
气候愿景	公共合作计划,旨在促进总统的减排强度目标
氢燃料倡议	与私营部门合作,以加速氢经济所需的研究和开发
自愿性温室气体排放注册计划	鼓励企业和机构提交有关其温室气体排放、隔离和减少的全面报告
联邦能源管理计划（FEMP）	促进分布式能源和可再生能源的使用以及改善公用事业管理决策来降低联邦政府的成本和环境影响

资料来源：美国白宫网站,https：//georgewbush – whitehouse. archives. gov/ceq/clean – energy. html。

3.3.2.2 增加投入,以促进清洁能源技术创新

小布什政府对于清洁技术的研发十分注重。1998年在克林顿政府的领导下,核裂变的研发费用几乎为零,2003年核裂变的研发费用猛增至1.23亿美元；煤炭研发的预算几乎增加了3倍,从2000年的1.21亿美元增加到2003年的3.39亿美元,而氢气研发的预算几乎增加了4倍,从2400万美元增加到了9200万美元。[①] 对于能源与环境安全的年度预算更能体现政府对于这方面的重视。2008年政府的年度预算5.06亿美元,在2007年的基础上增加了20%。

3.3.2.3 应用可再生能源,并加大使用比例

小布什政府十分重视清洁能源的发展,因此清洁能源生产与使用方面成绩显著。2002年可再生能源占美国所有新装机容量的2%,而到2009年可再生能源占所有新装机容量的55%。[②]

[①] Graham Pugh. Clean Energy Diplomacy from Bush to Obama ［EB/OL］. https：//issues. org/clean – energy – diplomacy – from – bush – to – obama/.

[②] NREL. NREL：35 Years of Clean Energy Leadership ［EB/OL］. https：//www. nrel. gov/news/features/2012/1937. html.

乙醇方面，产量上居高不下。小布什政府时期美国乙醇的产量从2000年的16亿加仑增加到2007年的65亿加仑；2005年开始美国成为世界领先的乙醇生产国，2006年美国乙醇产量占全球乙醇总产量的近一半之多。① 此外，小布什政府投入10亿美元来推进用柳枝、木片和其他非食品来源制成的纤维素乙醇，使纤维素乙醇的成本下降了60%左右。②

生物柴油上，小布什政府越来越意识到生物质柴油的好处，因为生物柴油可以从大豆和其他植物油中生产，包括废品，例如回收食用油脂。2007年美国生产了约4.9亿加仑的生物柴油，比2006年增长了96%；截至2008年，有960多个生物柴油加油站，供车队运营商使用生物柴油为卡车加油。③

风能方面，小布什政府任期内美国风能产量在2001年的基础上提高了400%；2007年，美国新增发电能力的20%以上来自风能，而几年前仅为3%。④ 风力发电占美国总电力供给的1%。

太阳能方面，在2000~2007年，美国的太阳能容量增加了1倍，美国的太阳能安装量增长了32%以上。⑤ 此外，小布什政府要求国家公园管理局（National Park Service，NPS）在用于白宫地面维护的主楼屋顶上安装9千瓦的太阳能光伏系统，为白宫地面的配电系统发电，并在需要的地方供电。⑥

核能方面，小布什政府启动了"2010年核电计划"，旨在通过政府和企业的共同合作，确定25个新的核反应堆，开发新的核电技术并将其推向市场。⑦ 预计新的核电厂将于2010年投产，但是由于电力需求增长缓慢、天然气产量增加、福岛核电站事故的影响，2010核电计划最终没能实现。

---

① U. S. Ethanol plant count. Capacity, and Production. https：//afdc. energy. gov/.

②③④⑤⑦ The White House (2008). "President George W. Bush." http：//georgewbush - whitehouse. archives. gov/infocus/energy/.

⑥ Madrigal, Alexis. "Hey, George W. Bush Put Solar Panels on the White House, Too." The Atlantic (Oct. 6, 2010). http：//www. theatlantic. com/technology/archive/2010/10/hey - george - w - bush - put - solar - panels - on - the - white - house - too/64151/.

3.3.2.4 严格标准，以提高能源效率

清洁汽车方面，小布什政府首先在执政的前 5 年投入约 12 亿美元用于氢燃料电池的研发，以帮助将氢燃料电池汽车推向市场。① 其次，扩大替代燃料并改善汽车燃料经济性。《车辆燃油经济性授权》规定，到 2020 年，美国国家强制性燃油经济性标准为每加仑 35 英里，这将节省数十亿加仑的燃油，并将燃油经济性提高 40%。② 同时，采用税收抵免的形式，鼓励购买具有先进汽车技术的高燃油效率汽车。在低碳照明和建筑方面，《照明效率授权》规定将在 2014 年前逐步淘汰标准白炽灯泡的使用，到 2020 年将照明效率提高 70% 以上。③ 该电器效率授权要求在五年内对国家标准进行一系列全面的更新。此外，针对联邦政府的基础设施，政府计划到 2015 年将可再生燃料的使用比例再增加 20%，同时到 2030 年完全实现碳中和。④

表 3-2 小布什政府关于国际和国内气候变化问题的观点与措施列表

时间	内容
1999 年 11 月	反对《京都议定书》其他侵入性法规
2000 年 8 月	《京都议定书》必须包括所有国家的减排量
2000 年 8 月	自愿伙伴关系可以更好地减少温室气体排放
2000 年 10 月	京都条约给美国带来了太多负担
2000 年 10 月	科学家不确定全球变暖
2001 年 2 月	根据《民航法》，二氧化碳不是污染物；没有排放上限
2001 年 3 月	放弃减少二氧化碳排放的承诺
2003 年 6 月	解决全球变暖的方法是安全清洁核电
2003 年 6 月	拒绝碳排放权交易作为全球变暖的解决方案

---

① The White House. Hydrogen Economy Fact Sheet. https：//georgewbush – whitehouse. archives. gov/news/releases/2003/06/20030625 – 6. html.

②③④ The White House (2008). "President George W. Bush." http：//georgewbush – whitehouse. archives. gov/infocus/energy/.

续表

时间	内容
2003年8月	在未来10年内将温室气体排放强度降低18%
2003年8月	耗资12亿美元用于通过私人合伙企业开发氢燃料
2004年1月	能源生产凌驾于二氧化碳排放之上
2004年1月	耗资17亿美元用于在2020年前使氢能汽车普及
2006年9月	没有进行强制性的温室气体减排
2008年1月	试图改变国际条约，要求每个主要经济体参与

资料来源：On The Issues. President of the United States, Former Republican Governor [EB/OL]. https://www.ontheissues.org/George_W_Bush.htm.

第4章

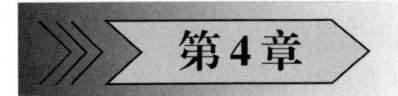

奥巴马政府时期美国气候政策的转向

奥巴马在总统大选当中就表现出了对气候问题的重视,因此,也赢得了环保组织的支持及公众的信任。当选后,奥巴马总统在就职演讲中称:"我当选总统将标志着美国领导层在气候变化方面的新篇章,这将加强我们的安全并在此过程中创造数百万个新工作。"任期内,奥巴马总统一直遵守着他的承诺,不但在国际上积极参与减排谈判,争做全球气候治理的引领者,促成《巴黎协定》的出台,同时在国内不断制定政策,积极采取行动,进行了全方位的减排推进与创新。

4.1 国际态度与定位:积极并引领《巴黎协定》

4.1.1 国际气候谈判

4.1.1.1 重要国际气候协定的达成

(1)《巴黎协定》。2016年4月22日,奥巴马总统签署了《巴黎协定》。实际上,奥巴马总统在《巴黎协定》的达成中一直表现得十分积极,早在巴黎气候协定开始的前两个月的联合国讲坛就已经表示了对全球气候强效协定达成的支持,同时强调气候变化威胁经济社会的发展,这种威胁不是对某一个国家的威胁,而是对所有国家的威胁,特别是最为贫困国家的威胁。《巴黎协定》的达成具有十分重要的里程碑意义，它由全球 196 个缔约方参加，并建立了长期、持久的全球减排框架，为国际减排制度的后续发展奠定了坚实基础。《巴黎协定》设定了应对气候变化的全球目标，即将 21 世纪的全球气温上升幅度保持在比工业化前水平高 2 摄氏度以下的水平，同时努力将温度上升限制在 1.5 摄氏度以下。合作减排模式采用"国家自主贡献"+"五年一次评审"的方式，发达国家率先带头实现减排目标，并在资金和技术方面加强对发展中国家的支持。

（2）《蒙特利尔议定书》修正案。《蒙特利尔议定书》第 28 次缔约方会议于 2016 年 10 月 10~14 日在卢旺达举办。奥巴马政府牵头对《蒙特利尔议定书》进行了修正。这次修正可谓全球气候治理中的另一个里程碑。《蒙特维利尔议定书》是联合国为了减少氟氯碳化物对地球臭氧层的破坏而制定的公约。公约由 26 个缔约方在 1987 年签署，并于 1989 年 1 月 1 日正式生效，堪称历史上最成功的环境公约之一。虽然公约成功的减少了臭氧层耗损物质（ODSs）的使用，但是由于部分缔约方坚持认为《蒙特利尔议定书》管控的是臭氧层耗损物质，氢氟碳化物（HFCs）超出了其管控范围，因此最终导致了人类向氢氟烃的转变。而实际上，氢氟碳化物也是一种导致温度升高的物质，但目前却在空调和常规制冷过程中被广泛使用，这将会对延缓全球气候变暖起到极大的抑制作用。在本次修正中，全体缔约方统一了认识，从法律上对氢氟碳化物导致升温的事实予以认定，纠正了过去把氢氟碳化物看作是臭氧层耗损物质的有效替代品的认识，认为全球必须有计划、限时间地削减其生产与消费。

4.1.1.2 其他国际气候会议的引领

（1）哥本哈根气候大会。哥本哈根气候大会是奥巴马总统上任以来参与的第一个国际气候变化大会，因此意义重大。在参加之前，奥巴马总统便已经放出了积极参与并争做减排领袖的信号。在会议讲话中奥巴马总统更是表现出了美国联合全世界共同减排的决心，强调"作为世界最大的经济体和排放量名列第二的国家，美国有责任在全球温室气体减排中尽自己的一份义务。"奥巴马总统承诺美国将在国内采取积极减排措施,在国际气候谈判中发挥主导作用,并提出到2020年、2030年、2050年比2005年排放分别降低17%、42%及83%的减排目标。这标志着美国对于全球气候变暖问题上态度的转变。

(2)坎昆气候大会。虽然国内气候立法受阻,但是奥巴马政府在国际气候大会中依旧表现的十分积极。2010年11月开幕的坎昆气候大会上,美国和其他国家一起经过耐心协商和努力,最后达成了"坎昆协议",再次为全球合作共同应对气候变化带来了希望。① "坎昆协议"坚持了《联合国气候变化框架公约》和《京都议定书》的框架和原则,在资金、技术、适应性、能力建设和减少毁林排放等问题上取得积极进展,实现了谈判重心由泛泛而谈向详细化安排的转变。② 美国正式提交了其2020年减排目标,并继续坚持从根本上改变国际气候谈判的框架及安排模式,坚持"自主减排加定期评审"的模式创新。

(3)德班气候大会。2011年12月德班气候大会之前,奥巴马总统在联合国大会上就表达了对于德班气候大会的重视,指出我们人类必须采取积极的行动,包括转变能源利用与开发方式、提升科学技术水平以解决气候恶化问题和促进可持续的经济发展,等等。同时要求各缔约国在2009年哥本哈根和2010年"坎昆会议"成果的基础上,继续努力以取得更多的气候治理进展。在德班气候大会上,美国与其他国家一道达成了一系列重要成果,包括达成了落实"巴厘行动计划"和"坎昆协议"一揽子成果的目标、通过了关于《京都议定书》第二期承诺的决定,决定2020年后进一步合作性安排的进程及启动绿色气候基金等。③

(4)纽约联合国气候峰会。2014年9月23日,联合国气候峰会在

---

① 夏正伟,梅溪. 试析奥巴马的环境外交[J]. 国际问题研究,2011(02):23-28.
②③ 朱松丽,高翔. 从哥本哈根到巴黎——国际气候制度的变迁与发展[M]. 北京:清华大学出版社,2016.

美国纽约举行。此次会议是有史以来规模最大的专门讨论气候变化问题的国际会议,也是巴黎气候峰会前最重要的一次会议。奥巴马总统在峰会上发言,并宣布了美国新的举措,以增强全球对气候变化的抵御能力。这些举措主要体现在《气候适应型国际发展行政命令》中,命令要求美国各机构将气候适应性因素系统地纳入美国政府的国际发展工作中,并通过多边合作使经验得到推广。同时,宣布了十多个新的伙伴关系,以共同抵御全球气候变化。

4.1.2 国际气候合作

4.1.2.1 多边合作

美国在奥巴马总统在任期间组织了多次论坛,提出了多个倡议,参与了多数会议,以期加强应对气候变化的多边合作。

第一,减少短期污染物排放方面。美国与39个国家结成联盟,提出全球甲烷行动倡议,旨在"变废为宝",通过降低成本,扩大甲烷在农业、煤矿、垃圾填埋场、石油和天然气系统及市政污水处理设施的应用率,提高甲烷的经济效益和环境效益。此外,美国还与孟加拉国、加拿大、加纳、墨西哥、瑞典等国结成"气候与清洁空气联盟",旨在减少短期气候污染物排放,在气候、健康、食品和能源方面实现具体效益。

第二,扩大清洁能源使用与提高能效方面。奥巴马政府在亚太、北美层面不断推进地区层面的清洁能源合作。在亚太层面上,奥巴马总统执政之后便将美国的战略重心转向亚太,因此气候合作也不例外。奥巴马总统在亚太会议上表现出积极合作的意愿。例如,第11届亚太经济合作组织会议上美国积极倡导建立公平开放的可再生能源市场,从而推动清洁能源技术的发展;第23届APEC峰会上以美国的成功为例强调了太阳能产业发展对经济增长的促进作用。[①] 在北美层面,美国

---

① 焦莉. 奥巴马政府气候政策分析——国内与国际层次的双重视角[D]. 上海:上海外国语大学,2018.

与加拿大和墨西哥建立了深入的气候合作，包括提高电网效率、创新清洁能源技术和减少化石能源排放等方面。三国领导人还在2016年北美领导人峰会上宣布了他们的共同目标，即到2025年北美将实现50%的清洁电力发电。①

第三，加强气候变化的研究方面。比尔·盖茨与来自世界各地的20个私人投资者合作发起了"突破能源联盟"，并筹集10亿美元的资金用于投资开发清洁能源技术。通过该联盟，有20个国家承诺在5年内将各自的清洁能源研究与开发投资增加1倍，其中包括排放量较大的美国、中国、印度、印度尼西亚和巴西。此外，美国还不断加入有关气候变化数据收集、气象观测等方面的研究。例如，加入全球数据中心能效工作组及全球对地观测组织等。

4.1.2.2 双边合作

奥巴马总统执政时期，美国与各个国家的双边合作主要分为三个层次：美国与发达国家、美国与主要新兴经济体、美国与其他发展中国家。每个层次特点不同，合作内容不同，合作的程度也不尽相同。

第一，美国与发达国家的合作。美国在国际气候变化中与很多发达国家展开了合作，其中包括加拿大、欧盟、日本、荷兰、德国、英国等国家。合作的形式方面，表现为双方共同努力、相互帮助，美国既帮助别国，又接受别国的帮助。例如，美国与荷兰之间，合作是寻求荷兰在应对海平面上升方面的经验。美国与智力协商在太阳能等清洁能源技术方面的合作进展。合作领域方面，美国与发达国家间的合作主要集中于清洁能源研究与开发、碳捕捉与封存技术研究与开发、智能电网的研究与开发、能源效率提高的研究与开放等应对气候变化的尖端与核心领域，目的在于创新研发、探

---

① Emily Pechar, Mercedes Marcano, Acacia Paton Young, et al. Post – Conference Discussion and Summary Report – North American Climate Policy Forum [EB/OL]. 2016. https：//nicholasinstitute. duke. edu/sites/default/files/publications/nacpf – summary – final. pdf.

索未知。

第二，美国与主要新兴经济体的合作。中国和印度是两个比较特殊的发展中国家，这两个大国不但具有大规模的人口，而且经济增长速度迅速。与中国和印度的合作除了清洁汽车、清洁煤炭、页岩气资源、清洁燃料、清洁空气及能源合作等常规方面外，更多的是为了寻求中美印在国际气候减排中的引领作用，特别是中美的大国引领作用。2014年11月美国与中国达成了具有历史意义的中美气候变化联合声明，进一步明确了各国2020年后减排目标，即到2025年温室气体排放量在2005年的基础上下降26%~28%，中国首次宣布计划在2030年左右达到碳排放峰值，并将零碳能源占比提高到20%。在与巴西的合作方面，美国合作的主要目的是在共同激励与约束的基础上进行联合减排。

第三，美国与其他发展中国家的合作。由于发展中国家低生活水平、低生产率水平、高失业水平等特点，美国与发展中国家的气候合作主要表现为美国对其他国家的援助。例如，2010年11月，美国与印度尼西亚共同签署了全面伙伴关系协议。2015年10月双方又重申合作的承诺，美国将在提高森林和土地管理、推进公私伙伴关系、促进清洁能源技术、提供技术援助方面对印度尼西亚提供帮助，以确保印度尼西亚更好地应对气候变化，减少温室气体排放。

4.1.3 国际气候融资

4.1.3.1 气候融资规模

根据美国国务院数据统计，奥巴马总统执政期间美国向发展中国家提供的气候资金规模超过了以往历届，2010~2015年的总资助资金规模达到156亿美元，比以往资助规模增长了4倍。此外，2014年美国向绿色气候基金提供了30亿美元的资金，用于减少发展中国家尤其是最贫穷和最脆弱国家的碳污染（见图4-1）。

（百万美元）

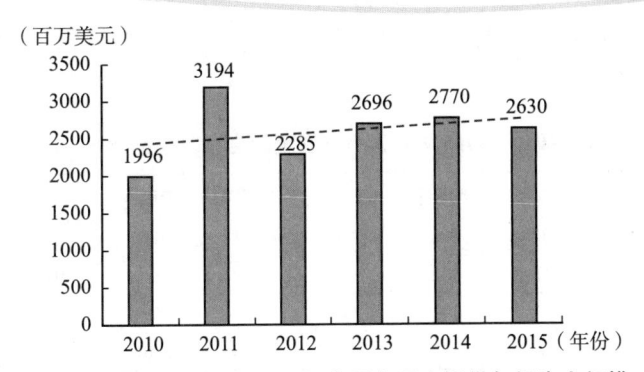

图4-1　2010~2015年美国向发展中国家提供气候资金规模

资料来源：美国国务院（Department of State, DOS）。

4.1.3.2　气候融资渠道

美国向发展中国家提供气候资金的方式有：国会拨款、发展融资及出口信贷。其中，国会拨款占比较大，约占总资金支持的2/3以上，出口信贷占比较小，一般占到总体资金的10%左右（见表4-1）。

表4-1　　　　　2010~2015年美国气候资金来源列表　　　　单位：百万美元

渠道	2010年	2011年	2012年	2013年	2014年	2015年	总计
国会拨款	1588	1884	1262	1204	1261	1496	8694
发展融资	155	1115	722	1264	1358	1028	5642
出口信贷	253	195	301	228	151	106	1234
总计	1996	3194	2285	2696	2770	2630	15570

资料来源：美国国务院（Department of State, DOS）。

通过国会拨款进行的资金主要用于支持全球气候适应、清洁能源及可持续景观三个方面。[①] 气候适应主要用于气候恢复力提升方面；清洁能源主要用于支持可再生能源、提高能源效率等相关活动；可持续景观则主要指的是减少或隔离来自森林、农业和其他景观的温室气体排放活动。[②] 其中，清洁能源资助力度最大，气候适应次之。奥巴马

[①②] USDOS. Overview of the global climate change initiative：U. S. climate finance 2010 - 2015 [EB/OL]. 2015. http：//www.state.gov/documents/organization/250737.pdf.

政府承诺到 2020 年将每年用于全球气候适应的 4 亿美元资金提高 1 倍（见表 4-2）。

表 4-2　　　2010~2015 年美国气候资金国会拨款用途分类　　单位：百万美元

分类	2010 年	2011 年	2012 年	2013 年	2014 年	2015 年	总计
气候适应	430	560	399	401	431	349	2570
清洁能源	915	962	586	577	639	928	4608
可持续景观	242	361	277	226	190	219	1517
总计	1588	1884	1262	1204	1261	1496	8694

资料来源：美国国务院（Department of State, DOS）。

4.1.3.3　气候融资对象

2010~2015 年，美国对于全球气候的资金援助对象按照所占比例从高到低依次为：全球项目、亚洲、拉丁美洲和加勒比地区、非洲、中东、欧洲及欧亚大陆。其中，对全球及多边行动的援助最大，占总援助 29%，主要集中于"清洁技术基金""森林投资计划""气候恢复试点计划""在低收入国家扩大可再生能源项目""全球环境基金""最不发达国家基金""气候变化特别基金""生物碳基金""可持续森林景观倡议""森林碳伙伴基金"等项目（见图 4-2）。[①]

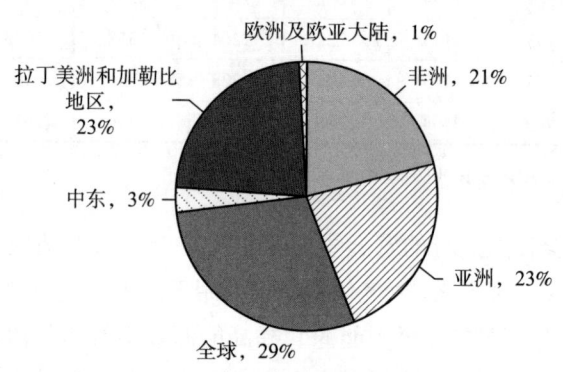

图 4-2　2010~2015 年美国向发展中国家提供气候资金对象比例

资料来源：美国国务院（Department of State, DOS）。

---

① USDOS. Overview of the global climate change initiative：U. S. climate finance 2010 - 2015 [EB/OL]. 2015. http：//www. state. gov/documents/organization/250737. pdf.

4.2　国内态度与定位：积极

4.2.1　减少温室气体排放

奥巴马政府时期电厂是美国温室气体的最大排放源，因此奥巴马政府的碳减排对象重点锁定在化石燃料发电厂。减排按照现有电厂减排及新电厂减排两大路径进行。

4.2.1.1　制定电厂碳减排标准

（1）现有电厂碳减排标准。现有电厂减排以《清洁能源计划》为依托，目标是到 2030 年将美国电厂碳排放量在 2005 年的基础上减少 32%。该标准以州为单位进行，要求各州选择适合自己的方式进行减排，并在 2016 年 9 月提交减排计划。对于不能按时提交减排计划的，可延期至 2018 年 9 月提交。对于到期还未提交的，EPA 将强制实施减排计划。

奥巴马政府认为制定电厂减排标准的目的是多方面的。第一，温室气体排放与气候变化有直接关系。科学家关于陆地、空气、水、海洋和太空的数据和测量值表明人类的活动正在引起气候变化。同时，全球气候确实正在发生变化，有记录的 15 个最热年份中有 14 个都发生在 21 世纪的前 15 年。第二，气候变化将影响美国的环境及公共卫生安全。例如，不断加剧的风暴和干旱不仅会使普通民众的生活受到影响，更可能会影响到儿童、老年及患有心脏病及肺病的人群；最终威胁美国民众的健康和福利。第三，电厂是美国最大的碳排放污染源。碳是主要的温室气体，占美国温室气体排放的 82%，而美国电厂碳排放占美国总排放量的 31%。因此，电厂减排是美国碳减排取得成效的关键步骤。

（2）新电厂碳减排标准。新电厂标准的出台对美国碳减排意义重大，因为美国 1/4 的电厂已经建设超过 40 年，要么面临退役要么面临被新电厂取代。新电厂减排标准历经了三个阶段：2012年3月早期提案、2013年9月中期提案、2015年8月最终规则。

最终规则在以往统一标准的基础上将标准进行了分类，分为天然气发电厂和燃煤发电厂两类。同时在排放量上进行了一定调整，要求天然气发电厂每年的碳排放量小于1000 lb CO_2/MWh，燃煤发电厂每年的碳排放量小于1400 lb CO_2/MWh。技术上，和2012年、2013年要求相同，即充分使用天然气联合循环发电技术和碳捕捉与封存技术（见表4-3）。

表4-3　　2012年、2013年、2015年新电厂碳排放标准对比

年份	排放标准	技术要求
2012	所有新发电厂：≤1000 lb CO_2/MWh/12个月	新天然气发电厂：联合循环技术 新燃煤发电厂：碳捕捉与封存
2013	天然气发电厂： (1) 大型机组：≤1000 lb CO_2/MWh/12个月； (2) 小型机组：≤1100 lb CO_2/MWh/12个月。 新燃煤发电厂： (1) ≤1100 lb CO_2/MWh/12个月 (2) ≤1000-1050 lb CO_2/MWh（7年内平均）	新天然气发电厂：联合循环技术 新燃煤发电厂：碳捕捉与封存
2015	新天然气发电厂：≤1000 lb CO_2/MWh/12个月 新燃煤发电厂：≤1400 lb CO_2/MWh	新天然气发电厂：联合循环技术 新燃煤发电厂：碳捕捉与封存

资料来源：美国环保署（Environmental Protection Agency，EPA）。

4.2.1.2　发展低碳交通

奥巴马第一任期内交通运输行业是美国继电力部门的第二大温室气体排放污染源，第二任期则上升到首位，因此政府通过提高燃油效率标准及发展和应用先进的运输技术等重大举措力求减少美国未来运输业的碳排放水平。

（1）提高燃油效率标准。2019年3月奥巴马总统在白宫发表讲话称："21世纪的汽车工业正在创造新的就业机会，释放新的繁荣，并制造出节油型轿车和卡车，这将带我们迈向能源独立的未来"。为此，奥

巴马政府做出重大举措，包括首次制定重型卡车燃料经济性标准，并在《总统气候行动计划》中承诺对其加强等。

  轿车和轻型汽车占美国交通运输石油消耗和温室气体排放的近60%，在奥巴马的"绿色革命"中颇受重视，其燃油效率标准也被进行了多次的制定和修改，比较重要的两次是2012~2016年标准和2017~2025年标准。这两个标准由美国环保署和国家公路交通安全管理局（National Highway Traffic Safety Administration，NHTSA）分别在2010年和2012年最终提出。2012~2016年标准要求到2016年美国轿车和轻型卡车的平均碳排放水平降到250克/英里，相当于35.5英里/加仑（mpg）（如果完全通过燃油经济性实现）。2017~2025年标准则预计到2025年将轿车和轻型卡车碳排放平均水平降为163克/英里，即54.5英里/加仑（mpg）。该两阶段标准的联合实施将在2025年节省1.7万亿美元的燃料成本，并使美国对石油的依赖度每天减少200多万桶；同时会使在2012~2025年销售的车辆在其使用寿命内减少60亿吨温室气体排放。①

  重型车辆是美国交通部门继轿车和轻型卡车后的第二大排放源。奥巴马政府就此提出重型车辆燃油经济标准，并分为两个阶段执行。第一阶段，2014~2018年；第二阶段，2018~2027年；旨在到2027年将该领域温室气体排放在2010年的基础上减少10%。EPA和NHSTA针对四个主要类型的车辆制定了CO_2排放和燃料消耗量标准。组合式拖拉机：第一阶段的发动机和车辆标准始于2014财年，与2010年相比，到2017财年CO_2排放和燃料消耗减少7%~20%；第二阶段标准从2021年开始，到2027年排放量比2017年降低15%~27%。② 拖车：标准始于2018年，到2027年燃料消耗和CO_2排放量比2017年降低6%~10%。③ 重型商用车：第一阶段的发动机和车辆标准从2014年开

---

  ① Office of Transportation, Air Quality, EPA. EPA and NHTSA Set Standards to Reduce Greenhouse Gases and Improve Fuel Economy for Model Years 2017 – 2025 Cars and Light Trucks, 2012（08）：1 – 10.

  ②③ DIESELNET. United States：Heavy – Duty Vehicles：GHG Emissions & Fuel Economy ［EB/OL］. https：//dieselnet.com/standards/us/fe_hd.php.

始,到2017年的燃油消耗和CO_2排放量比2010年降低10%。第二级阶段的标准开始于2021年,要求到2027年汽油车和柴油车的碳排放在2017年基础上分别降低10%~18%和12%~24%。[①] 重型皮卡车和厢型车:第一阶段标准从2014年度开始逐步实施,到2018年底,汽油车辆的CO_2排放和燃料消耗最多降低10%,柴油车辆的最高15%降低。第二阶段标准要求从2021年到2027年将CO_2排放减少16%。[②]

(2)应用低碳运输燃料。在交通领域,奥巴马政府除了制定严格的燃油效率标准,还积极推进运输工具清洁电池和替代燃料的开发与应用。

一方面,美国对先进汽车电池的研发十分重视。这种重视在奥巴马总统上任时就得到体现。按照《2009美国复苏与再投资法案》,政府投入24亿美元用于先进电池的研发与制造。此后,美国能源署提出投资启动19个研发计划,用于电动车现有电池性能的提高、成本的降低和存储技术的提升。另一方面,美国也十分重视生物燃料。奥巴马政府认为可再生燃料对于相关产业的安全及发展有较大的促进作用,因此政府不但支持可再生燃料标准,还大力投入下一代生物燃料的研究与开发。2012年8月,美国能源署提出资助计划,用于奖励可提高轿车和卡车使用效率的轻型燃料的研发。此外,政府还将可再生燃料应用的研究从车辆扩展到船舶领域。2013年11月,海事局便资助了一项将液化天然气作为船舶燃料的研究和转化项目。2015年4月,政府为船舶燃料转换的研究提供了进一步投资。

4.2.1.3 减少其他温室气体排放

(1)减少甲烷排放。甲烷的排放占美国总温室气体排放的9%。在不采取任何减排措施的情况下,到2023年美国甲烷排放将增加相当于6.2亿吨的二氧化碳排放。[③] 因此,奥巴马总统在2014年3月提出

---

①② DIESELNET. United States: Heavy - Duty Vehicles: GHG Emissions & Fuel Economy [EB/OL]. https://dieselnet.com/standards/us/fe_hd.php.

③ The White House. A Strategy to Cut Methane Emissions [EB/OL]. https://obamawhitehouse.archives.gov/blog/2014/03/28/strategy-cut-methane-emissions.

"甲烷减排战略"。通过自愿行动和常规标准，进一步减少石油和天然气、农业、煤矿、垃圾填埋场等部门的甲烷排放。

石油和天然气行业是美国最大的甲烷排放源，占美国总甲烷排放的1/3。因此，颇受奥巴马政府重视。政府首先提出减少甲烷排放的目标，即到2025年将油井甲烷排放量从2012年的水平减少40%~45%。其次，为了实现这一目标，EPA于2014年进行评估并认定甲烷的排放源主要来自天然气行业的各个部门，包括从生产到加工、从运输到分销的各个环节；石油行业则来自生产运营环节，包括油井、储罐、气体脱水器、集气器和气动装置的甲烷排放。最后，提出新的和改进的油气井排放标准，并在2016年确定最终标准，通过"甲烷挑战"和"天然气之星"计划，采取与各州及私营部门展开自愿合作的方式，达到最终减少油井甲烷排放的目的。此外，政府还为设备制定能效标准，为泄漏检测和低碳技术进行融资，并制定公共用地碳泄露和排放标准。

农业方面，美国农业部、环保署、能源部联合制定"沼气路线图"。一方面，通过自愿合作的方式，利用甲烷分解器和其他技术把美国乳制品行业的温室气体排放量减少25%；[1] 另一方面，"路线图"提出了美国沼气系统应用的巨大潜力。美国目前有2000多个沼气生产点，如果给与足够的财政、资金、技术等方面的支持，美国可以再增加11000多个沼气系统。这些沼气系统的能源产出，足以为300多万美国家庭提供动力，并在2030年减少相当于400万~5400万公吨温室气体排放量的甲烷排放量，即每年80万~1100万辆乘用车的排放量（见表4-4）。[2]

表4-4　　　　　　　　　美国沼气能源潜力估算

项目	畜禽粪便	填埋气	水资源回收设施	总计
沼气生产潜力 （十亿立方英尺/年）	257	284	113	654

---

[1][2] U. S. Department of Agriculture, U. S. Environmental Protection Agency, U. S. Department of Energy. Biogas Opportunities Roadmap [EB/OL]. https://www.energy.gov/sites/prod/files/2014/08/f18/Biogas%20Opportunities%20Roadmap%208-1-14_0.pdf.

续表

项目	畜禽粪便	填埋气	水资源回收设施	总计
年能量生产潜力（百万英热/年）	142000000	142000000	67000000	351000000
年电力潜力（十亿千瓦时/年）	13.1	22.5	5.6	41.2
等效居民用电（1000个家庭/年）	1089	1864	539	3492
车辆燃料替代潜力（百万汽油加仑当量）	1031	1028	441	2499

资料来源：U. S. Department of Agriculture, U. S. Environmental Protection Agency, U. S. Depar-tment of Energy. Biogas Opportunities Roadmap [EB/OL]. https://www.energy.gov/sites/prod/files/2014/08/f18/Biogas%20Opportunities%20Roadmap%208-1-14_0.pdf.

垃圾填埋场和煤矿方面，2014年6月EPA提议更新新建填埋场的标准，并就是否更新现有填埋场的指南征求反馈意见。2014年4月，内政部收集了关于减少公共土地上煤矿排放的意见。同时土地管理局发布《拟议规则制定的预先通知》对外收集销售和处置废弃甲烷计划的意见建议。

（2）限制氢氟碳化物排放。氢氟碳化物是比较强劲的温室气体之一，其制热效力是二氧化碳的10000倍。如果不采取任何行动，美国2020年的氢氟碳化物排放将增长1倍，2030年将增长3倍。因此奥巴马总统承诺通过采用氢氟碳化物替代和气候友好型技术开发等方式，使氢氟碳化物的排放到2025年减少相当于7亿吨的二氧化碳。

政府首先要求私营部门对氢氟碳化物的减排做出承诺：逐步淘汰其氢氟碳化合物的使用，最终过渡到对环境和商业都有利的气候友好型替代品。这些私营企业涵盖了整个氢氟碳化物的供应链：从生产制造到最终的消费（见表4-5）。

表4-5　美国典型行业协会或企业承诺减少氢氟碳化物列表

行业协会或企业名称	承诺内容
负责任大气政策联盟（ARAP）	承诺采取行动和支持政策逐步减少氢氟碳化合物的生产和消费
空调供暖与制冷工业协会（AHRI）	承诺投入50亿美元用于具有低全球升温潜能值的高能效技术的研发和商业化
阿科玛（Arkema）	承诺到2020年将其运营中的温室气体排放量减少30%，同时加速气候友好型产品的开发
可口可乐（Coca-Cola）	使用100%不含氢氟碳化物冷饮设备
开利（Carrier）	承诺到2020年在海运及食品零售等道路运输制冷中实现无氢二氧化碳制冷
丹佛斯（Danfoss）	承诺加快采用下一代低全球升温潜能值制冷剂的标准和建筑规范
杜邦公司（DuPont）	承诺其新产品有望在美国减少约9000万吨二氧化碳。在绝缘泡沫生产、商业和零售制冷、汽车和建筑空调、冷藏运输以及工业能源效率等应用中提供替代选择
艾默生环境优化技术公司（ECT）	承诺开发低全球升温潜能值制冷剂和研发更高效率技术，同时推出三种不易燃的低全球升温潜能值氢氟碳化物的全系列压缩机和电子控制装置

资料来源：美国白宫网站，https：//obamawhitehouse.archives.gov/the-press-office/2014/09/16/fact-sheet-obama-administration-partners-private-sector-new-commitments。

其次，政府针对氢氟碳化物减排制定了多项政策措施。第一，推广使用更安全的氢氟碳化合物替代品。环保署在2014年12月和2015年4月发布了最终规定，要求扩大可接受的氢氟碳化合物替代品数量，并将氢氟碳化合物-134a的具体用途从名单上除名。同时，美国政府还指导联邦机构采购更适合减排的氢氟碳化合物替代品。第二，鼓励私营部门对于低碳技术的投资。环保署与行业协会、私营企业开展合作，并提供有关低碳技术研发、政府政策解读方面的研讨会。第三，增加政府对于氢氟碳化物替代品研究的投资。能源部设立专项资金，鼓励高效的制冷技术，包括替代技术和非制冷剂使用技术。

4.2.2 发展清洁能源经济

奥巴马总统认为:"美国的事实表明,温室气体减排与经济增长不相冲突。相反,它可以提高生产效率、生产能力和创新能力。"① 减少温室气体的过程中发展清洁能源发挥了首要作用,因为清洁能源可以促增长、降低排放,同时在能源产业中扩大份额,为全球带来增长动力。②

4.2.2.1 增加清洁能源适用范围

第一,在公共用地上使用清洁能源。根据气候行动计划的目标,到 2020 年美国公共用地上设立的清洁能源项目要足以为 600 多万户家庭提供电能。为此,内政部在公共用地上批准了多项清洁能源项目及许可,由此实现了美国公共用地可再生能源项目零的突破。在公共土地方面,2010~2016 年内政部批准了 34 个太阳能项目、818 个地热租赁,同时扩大了已有的 40 个风能项目,并对 23 个新风能项目进行审批。③ 内政部还于 2012 年底发放了 10 吉瓦(Gigawatt,GW)的清洁能源许可,并提出到 2020 年再发放 10 吉瓦的目标。在近海水域方面,政府设立了大西洋沿岸的 11 项海上风电租赁和许可计划,其中第一个海上风电项目(罗德岛海岸项目)在奥巴马总统任期内已投入运营。

第二,在军事设施上部署清洁能源。根据气候行动计划,美国到 2025 年要在军事设施上部署 3 吉瓦的可再生能源。截至 2014 年 7 月国防部与第三方融资机构合作已经在其设施上部署了 500 多个可再生能源项目,其中包括空军在戴维斯蒙森空军基地开发的 16 兆瓦(Megawatt,MG)太阳能电池阵列项目和陆军在华丘卡堡开发的 18 兆瓦太阳能电池阵列项目。④

---

①② Barack Obama. The irreversible momentum of clean energy [J]. *Science*,2017(01):126-129.

③ U. S. Department of the Interior. Powering Up Renewable Energy on Public Lands [EB/OL]. https://www.doi.gov/blog/powering-renewable-energy-public-lands.

④ The White House. President Obama's Climate Action Plan Progress Report [R].

第三，在城市和农村推进清洁能源的使用。政策在城市的推进主要体现在城市住房的清洁能源使用方面，要求城市住房通过安装太阳能的方式实现 100 兆瓦的可再生能源使用目标。关于政策在农村的推进，政府主要采取的政策手段是为农村电力合作社提供贷款、为农村清洁能源生产、农村企业和农场的能效升级提供研发资金。

4.2.2.2 推进智能电网建设

奥巴马政府在智能电网的建设上表现出了超出任何一届政府的前所未有的重视，他在上任后就提出要每年花费 1200 亿美元对电网系统进行升级换代以建立一个统一的电网体系。奥巴马政府认为，智能电网产业的发展是最大限度发挥国家电网的价值与效率、促进可再生能源包括太阳能、风能与地热能统一入网管理的前提，也是全面推进分布式能源管理，建设全球最高能源利用效率的基础（见表 4-6）。①

表 4-6 奥巴马政府时期推进美国电力传输基础设施建设的措施与成效列表

序号	措施与成效
1	《2009 美国复苏与再投资法案》划拨 100 亿美元用于智能电网建设
2	内政部土地管理局批准了 46 个主要输电线路项目，输电里程超过 2300 英里
3	农业部农村公用事业处为近 7400 英里的输配电线路提供了资金支持
4	能源部为跨境输电线路（551 英里）的建设、运营、连接和维护签发 3 个许可证
5	能源部为西部电力市场监督管理局的输电投资计划中的两个输电项目投资 2.51 亿美元
6	奥巴马总统宣布为美国 13 个州新一代电力传输和智能电网技术发展提供资金支持

资料来源：美国白宫网站，https://obamawhitehouse.archives.gov/blog/2015/07/21/modernizing-our-electric-transmission-infrastructure-and-driving-development-clean-e。

4.2.2.3 扩大清洁能源发电

奥巴马总统设定了在任期内将清洁能源发电比例提高到 25% 的目

---

① 谢世清. 美国新能源安全规划及其对我国的启示 [EB/OL]. http://econ.pku.edu.cn/displaynews.asp?id=5640.

标，并出台多项相关政策。其对清洁能源发电规模扩大主要依托于《2009美国复苏与再投资法案》《气候行动计划》以及"SunShot""美国风能""美国太阳能""加州太阳能计划""为所有人节约清洁能源"等倡议。

在第一任期内奥巴马总统对于清洁能源发电的努力主要在《2009美国复苏与再投资法案》中得以体现。法案主要利用投资、减税和贷款担保等措施激励清洁能源发电。首先，在投资方面，法案的"税收代扣代缴"计划提供了250亿美元的资金用以支持104000个风能、太阳能、地热和生物质能项目。这些项目可提供33吉瓦的电力，每年足以为超过800万个家庭供电。其次，在税收方面，法案延长了现有的每千瓦时2美分（以2008年美元计算）的风能、地热和水力发电的生产税收抵免，以及生物质能和垃圾填埋气的每千瓦时1美分的生产税收抵免，并在2015年宣布继续延长。最后，在贷款担保方面，法案为风力发电、太阳能发电及热能储存系统提供了161亿美元的贷款担保。

第二任期内奥巴马政府继续扩大清洁能源发电规模。在太阳能发电项目上，政府发起"为所有人提供清洁能源的倡议"，旨在通过增加光伏产业的投资，扩大太阳能发电数量，降低太阳能发电成本，从而确保每个美国家庭都能选择使用太阳能，减少能源开支；确保每个美国社区都拥有应对空气污染和全球气候变化所需的工具。[①] 水力发电项目上，2013年9月，红岩水电站（Red Rock）被添加到高优先级项目的基础设施许可列表中，标志着在鼓励现有水坝水电开发方面向前迈出的一步。内政部垦荒局也推动了私人水电开发，包括启动了2个新项目，另有9个正在建设中。

美国支持清洁能源发电的政策效果逐步显现，从不同机构的相关报告或数据中得到了印证。根据美国进步中心的报告，将2016年的清洁能源发电比例与2008年进行对比发现，2016年的清洁能源发电比例

---

① The White House. FACT SHEET: Obama Administration Announces Clean Energy Savings for All Americans Initiative [EB/OL]. https://obamawhitehouse.archives.gov/the-press-office/2016/07/19/fact-sheet-obama-administration-announces-clean-energy-savings-all.

有了大幅的提升。其中，核能发电由原来的 19.6% 上升到 19.7%，水力发电由原来的 6% 上升到 6.4%，风力发电由原来的 1.3% 上升到 5.6%，木材及废弃物发电由原来的 1.3% 上升到 1.5%，地热能发电保持在 4% 不变，太阳能由原来的 0.02% 大幅上升到 0.9%。其他气体为 0.3% 保持不变。相应地，煤、石油发电比例分别由 2008 年的 48.2%、1.1% 下降到 2016 年的 30.4%、0.6%。天然气发电由原来的 21.4% 上升到 2016 年的 33.8%（见图 4-3）。

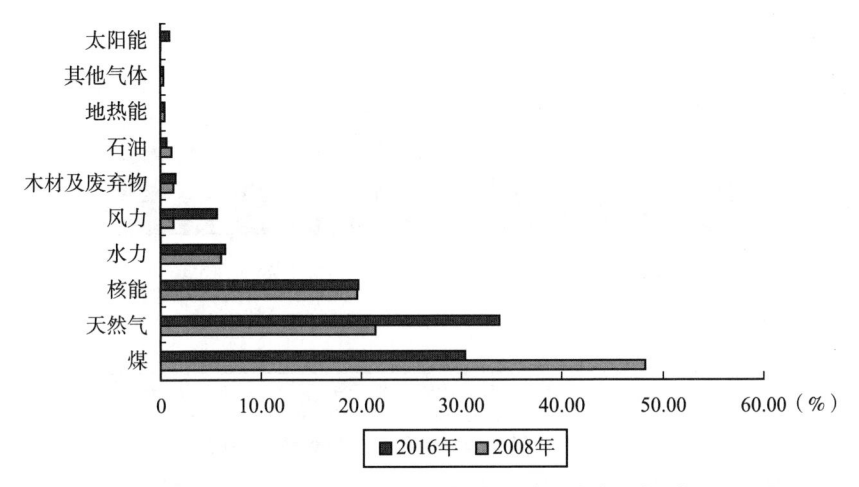

图 4-3　2008 年和 2016 年美国各种能源发电比例对比

数据来源：Robert M. Simon and David J. Hayes. America's Clean Energy Success by the Numbers [R]. Center for American Progress, 2017 (06): 1-16。

4.2.2.4　加强清洁能源投资与研发

（1）清洁能源投资。清洁能源包括可再生能源（太阳能、风能、生物质能、潮汐能、地热能、氢能）与核能。加总奥巴马时期美国可再生能源与核能的投资数据，可得到以下结论：美国政府对新能源的发展很重视，奥巴马时期政府每年对于清洁能源的投资几乎是以往其他年份的 1.5~2 倍。

美国清洁能源领域的财政支出，在奥巴马总统执政之前一直呈上升趋势，但是支持力度不大，2003~2006 年一直在 7 亿~10 亿美元之间上下浮动。2007年，随着《低碳经济法案》的颁布，清洁能源财政支出逐渐加大，增加至10亿美元以上。2008年美国受到金融危机的重创，奥巴马总统上台后，欲以清洁能源发展作为重振美国经济的突破口，先后提出《2009美国复苏与再投资法案》《气候行动计划》《清洁能源计划》，加大对清洁能源的投入，因此，2009年美国清洁能源财政支出达到历史最高，之后一直在16亿美元的水平上下浮动。

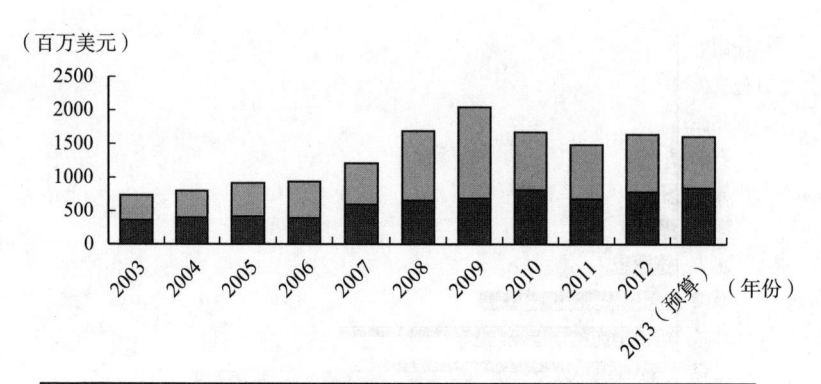

图4-4 奥巴马任期内美国用于清洁能源的财政支出

资料来源：EERE, Office of Energy Efficiency and Renewable Energy; DOE, Department of Energy。

（2）清洁能源研发。奥巴马上任后，先后成立了一系列的研究机构，大力支持清洁能源、节能环保等产业的研究与开发，希望凭借清洁能源产业的发展，重塑美国全球竞争的领先地位。

第一，先进能源研究计划署。美国先进能源计划署（Advanced Research Projects Agency – Energy，ARPA – E）成立于2007年小布什执政时期。2009年收到第一批4亿美元的资助（《2009美国复苏和再投资法案》3.88亿美元及国会划拨的0.15亿美元）而正式启动。计划署汇集了全美最好的科学家、工程师和企业家对世界前沿能源再生、储存和利用技术进行研究开发（见图4-5）。

（百万美元）

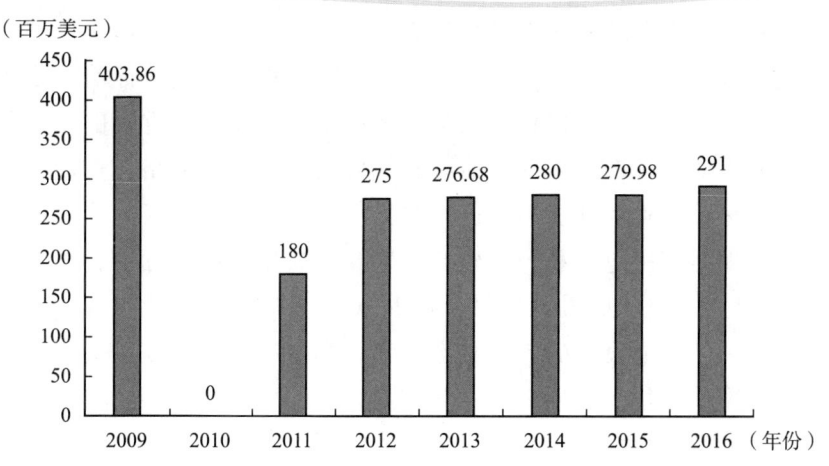

图 4-5　奥巴马任期内政府对于美国先进能源研究计划署的年度资助

资料来源：ARPA - E Budget. https：//arpa - e. energy. gov/。

第二，新一代电力电子制造业创新研究所。2014 年 1 月，美国能源部组织了将近 30 家企业、大学和非政府组织宣布在北卡罗来纳州的首府罗利建立新一代电力电子制造业创新研究所（The Next Generation Power Electronic Manufacturing Innovation Institute，NGPEMII）。美国能源部承诺为这些参与者提供 5 年 700 万美元的资金资助，以推进与太阳能、风能、LED 和电动汽车等方面有关的电子产品的研发。[①] 此外，美国能源部决定成立 46 家由 700 名高级研究人员参与的能源前沿研究中心，用于加快清洁能源科学的突破。

4.2.3　加强能源效率升级

4.2.3.1　制定新的能效标准

提高能效不但有利于温室气体减排，而且还有利于生产成本的降低，因此，奥巴马总统多次利用行政权力来提高美国的能源效率。

---

① 甄炳禧. 智能制造与国家创新体系——美国发展先进制造业的举措及启示 [J]. 人民论坛·学术前沿，2015（11）：27-39.

上任之初奥巴马总统便发布了一份总统备忘录,指示能源部设立达到或超过新标准的所有截止日期。随后将提高能效标准设定为优先事项,并为此提供相关人员配置和年度预算。最重要的是,美国政府将能效标准纳入到了能源和气候政策的总体战略,重新强调了提高标准的重要性。第二任期初奥巴马总统宣布了新的能效提高目标,即对家用电器和公共建筑采取新的或现行能效标准,以使美国 2030 年二氧化碳排放量累计减少 30 亿公吨。不久能源部便发布了 9 项关于家电设备的节能标准草案,其中有 8 项达成了最终的新能效标准。据估计,到 2030 年这些新标准总共可以减少 3.4 亿公吨的二氧化碳排放。①

总之,奥巴马总统是以往历届政府提出能效标准最多的一届。涉及法律制定的标准和能源部制定的标准,奥巴马政府完成的标准比以往任何一届政府都多;仅考虑能源部制定的规则,奥巴马政府完成的标准是以往任何一届政府的 7 倍。② 通过足够的行政关注、资金支持、目标设定与整体气候和能源政策的整合,奥巴马政府时期完成的标准,推动了美国能源效率的大幅提高(见表 4 - 7)。

表 4 - 7　　　　　　　历届总统采用的能效标准数量

总统	采用的标准数量		
	通过立法制定	通过规则制定	总计
里根	13	0	13
老布什	23	4	27
克林顿	0	6	6

①② Andrew deLaski, Michael McGaraghan, James E. McMahon. Next Generation Standards: How the National Energy Efficiency Standards Program Can Continue to Drive Energy, Economic, and Environmental Benefits [R]. Appliance Standards Awareness Project and American Council for an Energy - Efficient Economy, 2016 (08): 1 - 66.

续表

总统	采用的标准数量		
	通过立法制定	通过规则制定	总计
小布什	13	4	17
奥巴马	0	45	45

注：本表内标准数量统计截至2016年6月20日。
资料来源：Andrew deLaski, Michael McGaraghan, James E. McMahon. Next Generation Standards: How the National Energy Efficiency Standards Program Can Continue to Drive Energy, Economic, and Environmental Benefits [R]. Appliance Standards Awareness Project and American Council for an Energy-Efficient Economy, 2016 (08): 1-66。

4.2.3.2 减少建筑能源浪费

第一，扩大"建筑效能提升计划"。奥巴马总统的"建筑效能提升计划"（Better Buildings Initiative）旨在通过一系列激励措施来促进私人部门的投资，以升级商业、工业和家庭部门的能源效率，从而使美国建筑能效在10年内提高20%。目标主要通过五种政策手段实现。实施提高建筑能效的新税收激励措施：在现有税收减免的基础上提出更加优惠的税收措施以鼓励建筑业主和房地产投资信托基金（REITs）对其房产进行改造。为商业改造提供更多的融资机会：一方面美国小企业管理局（Small Business Administration）鼓励贷款机构降低贷款规模限制；另一方面能源部提出试点计划，为医院、学校和其他商业建筑的能效升级提供贷款担保。简化法规及相关程序：总统的预算将向各州和/或地方政府提供新的赠款，以简化标准、鼓励升级和吸引私营部门投资。建筑效能提升要求：要求公司CEO和大学校长积极参与，使其单位的建筑在节能方面成为领导者。培训新一代的商业建筑技术工人：包括能源审计和建筑施工方面的工作。

第二，启动"建筑能效提升加速器"。2013年12月，"建筑能效提升加速器"（Better Buildings Accelerators）项目启动，旨在支持州和地方政府主导的减少能源浪费、消除市场和技术障碍以提高建筑和工业效率。参与该项目的公共部门组织，包括州、市和学区，致力于提高建筑能效信息的有效性，并增加高效的户外照明。

第三，加强建筑法规。2014年5月，美国能源部初步确认了行业最新的商业建筑能源法规,该法规比目前占主导地位的国家能源法规多削减了 30% 的能源浪费。更新后的法规将帮助各州和联邦政府在建筑运营上节约资金和能源,并在 2030 年之前减少 2.3 亿吨二氧化碳的排放。

4.2.3.3 提高能源效率投资

奥巴马总统对于能源效率的重视既体现在政策制定上又体现在各部门的年度财政预算中。在政策方面,上任之初,奥巴马总统便在《2009 美国复苏与再投资法案》中对能源效率进行了 145 亿美元的设定。在年度财政预算方面,奥巴马总统可以说大幅加大了美国用于能源效率的预算。从图 4-6 可以看出,年度财政预算支出达到了上届政府的 1.5 倍之多。

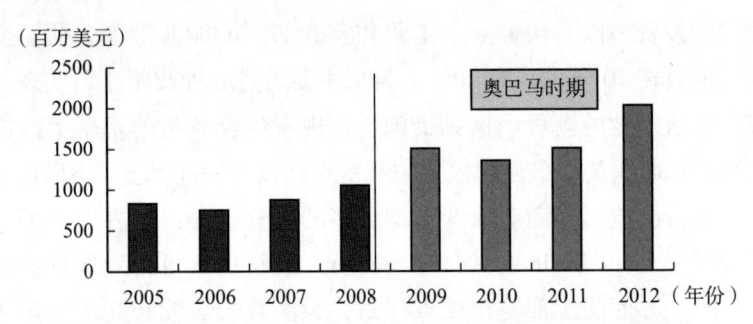

图 4-6　奥巴马任期内美国用于能源效率提升的年度财政预算

资料来源:EERE,Office of Energy Efficiency and Renewable Energy。

4.2.4　加强气候变化应对

奥巴马竞选总统时便宣布将为保护美国的子孙后代做出自己的努力。这一点,不仅体现在经济的重振、制造业的恢复,更体现在了对自然资源的保护上。

4.2.4.1　评估气候变化影响

针对气候变化,奥巴马要求联邦政府各个部门分别确定气候变化对于其各自的影响,其中包括对能源、对健康、对交通、对食品供应、对海洋及对沿海社区的影响，等等（见表4-8）。

表4-8　美国各部门发布的关于气候变化的自然资源影响的报告列表

部门	报告
能源部	发布能源和电力基础设施对气候变化脆弱性影响的评估报告
商务部	发布一份气候变化对海洋影响的报告
内政部	发布一份气候变化对自然资源影响的报告
环保署	发布一份关于气候变化对人类影响的报告
白宫	发布一份关于气候变化对健康影响的报告

资料来源：根据美国各相关网站整理。

此外，奥巴马政府于2014年5月发布的第三次《美国气候评估报告》可谓是美国有史以来最全面的有关气候变化国内影响的报告。该报告全面分析了气候变化对美国农业、卫生、能源、交通、水资源、森林和生态系统等各方面的影响，系统评估了美国政府、非政府和私营部门的气候变化适应活动（见表4-9）。[①]

表4-9　　　　气候变化对美国自然资源的影响

分类	影响
水资源	增加了美国水资源短缺的可能性
农业	短期影响有限，但长期可能将威胁美国的粮食安全
卫生	提高通过水、食物和昆虫传播疾病的概率
海洋	海水温度和酸度的升高影响整体海洋生态
生态系统	应对火灾、洪涝、风暴等极端事件的缓冲抵御能力较低
基础设施	基础设施受到海平面上升、大雨和极端高温的侵蚀，且抵御能力低
能源系统	在不同程度上破坏美国能源生产和供应设施

资料来源：王文涛，仲平，陈跃. 美国《第三次气候变化国家评估报告》解读及其启示[J]. 全球科技经济瞭望，2014（09）：1-11。

---

① 王文涛，仲平，陈跃. 美国《第三次气候变化国家评估报告》解读及其启示[J]. 全球科技经济瞭望，2014（09）：1-11。

4.2.4.2 增强社区应对能力

(1) 组建社区应对气候变化工作组。2013年11月奥巴马总统签署了一项行政命令，成立了气候防范和恢复特别工作组，就联邦政府如何应对全国范围内与社区相关的气候变化提出政策建议。工作组26名成员包括来自全美各地的州长、市长、县政府官员和部落领袖。他们通过调研获得社区气候防范和恢复的最新资料与数据，以找出联邦政府对于社区应对气候变化投资的阻碍因素，从而使联邦政府的捐赠和贷款方案得以改进。

(2) 关注气候变化社区影响的长期性。奥巴马总统认为政府不能只注重受灾社区短期的重建，更应注重受灾社区的长期恢复。该认识主要起始于2012年的飓风桑迪，飓风破坏力巨大，摧毁了沿途所经的房屋、企业和社区。面对受损的社区，奥巴马总统称："我们将继续做所有必要的重建工作，使其比以前更好，使其比以前更坚固，使其比以前更具韧性。"[1]同时，政府还发布了重建计划，以确保社区针对未来气候变化的影响做好短期和长期准备。

(3) 提高基础设施和交通系统"韧性"。面对飓风桑迪对基础设施和交通系统史无前例的破坏，美国决定推动更具"韧性"的交通和基础设施建设。联邦交通管理局除了向受灾社区提供的56亿美元的重建资金外，还批准了额外的30亿美元用于恢复交通及基础设施。这些投资不仅用于受损基础设施和交通系统的重建，而且用于增强这些设施和交通系统抵御更强、更频繁的极端天气的能力。

(4) 增强社区居民应对气候变化宣传。为了提高社区居民对于气候变化的认识，为了社区居民更好地应对气候变化，奥巴马政府发起了"全国抗灾能力竞赛"。竞赛选择在过去几年中经历过重大自然灾害的社区进行，同时耗资10亿美元的资金，以期通过传播极端天气和气

---

[1] Shaun Donovan. In Ongoing Response to Hurricane Sandy, We Must Remain Focused on Climate Change's Long-Term Impacts [EB/OL]. https：//obamawhitehouse.archives.gov/blog/2015/10/29/ongoing-response-hurricane-sandy-we-must-remain-focused-climate-changes-long-term.

候变化的内涵、影响与应对等知识,来帮助受灾社区重建并增强对未来灾难的适应能力。

4.2.4.3 加强自然资源保护

(1) 保护公共土地和水资源。2009年3月,奥巴马总统签署了《2009年综合公共土地管理法》,在9个州划定了200万英亩的荒野土地,规划了数千英里的旅游用地,确定了1000多英里的保护流域,评估了经济增长和气候变化对美国水资源利用的影响。2013年11月,奥巴马总统又发布了一项行政命令,指示联邦机构制定与公共用地和用水相关的政策和法规,以构建美国完备的自然生态系统。①

(2) 降低野火对森林的威胁。野火对于一个国家森林的破坏力是巨大的。森林的减少就意味着对于温室气体吸收能力的减少。2014年4月,美国农业部和内政部联合发布了《全国统一荒地火灾管理战略》,以期通过利用新的方法更好地应对美国森林和荒地火灾威胁。此外,联邦政府还与西部流域的地方市政当局开展合作,以降低关键供水流域野火的发生。

(3) 保持农业的气候适应性。奥巴马政府不但重视农业的增长,而且更加关注农业的可持续发展。2014年2月农业部宣布建立7个区域气候中心,为农民、牧场主和森林所有者提供量身定制的科学知识。此外,内政部自然资源保护局(NRCS)和垦殖局向农业用水者提供赠款和技术支持,以确保美国各地向节约用水的新型农业转型。

(4) 保证饮用水的卫生安全。2011年4月奥巴马政府发布了国家清洁水框架,该框架重申了其对保护美国水域健康的全面承诺,即确保清洁用水保护公众健康、恢复美国重要的水体资源、创建更多节水型社区、修订国家的水资源政策及支持有关水资源问题的研究等。2015年5月,EPA最终确定了《2015年清洁水规则》,以保护美国的河流和湿地,从而确保1/3的美国人的饮用水源得到保护。

(5) 加强对野生生物的保护。2015年9月,奥巴马总统宣布了有

---

① 何秋. 美国气候变化法律制度[D]. 武汉:中南财经政法大学,2018:70-75.

史以来规模最大的土地保护合作计划，与西部 11 个州、地方政府、农民、牧场主和私营企业合作，成功保护了大艾草榛鸡在内的很多濒危物种的栖息地。2016 年 12 月 8 日，NOAA 渔业发布了海产品进口监控计划（SIMP），该计划要求保存海鲜产品的进口报告和记录，以防止非法捕获的海鲜进入美国市场，从而保护美国海洋资源的可持续性。

第5章

特朗普政府时期美国气候政策的再转向

尽管奥巴马政府将气候议题作为政府决策中优先考虑的事项,但是特朗普总统上台后却以减排会影响企业竞争力进而影响美国经济增长为由,将上一任总统的气候遗产完全抛弃。不但在国际上宣布退出《巴黎协定》,而且在国内实行了弱化气候问题重要性、减少有关气候变化的预算、减少有关气候变化的研究、撤销奥巴马与气候有关的法案、气候改革政策开倒车、回归传统能源等一系列消极行动;由此,实现了美国气候政策的再转向。

5.1 国际态度:消极并退出《巴黎协定》

特朗普在竞选期间在气候变化方面就表现出了与前任总统奥巴马的不同,对气候政策持有非常被动和消极的态度,在上任初期也表现出了和之前一样的态度,并且消极程度不断升级。其中,最令人意想不到的便是退出《巴黎协定》。

2017年6月1日,美国总统特朗普宣布将退出《巴黎协定》,停止国家确定的行动及财政捐款。2017年8月,美国正式向联合国发函表示退出,这引起了国际社会的哗然。特朗普总统给出的理由为:

第一,《巴黎协定》会影响美国经济的发展。根据美国国家经济研究协会的数据,特朗普总统认为遵守《巴黎协定》的条款及其严格的能源限制,到2025年会使美国民众损失270万个工作岗位,其中包括

44万个制造业职位，这将意味着美国汽车等重要工业将会逐渐被淘汰。① 此外，遵守上届政府的承诺将会削减很多部门的产量。到2040年这些部门的产量将会分别下降：纸张减少12%；水泥下跌23%；钢铁下跌38%；煤炭下跌86%；天然气下跌31%。这意味着3万亿美元的GDP损失、650万个工业就业机会损失及7000美元的家庭收入损失。②

第二，《巴黎协定》会严重阻碍美国煤炭产业的发展。特朗普政府认为《巴黎协定》允许中国、欧盟开发新的煤矿，允许印度在2020年增加1倍的煤炭产出，而美国却由于协定限制，不能进一步发展煤炭产业。这不是世界煤炭行业工作岗位的减少，而是世界煤炭行业工作岗位的再分配。最后的影响是一方面美国煤炭产业就业的减少或停滞不前；另一方面美国将会遭受巨大的经济财富损失，最终导致美国很多家庭陷入贫困和失业。他认为，如果反过来，大力发展煤炭行业，以美国丰富的资源储备足以给美国的底层贫困者提供大量工作，把他们从贫困中拯救出来。

第三，《巴黎协定》会削弱美国能源产业的竞争力。燃料动力是当今人类一切经济和社会发展的物质基础，因此能源需求、能源供给与能源贸易一直是世界各国关注的焦点。近些年全球能源需求量不断攀升，根据国际能源署数据，2018年全球能源需求量增长2.3%，此后持续增加，并在2030年达到顶峰值，2040年能源需求将以每年1.3%的速度增长，③ 因此，国际能源市场利润空间巨大，能源产业发展仍是很多国家重点发展的产业。发展能源产业的核心竞争力是能源技术的发展，而能源技术的发展又依赖于政府财政支持及市场两大路径。特朗普政府认为，美国的能源技术进步很大程度上应该依靠能源企业间的自由竞争，而《巴黎协定》的规定必然限制美国能源企业的发展与自由竞争，进而影响美国能源技术进步及能源产业竞争力。

---

①② The White House. Statement by President Trump on the Paris Climate Accord [EB/OL]. https：//trumpwhitehouse.archives.gov/briefings-statements/statement-president-trump-paris-climate-accord/.

③ IEA. World Energy Outlook 2019 [EB/OL]. https：//www.iea.org/reports/world-energy-outlook-2019.

第四,《巴黎协定》实质上解决的不是气候变化问题。《巴黎协定》的总体目标是全球的减排,减排的幅度是保证21世纪全球温度上升程度比工业化前的水平高2摄氏度以下,如果有可能最好限制在1.5摄氏度左右。而为了保证目标的顺利实现,设置了一些资金和技术保障措施,其中一项便是规定发达国家有义务为支持发展中国家建立清洁的、具有气候适应性的体系而提供帮助,具体表现为到2020年前融资1000亿美元。比较典型的方式是"绿色基金"。"绿色基金"是2009年在哥本哈根气候峰会上首次被提出的,发达国家应在2010~2012年出资300亿美元,作为绿色气候基金的快速启动基金,并在2013~2020年,每年出资1000亿美元帮助发展中国家积极应对气候变化。特朗普政府认为,此基金除了会消耗美国纳税人的钱外不会给美国带来任何好处。

第五,退出是领导力的体现。[①] 托马斯·A.罗伊研究所副所长尼古拉斯·洛里斯(Nicolas Loris)认为美国放弃全球气候变暖问题上的领导权并不意味着美国在国际上领导力的降低。国际问题很多,并不只有全球气候变暖问题。实际上,美国在经济、安全、外交上与其他国家还有大量的双边联系。而退出《巴黎协定》不会对这些双边问题产生影响。相反,如果这些国家政府知道美国愿意并能够抵抗外交压力以保护美国利益,那么这将非常有助于美国未来的谈判。[②]

5.2 国内态度:消极

特朗普上任后对美国国内的环境政策做出了重大调整,推翻了奥巴马时期旨在遏制气候变化及限制环境污染的绝大部分政策,在气候变化问题的政策制定上开启了倒车模式。

[①②] Nicolas Loris. Nicolas Loris. 4 Reasons Trump Was Right to Pull Out of the Paris Agreement [EB/OL]. https://www.heritage.org/environment/commentary/4-reasons-trump-was-right-pull-out-the-paris-agreement.

5.2.1 弱化气候变化问题的重要性

5.2.1.1 从国家战略规划中删除气候变化

第一，美国联邦应急管理局（Federal Emergency Management Agency，FEMA）在战略规划中删除了"气候变化"字样。这与以前其他总统在任期间的规划构成了区别。在乔治·W. 布什任职期间，政府起草的2008年战略规划中写道："未来几年，我们国家会面临具有挑战性的事件，包括技术事件、恐怖袭击、自然灾害或极端天气、全球变暖引发的事件。"[①]奥巴马总统在任期间FEMA提出的2014~2018年战略规划强调了适应未来气候变化危险的必要性："科学证据表明气候正在发生变化，因此可以预期会产生重大的经济、社会和环境影响。气候变化已经导致社区面临的风险发生可量化的变化，表明未来的风险与现在的风险不同。随着适应气候变化的需求增加，州、部落、地区和地方政府对气候相关风险管理信息和工具的需求预计会增加和发展，应急管理界将需要适当地考虑这些需求，在加强风险管理计划的同时改变风险。"[②]而特朗普时期，FEMA制定的2018~2022年的战略规划中虽然提到了"为国家做好应对灾难性风险的准备"的目标，但是没有提到驱动上述灾害的根本性驱动因素"气候变化""海平面上升""极端天气"等术语。

第二，从国家安全威胁清单中删除气候变化。2015年，奥巴马政府明确表示气候变化会导致自然灾害、食物和水的冲突、难民危机，进而对美国的国家安全构成迫切且日益严重的威胁；并将应对气候变化上升到国家安全层面。而特朗普政府却将美国国家安全重心转向如

---

① Michael Greshko, Laura Parker, Brian Clark Howard. A Running List of How President Trump is Ch‐anging Environmental Policy［EB/OL］. https://www.nationalgeographic.com/news/2017/03/how‐trump‐is‐changing‐science‐environment/.

② FEMA. FEMA Strategic Plan 2014‐2018［EB/OL］. https://www.fema.gov/media‐library‐data/1405716454745‐3abe60aec989ecce518c4cdba67722b8/July18FEMAStratPlanDigital508HiResFINALh.pdf.

何在全球范围内提升美国的经济竞争力。在2017年美国发布的《美国国家安全战略报告》中,特朗普政府对气候变化问题进行了淡化。虽然做了一定讨论,但只是在美国能源政策的背景下进行的。报告中显示,气候政策将会改变全球能源体系,美国将利用其国际影响力以阻止妨碍美国经济和能源安全的议程。美国将继续推进平衡能源安全、经济发展和环境保护的方法;并将在扩大经济发展的同时继续保持在减少传统污染和温室气体排放方面的全球领先地位;但是途径是自主创新、技术突破和能源效率的提高,而非繁重的监管。[1]

5.2.1.2 从政府部门网站清除气候变化网页

为了弱化气候变化问题,特朗普政府做的一项重要工作就是删除政府网站中关于气候变化的页面,或将气候变化等词汇转化成其他表述。根据环境数据与治理倡议组织(Environmental Data & Governance Initiative, EDGI)监测的数千网站中,"气候变化"(climate change)、"清洁能源"(clean energy)、"适应"(adaptation)的使用率在2016~2018年下降了26%,而"能源独立性"(energy independence)、"恢复力"(resilience)和"可持续性"(sustainability)等术语则上升了26%。[2] "气候变化"被完全删除的网页有一半以上是美国环境保护署的网页。[3]

第一,从白宫网站删除有关气候变化的页面。奥巴马总统执政时期,美国的白宫网站有一个特定的关于气候变化的网站页面,以反映美国政府在气候变化方面所做的努力。在此期间,白宫网站一度将气候变化问题列为首要议题。然而,在特朗普上任初期,白宫网站上的气候变化页面就消失了,取而代之的是"能源与环境"页面。该页面,主要反映特朗普政府在美国能源独立、能源基础设施建设及环境保护方面取得的成绩。

---

[1] The White House. National Security Strategy of the United States of America. 2017 (12): 22.

[2][3] EDGI. The New Digital Landscape – How The Trump Administration Has Undermined Federal Web Infrastructures For Climate Information.

第二，环保署清理气候变化网页。EPA 网站中的"气候变化"部分的设立开始于 1997 年，主要解释什么是气候科学、气候变化的原因、气候变化对美国及世界的影响、EPA 为缓解气候变化所做的工作等问题。然而，2017 年 4 月 EPA 宣布审查与气候变化有关的网站内容。审查后的网页有关奥巴马《清洁能源计划》以及有关 EPA 气候规则的部分被删除。

第三，内政部清理气候变化网页。美国内政部网站上关于气候变化的部分被更新，并删除了很多关于气候变化的内容。现在网站上保留的多为气候问题概述、预防气候变化、政府间合作、气候变化组织机构链接、气候资料链接等内容；而气候变化如何影响美国以及美国采取的应对措施等内容已经被删除。

第四，"审查"气候变化网页。从特朗普总统开始，美国很多政府部门的网站都遭受了有关气候变化的审查。例如，美国土地管理局（Bureau of Land Management，BLM）在 2017 年 5 月~2017 年 11 月删除了有关气候变化的网页；职业安全与健康管理局（Occupational Safety and Health Administration，OSHA）在一个涉及工人和雇主如何管理与热有关的健康风险的页面上删除了所有有关气候变化的内容；交通部（Department of Transportation，DOT）的气候变化信息中心网站也经历了气候变化"删除—恢复—再删除"的过程（见表 5-1）。

表 5-1　　　　2016 年和 2018 年美国气候变化在组织网站上出现的频率比较

组织机构	2016 年春"气候变化"使用总计	2018 年春"气候变化"使用总计	变化数量（个）	变化百分比（%）	2016 年提到"气候变化"的网页数	2018 年提到"气候变化"的网页数	变化百分比（%）
环保署	2118	814	-1304	-61.57	279	216	-22.58
宇航局	427	274	-153	-35.83	89	87	-2.25
GlobalChange.gov 网站	1828	1690	-138	-7.55	342	340	-0.58
国家公园管理处	290	235	-55	-18.97	28	27	-3.57

续表

组织机构	2016年春"气候变化"使用总计	2018年春"气候变化"使用总计	变化数量（个）	变化百分比（%）	2016年提到"气候变化"的网页数	2018年提到"气候变化"的网页数	变化百分比（%）
Data.gov网站	630	595	-35	-5.56	60	59	-1.67
内政部	36	9	-27	-75.00	11	8	-27.27
能源部	118	94	-24	-20.34	69	58	-15.94
国家海洋大气局	265	245	-20	-7.55	150	139	-7.33
疾病预防控制中心	41	25	-16	-39.02	5	4	-20.00
农业部	133	123	-10	-7.52	15	16	6.67
地质勘探局	8	0	-8	-100.00	2	0	-100.00
林业部·森林服务	89	82	-7	-7.87	27	26	-3.70
职业安全与健康管理局	4	0	-4	-100.00	1	0	-100.00
交通部	2	0	-2	-100.00	2	0	-100.00
联邦应急管理局	48	47	-1	-2.08	34	34	0.00
海洋能源管理局	2	2	0	0.00	2	2	0.00
司法部	5	5	0	0.00	3	3	0.00

注：2016年春、2018年春分别表示"2016年1月1日~2016年7月1日""2018年1月1日~2018年7月1日"。

资料来源：EDGI. The New Digital Landscape – How The Trump Administration Has Undermined Federal Web Infrastructures For Climate Information, 2019（07）：17。

5.2.2 削减有关气候变化的预算

2016年9月，奥巴马政府制定的2017年度政府部门预算中有一部分重要的预算是"建立气候智慧（Climate-Smart）型经济"，其中包括清洁交通、清洁能源、清洁水技术、保护公用用地和海洋、减少气候变暖危害等内容。然而，特朗普总统上台后却将政府预算向国防方向转移,同时削减了全球变暖方面的联邦行动、国际合作和研究经费,其中受冲击较大的是美国环境保护署和美国国家海洋与大气管理局(National Oceanic and Atmospheric Administration,NOAA)。

(1)削减 EPA 的预算。总体上看,2018 年之后美国环保署每年的预算申请在逐年降低。2017 年美国环保署的年度财政经费实际使用为 82 亿美元。但是从 2018 年开始环保署的年度财政预算申请便降到了 57 亿美元,此后一直在 60 亿美元左右上下波动(见表 5-2)。

表 5-2　　　美国环保署政府年度预算申请变化趋势　　　单位:亿美元

项目	2017 年(执行)	2018 年	2019 年	2020 年	2021 年
预算	82	57	54	61	67

资料来源:Office of Management and Budget. Budget of The U. S. Government. Fiscal Year 2017,2018,2019,2020,2021。

具体上看,美国环保署每年的财政预算申请主要用于清洁空气和全球气候变化、清洁和安全的水、土地保护及修复、健康社区及生态系统、环境管理与合规等项目。2017 年清洁空气和全球气候变化项目下的各办公室预算申请的总计为 10.60 亿美元。2018 年特朗普总统上台后,政府制定的第一个年度预算中此部分的预算降低到了 7.56 亿美元;然而,2019 年以后这部分的预算所剩无几,变成了每年 0.15 亿美元(见表 5-3)。

表 5-3　　　美国环保署与清洁空气及全球气候
变化相关项目的预算申请　　　单位:亿美元

项目	2017 年	2018 年	2019 年	2020 年	2021 年
预算	10.60	7.56	0.15	0.15	0.15

资料来源:Office of Management and Budget. Budget of The U. S. Government. Fiscal Year 2017,2018,2019,2020,2021。

(2)削减 DOT 有关气候变化的预算。美国交通部一直承担着一些有关应对气候变化的项目和工作。交通部 21 世纪清洁交通计划中的

"气候基础设施"项目 2017 年的预算申请为 179.35 亿美元。该项目旨在投资建设一个新的、可持续的交通系统,扩大交通选择,建立有弹性和相互联系的社区,并整合新技术等。2018 年开始,此项目就在交通部的年度预算中完全消失(见表 5-4)。

表 5-4　　　　交通部与气候变化有关的预算申请　　　　单位:亿美元

项目	2017 年	2018 年	2019 年	2020 年	2021 年
预算	179.35	0	0	0	0

资料来源:Office of Management and Budget. Budget of The U. S. Government. Fiscal Year 2017,2018,2019,2020,2021。

(3)削减 DOI 有关气候变化的预算。内政部是美国重要的职能部门之一,负责管理和保护大多数联邦土地和自然资源。其年度计划中自然少不了与气候变化有关的预算申请。例如,旨在通过开展科学研究、监测、遥感、建模和预测,以解决气候和土地利用变化对国家自然资源影响的"气候与土地变化"项目,2017 年的预算申请是 1.71 亿美元。"沿海气候恢复基金"计划拟实施 10 年,每年提供 2 亿美元的资金用于为沿海的州、地方政府及社区提供资源以使它们更好地应对气候变化。然而,2018 年,乃至 2019 年、2020 年,这些项目的预算申请就已经从政府年度预算申请中被剔除。

5.2.3　减少有关气候变化的研究

(1)解雇部分 EPA 与气候变化研究或审查有关的工作人员。环保署的科学顾问委员会是 EPA 中较为重要的部门,一方面在评估其科学研究质量方面发挥着关键作用;另一方面为 EPA 未来的研究起到指明方向的作用。该委员会由 18 名科学家组成,聘期 3 年,2017 年 4 月 30 日是此次任期的最后期限。然而,2017 年 5 月 EPA 宣布解雇委员会中的 9 名成员。这在 EPA 历史上罕见。此外,2018 年 10 月,EPA 宣布解散清洁空气科学咨询委员会,同时取消组建类似咨询小组的计划。该委员会此前正在审查管制颗粒物的国家标准。《清洁空气法》要求

EPA 对国家空气质量标准进行定期审查。清洁空气科学咨询委员会的工作是审查主要空气污染物法规的"最新科学知识"。如果科学表明现有标准不足以保护公众健康，则该机构必须对其进行修订。然而，工作组的解散意味着对标准审查的缺失。

（2）解散国家气候评估联邦咨询委员会。2017年8月特朗普政府解散了旨在为联邦气候变化做准备的政府咨询委员会。这个委员会成立于奥巴马总统执政时期，并由美国国家海洋与大气管理局于2015年负责成立，成员包括学者、地方官员和商人。成立的目的是拟定一份报告，以阐述最新的气候变化科学，并描述全球变暖可能对现在和未来几十年的美国造成的影响。

（3）暂停有关采矿健康方面的研究。2017年特朗普政府暂停了一项关于居住在阿巴拉契亚山脉山顶移除煤矿附近居民健康风险的研究。实际上这项研究是在奥巴马执政时期，应西弗吉尼亚州的官员要求而采取的一项政策。山顶采矿是一种露天煤矿开采形式，应用的是较低水平的技术，涉及清除多达400英尺的垂直山峰并将废石倒入附近的山谷。研究表明不断的爆破和其他活动会造成周边空气污染，而且会污染周边居民的饮用水和用于家庭需求的地下水，最终会对矿工及周边的居民健康产生一定的影响。为此内政部向美国国家科学院提供了为期两年100万美元的项目支持，旨在向政府提供独立客观的建议，但是，正当研究进入到得出结论阶段时，内政部下令将此项目叫停。

（4）取消美国宇航局的碳监测项目。该项目开始于2010年，每年接受政府给予的1000万美元的资助用于改善全球碳排放的监测。此外，该项目与"巴黎协定"十分相关，因为通过此系统可以监测出各国是否遵守了其减排承诺。但是，白宫于2018年9月便宣布取消该项目，虽然遭到国会的反对，但是新的政府预算并没有出现该项目，政府只允许将现有的项目资金用完，以后不再提供任何新的研究支持。

5.2.4 撤销奥巴马与气候相关法案

在竞选期间，特朗普的能源政策主张即为鼓励能源生产和出口、撤销奥巴马禁止煤矿开发的一切法案、取消水资源条例及奥巴马政府的气候变化行动及清洁能源计划。百日新政更是解除了价值 50 万亿美元的美国本土能源生产限制，并取消了向联合国气候变化计划支付的数十亿美元。

（1）撤销《清洁能源计划》。2017 年 3 月 28 日，特朗普总统签署行政命令"能源独立"。新的行政命令直接使环保部门撤销并改写美国前总统奥巴马的《清洁能源计划》（暂停了多项）。撤销此前减少新建燃煤电厂二氧化碳排放的规定。取而代之的是"负担得起的清洁能源"规则（Affordable Clean Energy，ACE）。新的规则推翻了奥巴马制定的对各州能源部门的碳排放管控，管控力度大大减弱，ACE 规则将在 2030 年之前将美国电力部门的碳排放减少 1100 万吨，即降低 0.7% ~ 1.5%；与《清洁能源法案》中降低 32% 的目标相差甚远。虽然 EPA 指出，长期的行业趋势仍有望将排放量降低 35%（见表 5 - 5）。

表 5 - 5　"清洁能源计划"与"负担得起的清洁能源"规则比较

项目	CPP（清洁能源计划）	ACE（负担得起的清洁能源规则）
碳排放	ACE 将会继续减少碳排放，帮助推进碳排放比 2005 年减少 34%	
EPA 的职能	管制所有能源部门	促进煤矿升级
	制定能源政策	专注于环境政策
	重塑电网和能源市场	不干预市场，保持煤企的自由竞争
对于煤炭产量的影响	产量减少	煤炭部门继续营业，并且效率提高
可靠性和能源组合方式	减少煤炭投资，增加可再生能源及天然气的投资	促进燃煤电厂的投资，使其更加清洁、现代和高效
	依赖能源转换	不依靠能源转换
联邦和州的职能	确定统一的联邦标准，并要求各州予以执行	各州制定自己的标准，以符合联邦的现行指导规则
州计划和截止日期	对州计划设定详细要求	仅对各州能源效率的提高提出灵活性指导方针
	各州 15 年内向环保署提交 6 次报告	各州只需向环保署提供一次报告即可

续表

项目	CPP（清洁能源计划）	ACE（负担得起的清洁能源规则）
新建企业的许可审核	不降低新企业审查（New Source Review, NSR）许可的要求，阻碍燃煤电厂的能源效率升级	修改新企业审查（New Source Review, NSR）许可标准，以提高燃煤电厂的效率和现代化程度
	每年进行 NSR 审核，意味着审核标准的更新	不进行审核标准的更新

资料来源：EPA, https://www.epa.gov/stationary-sources-air-pollution/proposal-affordable-clean-energy-ace-rule。

（2）废除奥巴马政府时期的甲烷法规。甲烷作为温室气体，很容易从能源生产过程中释放出来，它的排放对全球气候变暖有较大的推进作用。因此，近些年各国对甲烷的排放都严格加以限制。但是，2018 年 9 月特朗普政府宣布修订奥巴马政府时期关于降低石油和天然气行业甲烷泄漏的立法，放松对石油和天然气公司的管制。虽然此举将会导致 2019～2025 年美国向大气中增加 38 万吨甲醇甲烷的排放，相当于 3000 万吨的二氧化碳排放；并对周边居民的健康和空气质量产生负面影响，但是与到 2025 年该行业 5.3 亿美元的损失及减少 EPA 每年 7000 万美元的监管开支相比，特朗普政府认为这并不十分重要。

（3）降低轿车和卡车的燃油效率标准。在美国，超过 20% 的温室气体排放来自轻型卡车和小汽车。[①] 轿车和卡车的燃油效率标准是奥巴马政府应对气候变化的标志性政策之一。该标准要求 2012 年以后生产的轻型汽车燃油效率到 2025 年提高 1 倍（每加仑 54 英里），在节省石油的同时降低温室气体的排放。然而，2018 年 8 月，特朗普政府宣布了一项长期计划，拟降低奥巴马政府时期的燃油效率标准。此后，美国国家公路安全管理局和环保局于 2020 年 3 月宣布了新的标准。根据

---

① Nilsen, Ella. Trump Just Started a Huge Legal Battle with California over Lowering Car Emission Standards [EB/OL]. https://www.vox.com/policy-and-politics/2019/9/18/20872226/trump-california-car-emission-standards.

新的规定，2026年的车型年均平均燃油经济性从提高5%降到了提高1.5%，即从每加仑54英里的要求降低到了每加仑40英里的要求。新的标准，意味着800亿加仑的汽油消耗量增加及20亿桶的石油消耗量的增加。

（4）削减奥巴马政府时期的煤炭规则。2018年12月，特朗普政府宣布取消对燃煤电厂温室气体排放的一些限制，新建的企业不再被要求排放量等于或小于使用碳捕获和储存技术所达到排放的严格要求。特朗普政府认为此举可以消除美国能源供应商的负担，增强能源供应商的竞争力，同时促进能源企业的自由竞争，进而提高美国的能源技术水平（见表5-6）。

表5-6 2015年与2018年新电厂碳排放标准对比

项目	2015年新电厂碳排放标准（奥巴马政府时期）	2018年新电厂碳排放标准（特朗普政府时期）
排放标准	新天然气发电厂：≤1000 lb CO_2/MWh 新燃煤发电厂：≤1400 lb CO_2/MWh	新燃煤发电厂： (1) 较大电厂 ≤1900 lb CO_2/MWh； (2) 较小电厂 ≤2000 lb CO_2/MWh； (3) 煤矸石电厂 ≤2200 lb CO_2/MWh
技术要求	新天然气发电厂：联合循环技术 新燃煤发电厂：碳捕捉与封存技术	现有成熟技术 对碳捕捉与封存技术不做要求

资料来源：根据美国环保署、内政部网站资料整理。

此外，特朗普政府还撤销了要求将气候变化影响纳入《国家环境政策法》环境评估的机构，并废除了奥巴马政府的碳社会成本衡量标准、在公共土地上对于水力压裂的限制、现有的鼠尾草栖息地管理计划以及对至少10个国家古迹保护的规定等。[①]

特朗普撤销奥巴马与气候有关的法案如表5-7所示。

[①] Jessica Hejny. The Trump Administration and Environmental Policy：Reagan redux？[J]. *Journal of Environmental Studies and Sciences*，2018，8（02）：197-211.

表 5-7　　　　　　　特朗普撤销奥巴马与气候有关的法案

时间	法案及内容
2018 年 12 月	削减奥巴马政府时期煤炭规则
2018 年 9 月	EPA 废除奥巴马政府时期的甲烷法规
2018 年 8 月	EPA 宣布废除燃煤电厂联邦法规计划
2018 年 8 月	宣布降低奥巴马政府时期的燃油效率标准
2018 年 7 月	修改《濒临灭绝物种法案》（1973 年的法律）
2017 年 9 月	宣布准备废除清洁能源计划
2017 年 8 月	废除海平面上升的洪灾标准
2017 年 8 月	放宽对鼠尾草保护的规定
2017 年 3 月	宣布取消奥巴马任职期间未完成的气候行动

资料来源：根据美国环保署、内政部、交通部等网站资料整理。

5.2.5　气候改革政策开倒车

5.2.5.1　改革环保署政策法规

特朗普政府认为 EPA 的一些法规会影响美国的就业、影响美国的农民和牧场主、会提高美国能源价格，因此必须对环保署的一些政策法规进行改革。第一，以能源独立为改革宗旨。为此要求 EPA 进行几大方面的改革：成立专门的工作组负责简化新申请的审查和许可；简化国家环境空气质量标准中实施计划的批准程序；对实施的某些环境法规可能产生的潜在就业影响进行评估，等等。第二，废除《清洁能源计划》。《清洁能源计划》最初是根据《清洁空气法》第 111 条制定的，该计划赋予了 EPA 决定国家能源组合的权利；特朗普政府认为这严重影响了美国能源开发的进程，因此需要废除。第三，促进场地重用。环保署发布计划报告，旨在从超级基金国家优先事项清单（NPL）中删除受污染的场地，并鼓励场地重建。第四，启动"职能部门计划"。此计划是 EPA 和受监管部门的合作伙伴计划，认为应该将美国的企业视为亲人，而非对手。职能部门使用基于部门的协作方法来考虑保护环境的前瞻性方法；同时 EPA 官员将担任 EPA 中的监察员，进行实地考察，为环境改善方法提供建议；同时，职能部门还将帮助简化 EPA 的内部运营。

5.2.5.2 修订《国家环境政策法》

（1）NEPA 修订背景。《国家环境政策法》（National Environmental Policy Act，NEPA）是美国第一项非常重要的环境法规，旨在创造并保持人类与自然和谐共存的环境。该法案是在 20 世纪 60 年代由于经济和社会快速发展而带来大量的环境污染的背景下而产生的。特别是 1962 年《寂静的春天》出版，全世界意识到控制环境污染的重大意义。1970 年，《国际环境保护法》由尼克松总统正式签署。1978 年，环境质量委员会（Council on Environmental Quality，CEQ）正式颁布实施。在颁布的 40 多年里政府只有在 1986 年做了一次有限的实质性修改，除此之外没有对其做过任何大规模的修改。

该法规的针对对象是一切政府行为，法规的 102 条款要求联邦机构有效评估一切联邦行动对环境的影响，即对政府及其部门在制定相关政策时进行环境约束。该法案的实施程序包括三个层次的环境审查：排除类别（Categorical Exclusion，CEs）、环境评估（Environmental Assessment，EAs）和环境影响报告书（Environmental Impact Statement，EISs）。类别排除（CatEx）是指一个类别清单，这个清单是认可政府行为符合环境保护的所有类别的集合。任何在这个清单中的政府行动提案，必须确保不会影响环境，特别是对濒危物种，受保护的文化遗址和湿地的影响。如果建议的提案未包含在 CatEx 中，则必须准备 EA。[1][2] EA 是比较简单的公开的说明性文档，其中包括对提案的理由、替代方案以及在提案草拟中咨询过的机构和人员。EA 的目的是确定提案对于环境的影响，并探讨是否有可能采用替代方案。EA 应该提供足

---

[1] EPA. National Environmental Policy Act Review Process. U. S. Environmental Protection Agency. epa. gov. Retrieved 2017 – 06 – 06. ［EB/OL］. https：//www.epa.gov/nepa/national – environmental – policy – act – review – process.

[2] CEQ. A Citizen's Guide to the NEPA, 2007：10 – 11.

够的证据和分析来确定是否准备 EIS。如果最后联邦法庭认为这个提案既不属于指定的 CatEx 也不符合 EA 的资格，则负责机构必须准备 EIS。EIS 的目的是帮助公职人员根据相关的环境后果和可用的替代方案做出理性决定。EIS 的起草包括公共团体、外部团体以及其他有关其准备工作的联邦机构的意见。这些小组随后对 EIS 草案发表意见。

（2）NEPA 修订理由。第一，环境影响报告书长度及年限较长。根据现行的规定要求，环境影响报告书篇幅一般在 150~300 页不等。但是，环境质量委员会发现现行的环境影响报告书的平均长度为 586 页。同时，国家环境政策评估的平均时间为 4.6 年。[①] 例如，在北卡罗来纳州，开始建造马克·巴斯奈特（Marc Basnight）桥需要 25 年的评估；在阿拉斯加，对斯特林公路（Sterling Highway）的 15 英里延伸需要 15 年的评估；在华盛顿州，西雅图－塔科马国际机场的跑道经历了 20 年的环境评估（见图 5－1、图 5－2）。

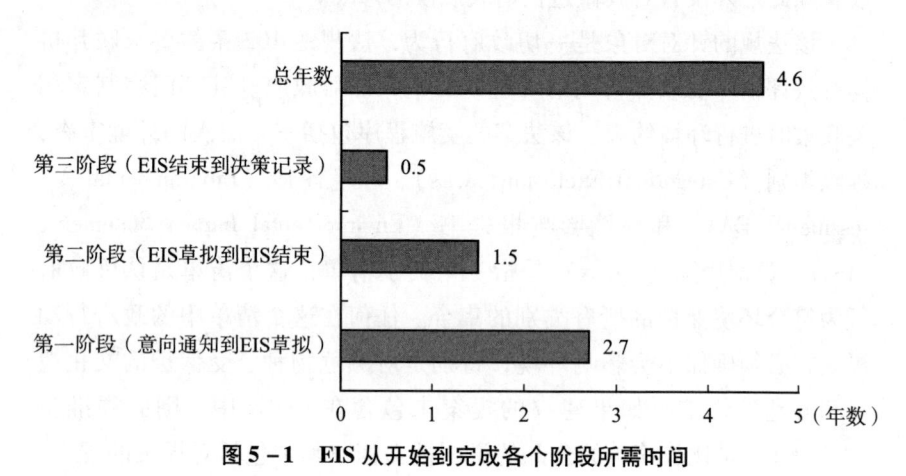

图 5－1　EIS 从开始到完成各个阶段所需时间

资料来源：Executive Office Of The President Council On Environmental Quality. Environmental Impact Statement Timelines（2010－2017）。

---

① Executive Office Of The President Council On Environmental Quality. Environmental Impact Statement Timelines（2010－2017）［EB\OL］https：//www.whitehouse.gov/wp－content/uploads/2017/11/CEQ－EIS－Timelines－Report.pdf.

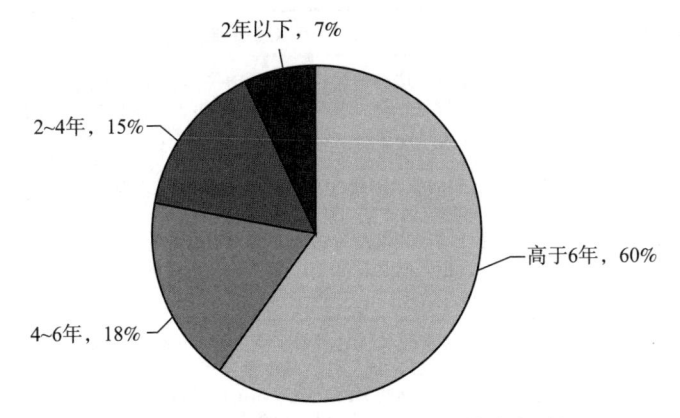

图 5-2　美国联邦高速公路所需环境审查时间

数据来源：Council on Environmental Quality (2018). EIS Timeline Database. CEQ_EIS_Timelines. xlsx. Available from https：//ceq. doe. gov/nepa - practice/eistimelines. htm。

第二，特朗普政府认为，缓慢且烦琐的审批程序阻碍了美国重要的基础设施项目建设。项目迟迟无法动工，在某种程度上会损害美国经济的增长，进而影响美国的就业。

(3) NEPA 改革定位。NEPA 修改的总体定位是：简化审批流程、缩短审批时间、明确 NEPA 审查的条款适用范围、加强与州部落和地方的协调、减少不必要的延误（见表 5-8）。

表 5-8　《国家环境政策法》修订关键要素概述

方向定位	关键要素
改革《国家环境政策法》程序、简化流程、提高效率	(1) 确定完成环境影响报告书（EIS）的预计期限为两年，完成环境评估（EAs）的预计期限为一年； (2) 对报告采取页数限制； (3) 对于涉及多个机构的环境影响报告，要求联合进度表、单个环境影响报告（EIS）和单个决策记录（Record of Decision, ROD）； (4) 加强牵头机构的作用，要求高级机构官员及时解决争端，避免延误； (5) 促进利用现代技术进行信息共享和公众宣传

续表

方向定位	关键要素
明确《国家环境政策法》审查的条款和适用范围	(1) 就《国家环境政策法》是否适用于特定行动提供指导； (2) 要求提前向公众征求意见，以确保联邦机构做出正确的决策； (3) 要求评论具体及时，以确保适当的考虑； (4) 要求各机构总结评论者提交的备选方案、分析和信息； (5) 简化对环境"影响"的定义，澄清影响必须是合理的、可预见的，并且与提议的方案有合理密切的因果关系； (6) 声明《国家环境政策法》不要求对累积效应进行分析； (7) 澄清"重大联邦行动"不包括非自由裁量决定和非联邦项目； (8) 澄清需要考虑的"合理替代方案"必须在技术和经济上可行
加强与州、部落和地方的协调	(1) 通过促进使用其他法规要求或由州、部落和地方机构编制的符合《国家环境政策法》的文件，减少重复； (2) 确保与受影响的部落、政府和机构进行适当协商； (3) 取消现行条例中限制保留部落利益的规定
减少不必要的环节，避免延误	(1) 促进有效审查的使用（分类排除（CEs）、环境评估）； (2) 允许机构采用其他机构 CEs 的程序； (3) 允许申请人/承包商在机构的监督下在编制环境影响报告书方面发挥更大的作用

资料来源：Executive Office Of The President Council On Environmental Quality. Fact Sheet：CEQ's Proposal to Modernize its NEPA Implementing Regulations。

5.2.6 回归传统能源

特朗普总统竞选和执政以来，一直高举"能源独立"大旗，而且也在一步一步将其能源独立战略推进。特朗普总统没有选择与奥巴马总统一样的绿色能源独立道路，相反，选择了一条向本土传统能源回归的道路。

5.2.6.1 制定能源独立政策

（1）出台"第一能源计划"。特朗普总统的"第一能源计划"，即"优先能源计划"是其"美国优先"战略的重要表现形式之一。美国的经济与政治中心转向国内的重要标志。二战后，美国在全球政治经济的规则制定中具有绝对的话语权、决定权，并在这一过程中取得绝对的利益。同时，美国积极倡导全球经济一体化，美国处于产业链的最高端，新兴市场国家处于产业链的最低端，基本上以出卖资源和廉价劳动力来获取微薄的利益。但是，面对近些年世界政治经济格局的变化，特朗普政府将战略重心移回国内，重新审视美国自身的优势。

"第一能源计划"的核心是开发美国本土的能源，接受页岩气和天然气革命，最大限度地利用美国资源，减少美国对外的石油依赖，同时降低美国的生产成本。特朗普政府强调了《气候行动计划》（the Climate Action Plan）和美国水域规则（the Waters of the U. S. Rule）的不必要性，认为这些政策给美国经济带来了繁重的负担，因此，解除这些限制将在未来7年内为美国带来300亿美元的工资收入。同时，特朗普政府将继续美国的页岩气和天然气革命，旨在推动美国的就业与繁荣。同时，特朗普政府宣布将致力于清洁煤技术。此外，特朗普总统认为他所做的一切除了有利于美国经济发展以外，更有利于美国的国家安全，美国政府将加强与海湾盟国合作，发展积极的能源关系。[1]

（2）开发"丰富的自然资源"。2019年9月特朗普政府签署一项立法决定，开放阿拉斯加北极国家野生动物保护区用于能源勘探。提议具体内容为：将整个沿海平原开放给能源行业，即156万英亩的土地用于石油租赁，而这是美国石油行业首次进入野生动物保护区。对于保护区的开发长期以来受到共和党人的支持，支持的主要理由是保护区的开放将会增加美国的财政收入，同时也可扭转阿拉斯加长期低迷的经济状态。据美国政府预测，到2027年这项决定将会为美国带来至少18亿美元的收入，最低也会带来9亿美元的收入。最初提出者是阿拉斯加参议员丽莎·默科夫斯基，2017年默科夫斯基在共和党减税法案中提出此建议，而且提议到2025年此租赁应该在阿拉斯加至少执行两次。实际上，虽然石油行业对此区域虎视眈眈，但是多年以来作为自然保护区的阿拉斯加区域一直是不允许进行石油勘探的。这里是北极熊、候鸟、狼、驯鹿、豪猪等珍稀动物栖息的家园，而且随着全球气候变暖，北极冰川的融化，这里的生态已经存在一定的脆弱性，生物的生存受到了一定的威胁，虽然有研究证实这一租赁计划会对阿拉斯加地区的野生动物植物产生很大影响，包括可能对鸟类造成"灾难性后果"，以及157种鸟类中的69种物种的灭绝。

---

[1] The White House. An America First Energy Plan [EB/OL]. https：//www.whitehouse.gov/america-first-energy.

内政部土地管理局（Bureau Land Management，BLM）是特朗普政府"优先能源计划"的主要贡献者。BLM 在 2018 年举行了多次陆上石油和天然气的租赁销售业务，创造了 11 亿美元的收入。这笔收入几乎等于 BLM2018 年的财政预算，而且是 2008 年有史以来最高年份的 3 倍。"负责任的国内能源生产使美国家庭和企业的能源价格保持较低水平，减少了我们对外国石油的依赖，创造了美国就业机会，并为联邦财政创造了数十亿美元的收入，"内政部代理秘书伯恩哈特说。① 2017 年，油气租赁销售产生了 3.58 亿美元。在 BLM 管理的土地上进行的油气开发在 2017 财年提供了 284000 个工作岗位，为美国经济贡献了 596 亿美元的产值。②

（3）加强能源基础设施建设。如果说能源政策是能源独立战略的风向标，那么能源基础设施建设是能源独立战略是否顺利实施的基石。

首先，特朗普政府进一步推进了石油管道的建设。2017 年 1 月 24 日，特朗普总统签署两项行政命令，推进 Keystone XL 和 Dakota Access 管道两项输油管线建设，以及加速环境审查和提高优先级基础设施项目的批准。特朗普政府认为 Keystone 管道将横跨美国 6 个州近 1200 英里，每天可以将超过 800000 桶石油从加拿大通过内布拉斯加州转移到墨西哥湾沿岸的炼油厂，会有效地扩大美国的就业，并将为美国带来 28000 个就业岗位。而 Dakota Access 管道项目虽然耗资 37 亿美元，将从北达科他州通过南达科他州和爱荷华州将原油运输到伊利诺伊州的一个运输点，但是也将为美国的能源开放带来巨大的好处。虽然，这两个项目遭到了气候变化学者的强烈反对及抗议，但是 3 月 24 日，备受争议的 Keystone XL 输油管道项目业主，位于加拿大卡尔加里的 TransCanada 公司表示，美国国务院已为该项目颁发了施工许可。而实际上这两条管道在奥巴马总统执政时期是被政府阻止了的。一方面，

---

① US. Department of the Interior. Bureau of Land Management. Energy Revolution Unleashed：Interior Shat‐ters Previous Records with ＄1.1 Billion in 2018 Oil and Gas Lease Sales ［EB/OL］. https：//www. blm. gov/press－release/energy－revolution－unleashed－interior－shatters－previous－records－11－billion－2018－oil－and.

② Oil, Gas Journal. BLM Reports Record－breaking Onshore Oil, Gas Lease Revenue in 2018 ［EB/OL］. https：//www. ogj. com/general－interest/government/article/17279562/blm－reports－recordbreaking－onshore－oil－gas－lease－revenue－in－2018.

奥巴马政府是出于环境污染的考虑；另一方面奥巴马总统认为美国已经成为全球气候变化的领袖，而此项管道项目的实施将会削弱美国在国际气候治理中的领导地位。此外，特朗普总统还批准了 Nustar Energy LP 的新布尔戈斯项目（New Burgos），旨在通过这个跨境项目从得克萨斯州每天向墨西哥运送 108000 桶的石油产品。

其次，特朗普总统签署了两项旨在为石油公司削减不必要烦琐程序的行政命令。在美国，根据《清洁水法案》（CWA）第 401 条，如果联邦政府欲在该州建立建筑，必须获得州政府的认证；如果州政府认为这一举动可能会影响该州的水资源，那么该州有权利选择拒绝基础设施或管道项目的认证。① 例如，纽约州曾利用 401 条款拒绝了三条天然气管道的建设，华盛顿州拒绝了建造煤炭出口码头的认证。鉴于此，如果各州以水污染为理由，石油管道建设可能会面临阻碍；由此特朗普提出两条行政命令。第一项行政命令要求环境保护署重新审查各州、部落和机构如何处理《清洁水法案》的现有指南和临时指南，并给出新的指南，拟议新的法规；并指示运输部提出一项规则，以更新液化天然气的运输方式。第二项行政命令是在美国国际边界上签发有关设施和陆路运输通行证的许可证，关于跨境许可证的任何决定将不再由国务卿做出，而是由总统做出；这意味着美国国土安全部就可以简化跨境基础设施项目（包括管道）的总统许可证颁发过程，因为总统的决策通常不受环境保护署或司法审查的约束，即如果该项目符合美国的"外交政策利益"，则可获得总统许可。② 这在某种意义上为石油管道的顺利建设铺平了道路。

5.2.6.2 释放传统能源优势

特朗普政府认为其颁布的能源政策法案推动了美国经济的蓬勃发

---

① ABC News. Trump's Executive Order Paves a Smooth Path for Oil Pipelines ［EB/OL］. https：//abcnews. go. com/Politics/trumps – executive – order – paves – smooth – path – oil – pipelines/story？id＝62306607.

② Cynthia L. Taub, Joshua Runyan, Monique Watson, et al. New E – xecutive Orders Aim to Reduce Federal and State Permitting Obstacles for Pi – peline and Energy Projects ［EB/OL］. https：//www. steptoe. com/en/news – publications/new – executive – orders – aim – to – reduce – federal – and – state – permitting – obstacles – for – pipeline – and – energy – projects. html.

展。煤、石油、天然气的开采为美国49个州的经济增长做出了贡献。

(1) 加紧提升美国能源产量。能源独立并不是特朗普首次提出的,实际上早在尼克松时期由于第一次石油危机的出现,美国政府便已经开始提出能源独立战略。多年以来,美国一直处在能源消费大于能源产出的局势,尤其是 2000~2010 年表现最为明显。随着国际能源问题的日益严重,美国开始思考并重视国家能源安全。而实际上自奥巴马总统执政的后期,美国就已经开始重视能源的自给自足,到特朗普总统执政时通过颁布各种政策法案使得这种想法开始成为现实。针对能源安全问题,两者目的相同,但是实施的路径不尽相同。奥巴马总统期望通过实现美国的页岩气革命及新能源的开发和利用来实现美国能源的独立。而特朗普总统则认定回归传统能源是实现美国能源独立的最好选择。自 2017 年特朗普执政开始,美国能源产出确实急剧上升,从 2017 年的 88.149 千兆英热单位(Quadrillion Btu),上升到 2018 年的 95.772 千兆英热单位,再到 2019 年的 101.113 千兆英热单位;并且 2018 年、2019 年连续两年创下历史新高。2019 实现了近 50 年来美国历史上唯一一次的能源产出超过能源消费(见图 5-3)。

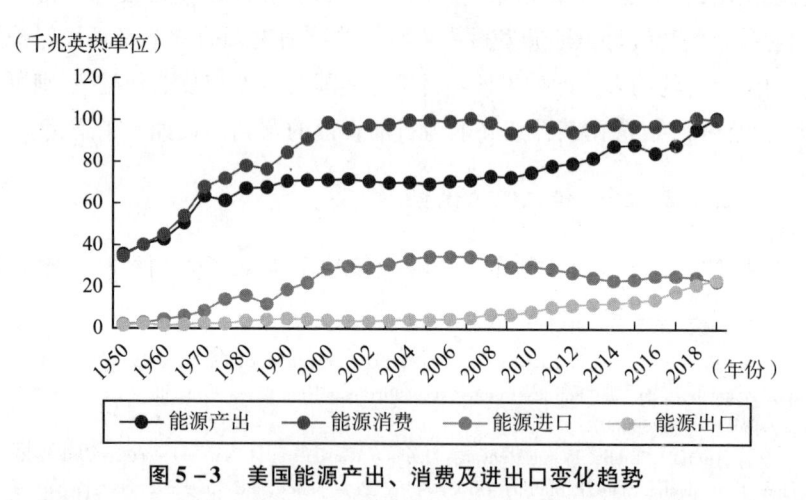

图 5-3 美国能源产出、消费及进出口变化趋势

资料来源:U. S. Energy Information Administration's Annual Energy Outlook 2020。

(2) 化石能源是能源产出增加的主导因素。特朗普上台以来一直推崇化石能源优先发展的战略。实际上化石能源产量一直是美国能源产出的主导因素，占美国能源总产量的80%左右。而自特朗普执政以来，美国能源总产量上升的很大原因也是源自化石能源产量的攀升。观察数据不难发现2017年、2018年、2019年美国化石能源产量为68.437千兆英热单位、75.667千兆英热单位和81.006千兆英热单位。其中最重要的因素是原油和天然气产量的增加。2018年，美国原油产量创下历史新高，超过了1970年创下的纪录。并且原油产量飙升了17%，达到每天1096万桶。这使得美国已成为世界上最大的原油生产国。天然气方面，自从2017年美国天然气产量创下新高开始，2018年、2019年又分别连续创下第二次、第三次历史新高（见图5-4）。可以看出，近几年石油、天然气已经成为美国的主导能源。

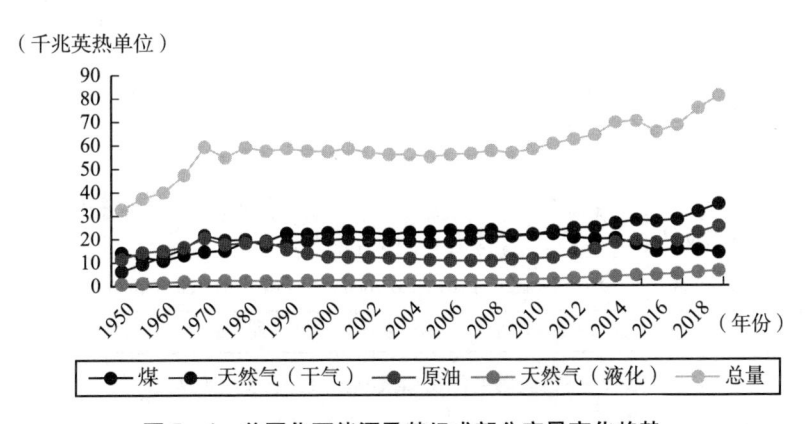

图5-4　美国化石能源及其组成部分产量变化趋势

资料来源：U. S. Energy Information Administration's Annual Energy Outlook 2020。

5.2.6.3　扩大传统能源出口

从总体上看，长期以来美国一直是能源的净进口国，即能源进口一直大于出口，但是在2019年美国实现了能源出口大于进口。从阶段上看，美国能源进出口差额可分为三个阶段。第一个阶段，1985年以前，美国虽然是能源的净进口国，但是进口和出口的差额较小。第二阶段是 1985~2008 年，在这期间，美国仍然是能源的净进口国，但是此阶段能源进口和出口的差距很大，能源进口是能源出口的 10 倍左右。第三阶段，2009~2019 年，这 10 年间美国的能源进口与出口差额开始逐年减小，直至 2019 年首次实现能源出口大于能源进口。这主要的原因是近几年美国能源产量大幅增加而带来的能源出口增加。其中，石油产品、原油及天然气出口的增加是主导因素（见图 5-5）。原油出口在 2017 年、2018 年、2019 年几乎每年翻一番，达到创纪录的平均每天 200 万桶。天然气方面，自 1957 年以来首次成为天然气净出口国；同时特朗普政府与欧盟经过签订协议，欧盟同意未来会从美国进口更多的液化天然气。自该协议签署以来，美国向欧盟的液化天然气出口增长了 272%，并在 2019 年 3 月创下历史新高。

图 5-5　美国能源出口及其组成部分变化趋势

资料来源：U. S. Energy Information Administration's Annual Energy Outlook 2020。

第6章

美国气候政策变化规律及其驱动因素

美国的气候政策演变经历了"过山车"式的变化。那么经历了这些政策过后,美国的温室气体排放趋势如何?这些不同倾向的气候政策背后是否存在一定的变化规律?这些变化规律又是被哪些因素所影响的?这些都是值得深思的问题。经研究发现,无论政策如何美国的温室气体排放近些年一直呈下降的趋势。下降的原因是美国气候政策的层级式结构,即虽然国际层面态度摇摆不定,但是在联邦层面却非常注重低碳技术和产业的创新,同时各州层面更是积极参与并成为减排的主力。这也构成了美国气候政策的变化规律。而这背后的影响因素则是总统的外交决策、府会的政党偏好及利益集团的游说。

6.1 美国温室气体排放趋势与变化

6.1.1 分部门温室气体变化趋势

从总量角度上看,美国温室气体排放量可以分成两个阶段:1980~2007年的上升阶段和2007~2018年的下降及保持阶段。1980~2007年,美国温室气体排放量由6473.00百万公吨增长到2007年的6638.99百万公吨二氧化碳当量,并在2007年达到排放峰值。2008年,美国总温室气体排放量急剧下降,下降至6472.61百万公吨,直至2009年的5992.91百万公吨二氧化碳当量。其中重要原因有奥巴马总统对于气候变化问题的重视,出台了较多的减排政策与措施,当然也与美国遭受 2008 年金融危机,经济遭受重创有一定关系。此后,温室气体排放量一直在波动中稳步下降,2016 年更是下降至 5735.13 百万公吨二氧化碳当量,达到近 30 年来的较低水平。2017 年随着特朗普总统上任,随着他对于奥巴马总统各种气候措施的推翻,随着他"反气候"措施的实施,美国温室气体排放开始反弹,2018 年增至 5903.15 百万公吨二氧化碳当量(见图 6-1)。

首先,从部门角度上看,能源部门温室气体排放占总温室气体排放的绝大多数,占比达到 80% 以上。能源部门温室气体的变化趋势与总温室气体排放呈现正向相关关系。其次,是农业部门、工业部门及废弃物部门。这些部门的温室气体排放占比较小,因此总体变化趋势较小。其中,美国每年由于土地使用变化及林业利用可以减少大约 800 百万公吨二氧化碳当量的温室气体排放(见图 6-1)。

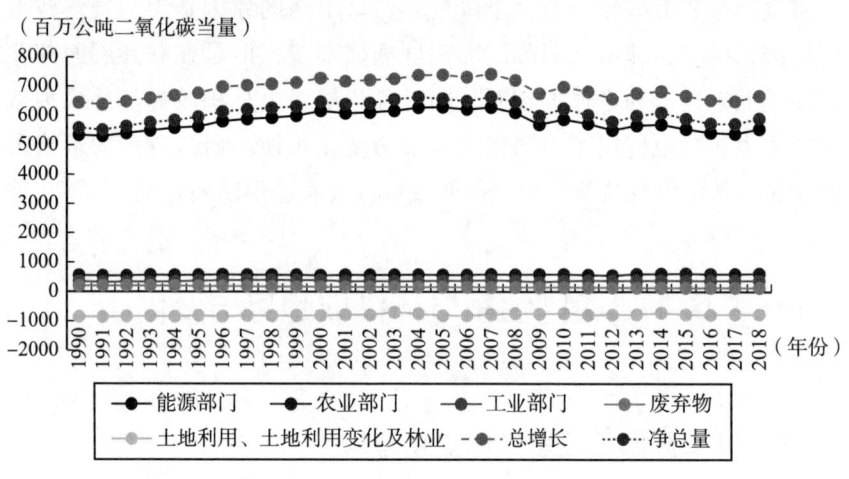

图 6-1 美国 1990~2018 年各部门温室气体排放量趋势

资料来源:U. S. EPA. Greenhouse Gas Inventory Data Explorer.

能源部门中,由于化石燃料燃烧使用而排放的温室气体占比较大,达到 90% 以上。其他,如天然气和石油系统、燃料的非能源使用、煤矿开采、固定和流动燃料燃烧(不包括二氧化碳)及废物燃烧等占能源部门的总排放量中较小的比例(见图 6-2)。

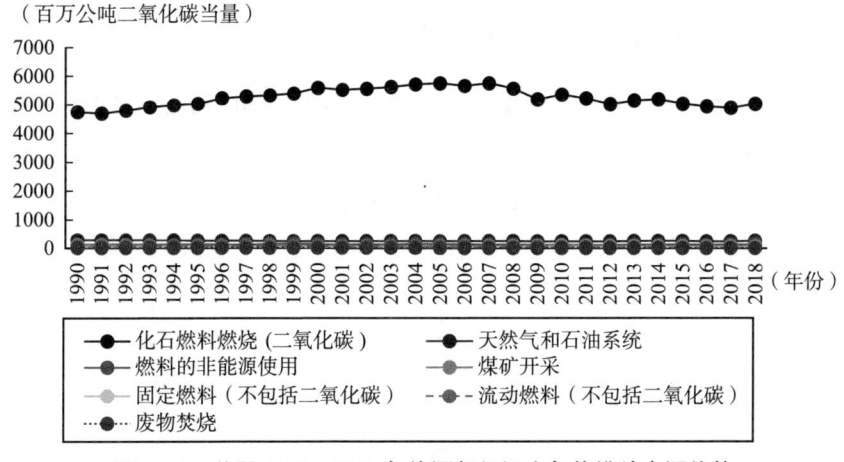

图 6-2　美国 1990~2018 年能源部门温室气体排放来源趋势

资料来源：U. S. EPA. Greenhouse Gas Inventory Data Explorer。

6.1.2　分气体温室气体排放趋势

从气体分类角度上看，美国环保署主要对二氧化碳、甲烷、氟化物及笑气四种温室气体进行了统计。其中四种气体的排放占比分别是：二氧化碳 81%、甲烷 10%、氧化亚氮 7%、氟化物 3%（见图 6-3）。

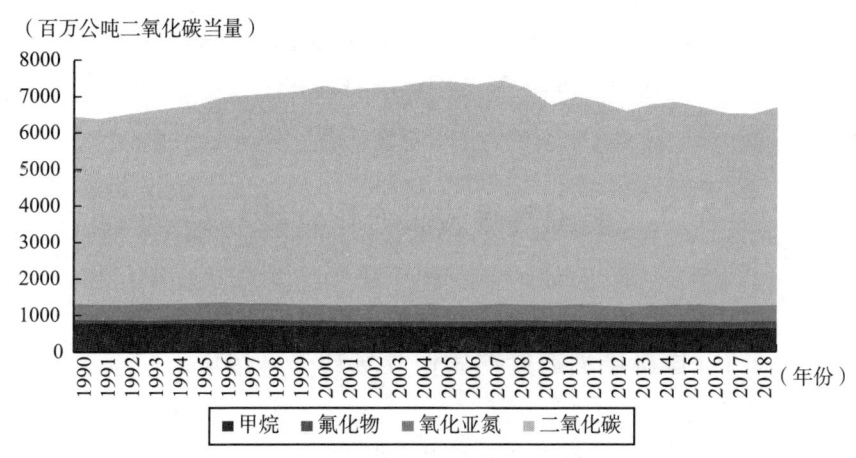

图 6-3　美国 1990~2018 年各类型温室气体排放量趋势

资料来源：U. S. EPA. Greenhouse Gas Inventory Data Explorer。

6.1.3 分部门二氧化碳排放趋势

从总体上看,由于占比较大,因此二氧化碳的排放趋势与美国温室气体排放趋势呈现正向相关。从趋势上看,二氧化碳排放从1980年呈现上升趋势,到2007年达到峰值,并于2007年之后逐渐下降。其中,能源部门的二氧化碳排放占据整体二氧化碳排放的较大比例(见图6-4)。

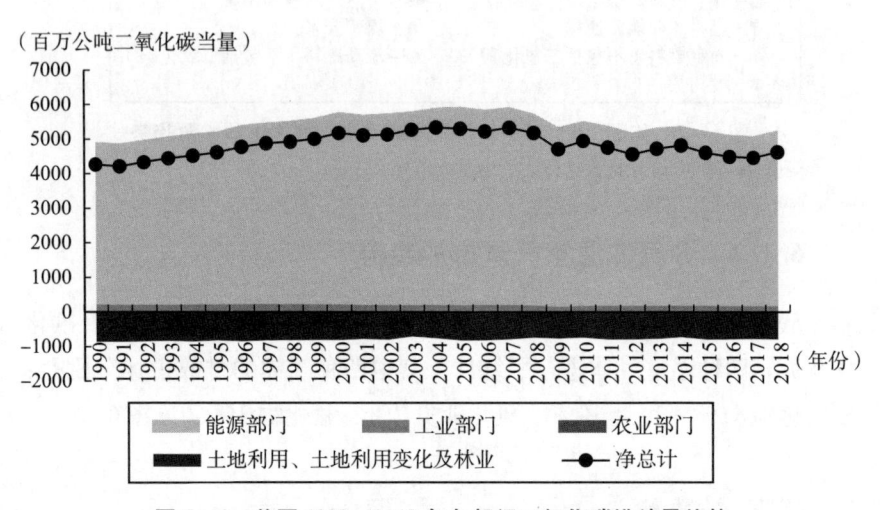

图6-4 美国1990~2018年各部门二氧化碳排放量趋势

资料来源:U. S. EPA. Greenhouse Gas Inventory Data Explorer。

6.2 美国气候政策变化规律与特点

6.2.1 国际层面态度摇摆但立场却一脉相承

6.2.1.1 以国家利益为环境外交的优先考量

美国是否决定进行环境外交,在什么样的程度上进行环境外交,其中很大一部分因素是出于对自己国家利益的角度考虑，特别是国家的经济利益。

经济利益在各位总统的"退群"及消极经历中足以体现。在二战后，美国经济高速发展。经济飞速发展的背后是巨大的能源消耗，以及美国能源消耗型的消费模式。这不单单体现在美国政府身上，也体现在美国的民众身上。美国堪称为"车轮上的国家"，即体现出民众生活对于能源的高度依赖。老布什时期，虽然成功签订了《联合国气候变化框架公约》，但是经过测算发现减排20%的代价是8000亿~36000亿美元的经济成本代价。因此，老布什总统拒绝做出具有约束性的减排承诺。克林顿时期，虽然签订了《京都议定书》，但是，签订的前提是其他缔约国对于美国提出的国际碳交易的退让。美国虽然某种意义上承认了历史减排责任，但是前提条件是通过与发达国家进行项目合作与排放权交易、通过帮助发展中国家进行减排而抵销自己的减排任务，而实际上美国75%的减排目标通过灵活机制便可以实现。小布什时期，美国退出《京都议定书》的理由便是，如果执行一定数量的减排义务，会造成美国2010年国民生产总值1%~2%的降低，及美国490万个就业岗位的减少。特朗普政府时期，更加体现了政策对于美国经济利益的倾斜。美国直接宣布退出《巴黎协定》，并认为退出将会减少美国的经济与就业损失。

国家利益方面，里根总统一直把环境问题放在次国家战略的位置上，环境问题在其任期内一直没有得到重视。只有1988年，美国热浪来袭，且带来了长达1年的干旱，政府才把环境问题提上了审议日程。而这种审议和重视并不是出于对全人类发展的角度，而是出于对自身国家利益保护的角度。老布什时期，美国签订了《联合国气候变化框架公约》也是由于这只是一个框架协议，只在法律上确立了国际气候治理的目标和基本原则，并没有对减排做出实质性要求。此外，克林顿及小布什时期亦是如此。奥巴马时期，美国一改往日消极的态度，积极投身于全球气候治理。但是，也有一定的自身利益寻求，如全球气候减排的国际领导力、迫于国际减排的压力、美国气温不断升高、极端天气频发、金融危机后寻找新的经济增长点等原因。

特朗普政府时期美国国家利益至上体现得更加极致。上任之初，特朗普总统便提出了"美国优先"战略。"美国优先"是指美国利益的优先，具体而言，在国家利益面前，任何其他的全球事务或者国际关系都不重要，一切要以美国的国家利益为衡量标准。[①] 特朗普总统的"美国优先"带有反全球化色彩，他完全把全球化当作消极负面的事物加以排斥，[②] 认为国际事务和美国利益完全是两个相悖对立的概念。

特朗普总统的"美国优先"理念的本质是专注本国的实体经济，将国际事务放在次要位置，渴望从烦琐、看不见实际利益的国际义务责任中脱身出来。全球气候治理的引领与参与显然不符合特朗普"美国优先"的外交理念，因为这会加重美国处理国际事务、制定国际规则的负担，从而影响甚至危及美国的具体利益。以《巴黎协定》为例，《巴黎协定》的主要目标是将21世纪全球平均气温上升幅度控制在2摄氏度以内，最低在1.5摄氏度以内，并且采用"国家自主贡献"加"五年评估"的模式。这种模式下的减排及资金援助对企图重振美国经济、扩大就业的特朗普来说只是一副沉重的枷锁，除了得到外界虚无的认同和称赞之外，并无实质性好处。

6.2.1.2 避免做出任何有约束力的减排承诺

纵观美国对于全球气候治理的参与，历届政府要么直接拒绝有约束力的减排承诺，要么尽量避免做出有约束力的减排承诺。老布什时期，在《联合国气候变化框架公约》谈判中，美国表现出了消极的态度，美国反对将温室气体减排目标及时间表按照国家进行细化，而是呼吁建立国家层面上的战略，即只指定方向性的政策，不采取定量的方式进行控制。[③]克林顿时期虽然同意做出具有约束力的减排承诺，但也只是在不侵犯美国国家利益的前提下。小布什时期，美国对于国际气候治理采取的是十分消极的态度。小布什政府认为，制定具有约束

[①] 江宁康. 一个矛盾的集合：特朗普的逆向全球化施政 [J]. 浙江学刊，2017（05）：16-24.

[②] 沈雅梅. 特朗普"美国优先"的诉求与制约 [J]. 国际问题研究，2018（02）：96-111.

[③] 孙振清. 全球气候变化谈判历程与焦点 [M]. 北京：中国环境出版社，2013（06）：2.

力的减排标准不但会使美国利益受损,而且也不利于其他国家既定经济增长目标的实现。小布什总统的想法是从根本上推翻《联合国气候变化框架公约》,而建立一套以发展低碳减排与封存技术为基础的、自愿的减排框架。虽然在退出《京都议定书》后提出了所谓的替代方案与目标,即2002~2012年将美国温室气体强度降低18%,但是政府没有出台强制性的手段与措施,而是要求企业与政府合作,在自愿的基础上进行减排行动。这种自愿的方式显然很难对企业构成强有力的约束,最后的减排结果也不会尽如人意。奥巴马时期,美国在哥本哈根气候大会上做出了具体减排承诺。然而,特朗普总统执政后不但不提减排目标,反而直接推出了自己的"美国第一能源计划"。"美国第一能源计划"的核心要点是开发本土页岩气,支持并振兴煤炭工业、发展能源;目的在于放松能源的监管,在为工人提供更多就业岗位的同时,实现能源的自给自足,让能源行业为美国创造出更多的利润,保持美国经济在全球的领先地位。这意味着美国不但不采取更加积极的政策,反而直接开启历史的倒车。

6.2.1.3 以发展中国家参与为谈判基本立场

无论在《联合国气候变化框架公约》《京都议定书》还是在《巴黎协定》下,发展中国家的减排责任一直是国际气候谈判中争论的焦点。

1979年世界第一次气候大会召开,明确了如果大气中的温室气体排放继续上升,地球气温将会上升(20世纪末气温上升会达到可测程度,21世纪中期升温程度明显增加)的观点。为此,1987年国际社会缔结了《关于消耗臭氧层物质的蒙特利尔议定书》。

1990年,第45届联合国大会上欧共体代表提议建立《联合国气候变化框架公约》。1991年2~6月,发展中国家与发达国家在《公约》确立前就减排责任、减排承诺、政策措施、资金与技术支持等问题展开了艰苦的谈判。[1] 谈判最终确立了"共同但有区别的责任"原则。

---

[1] 于贵瑞,牛栋,王秋凤.《联合国气候变化框架公约》谈判中的焦点问题[J]. 资源科学, 2001 (11): 10-16.

"共同"代表缔约国应在减排中各尽所能。"区别"意味着由于历史排放问题,发达国家要起到表率作用,并对发展中国家提供一定的资金与技术支持;发展中国家则要编制国家信息通报、同时制订减缓和适应气候变化的国家计划。

《京都议定书》再次确定了"共同但有区别的责任"的原则,并要求发达国家制定具体的减排目标,同时发展中国家制订国家计划、国家信息通报以及减排清单等。此后出于公平公正原则,历届联合国气候大会,都坚持了该基本原则。

美国历届政府对于此原则的反对是一脉相承的。无论是签订了《联合国气候变化框架公约》的老布什、签订了《京都议定书》的克林顿、还是积极参与哥本哈根气候大会的奥巴马,都无一例外地对该基本原则提出了反对意见。此外,小布什和特朗普总统更是以此为重要理由,拒绝参与全球气候治理。

资金援助方面,在退出《巴黎协定》之前,美国对全球气候治理的资金支持力度较大。例如,奥巴马执政时期,承诺捐助 30 亿美元给绿色气候基金并已分两批拨付 10 亿美元。但是特朗普上任后,美国便停止了剩余 20 亿美元的拨付。资金援助的撤回不但会加剧全球气候治理资金的赤字,而且会打击发展中国家气候治理的信心,增加全球实现减排目标的难度。①

6.2.2 联邦层面以创新和竞争为行动基础

无论是否愿意参与全球气候治理,无论是否持有积极的态度,无论是否愿意加入多边和双边谈判,美国历任政府均十分重视低碳产业和技术的发展。

6.2.2.1 加强新能源的开发与利用

新能源,即区别于以往煤、石油、天然气等常规能源的新型能源,

---

① 傅莎,柴麒敏,徐华清. 美国宣布退出《巴黎协定》后全球气候减缓、资金和治理差距分析 [J]. 气候变化研究进展,2017,13 (05):415 – 427.

包括核能及可再生能源（太阳能、地热能、风能、海洋能、生物质能等）。首先，新能源第一属性是能源，能源的属性决定了其必然会被美国政府所重视，因为美国从尼克松总统开始就十分重视美国的能源独立，符合美国能源独立的战略目的。其次，新能源具有低碳、清洁的特性，如果研发得当，将成为未来人类能源的重要来源。最后，目前新能源还是存在使用成本高、效率低等问题，但是从投资未来、未雨绸缪的角度上讲，发展新能源还是十分必要的。因此，美国历届政府都十分重视新能源的发展，至少不会像排斥参与全球碳减排那样排斥新能源产业的发展。

克林顿政府时期，美国提出了有利于新能源发展的"部落能源计划""可再生能源和分布式系统集成计划""能源效率和可再生能源国际活动""生物质能研发计划"。小布什政府时期，虽然将战略重心转移到反恐等现实问题，而对于碳减排这类的长远规划无暇顾及，进而退出《京都议定书》，但是没有放松对碳捕捉与封存技术的重视。为了促进新能源的利用与发展，小布什总统提出了"美国气候变化科学计划""行业自主创新行动计划""气候领袖""能源之星"《国家能源政策法案》《能源独立与安全法案》等一系列政策与法案。奥巴马总统时期，伴随着绿色革命的倡导，美国对于新能源的发展越发加以重视。在《美国复苏与再投资法案》7870亿美元的投资预算中，对可再生能源发电、研发、税收减免及人才培养的投资就达到了190亿美元之多。

巨大的政策与资金投入带来了美国新能源产出的一路飙升。从1950年的2.987千兆英热单位上升到1990年的12.144千兆英热单位，此后一直呈现稳步上升趋势。其主要特点表现为：第一，核能的驱动作用不强，从2000年以后一直呈现平缓发展趋势，这一方面源自核能本身发展的局限性，另一方面源自日本福岛核电站事故后全球的恐惧。第二，美国可再生能源是新能源发展的主要驱动力。特别是奥巴马总统上台以后，由于各项政策的倾斜，美国可再生能源产量急剧上升。之后到特朗普总统时代，虽然其对气候问题不十分感冒，但是由于政策效果的延续性，美国2018年、2019年的产量达到了历史最高（见图6-5）。

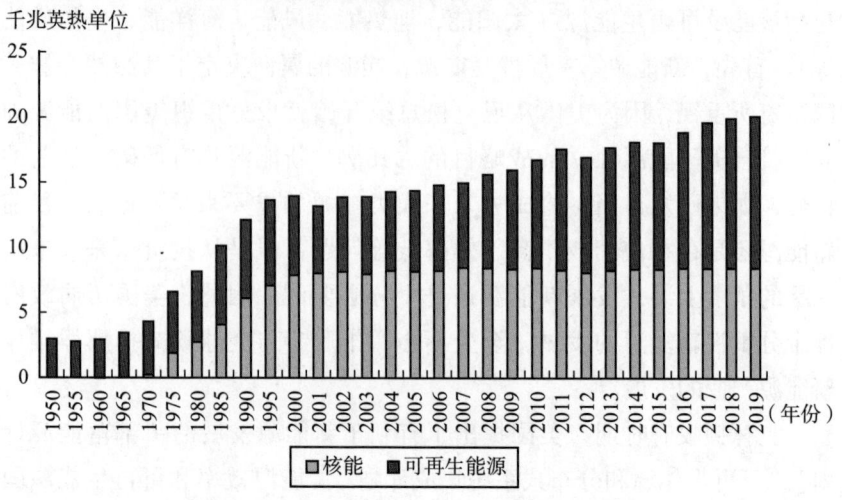

图 6-5　美国 1950~2019 年新能源产量趋势

资料来源：美国能源信息管理中心，May 2020 Monthly Energy Review。

可再生能源中，生物质能是其中主要组成，其次是水力发电、风能、太阳能及地热能。在这些可再生能源类型中，近些年生物质能、风能及太阳能的发展呈现上升趋势。特别是，风能在 2008 年以后呈直线上升趋势（见图 6-6）。

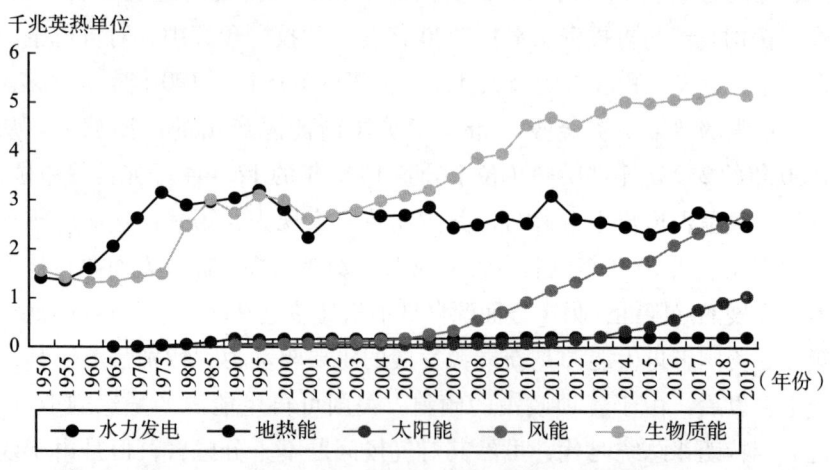

图 6-6　美国 1950~2019 年可再生能源分类产量趋势

资料来源：美国能源信息管理中心，May 2020 Monthly Energy Review。

此外，新能源产出在总能源产出中的占比也逐年上升。1950～1990 年，美国的新能源产量在总能源中的占比为 6%～15%，占比较低。1990～2019 年，占比逐步提高，从 1990 年的 17% 提高到了 2005 年的 20%，此后一直维持在 20% 左右。其中，2009 年、2010 年、2011 年三年占比达到了历史最高，高达 22%（见图 6-7）。

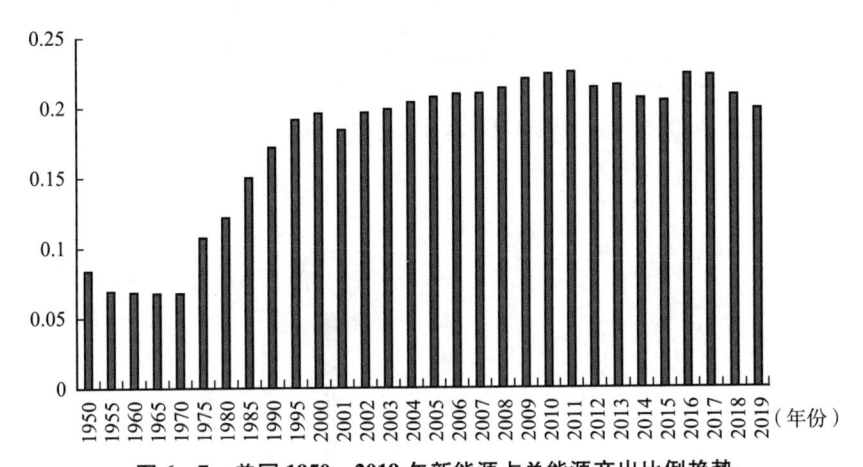

图 6-7　美国 1950～2019 年新能源占总能源产出比例趋势

资料来源：美国能源信息管理中心，May 2020 Monthly Energy Review。

6.2.2.2　注重低碳技术发展与研发

从纵向来看，美国环境技术的研发主要从 2000 年之后开始，2005 年达到总技术研发的 3.8%，此后逐年提高，2011 年首次超过 10%，达到了 12.24%。在奥巴马总统任期内达到峰值，达到了 2013 年的 30%。此后一直保持在 20% 以上，但遗憾的是 2016 年这个比例降至了 3.67%（见图 6-8）。

从横向来看，以欧盟及日本为参照对象，美国的环境技术相对优势呈现出不稳定状态，2012 年、2013 年、2014 年、2015 年四年的相对优势指数远远超出欧盟和日本，甚至有的年份，达到欧盟和日本的 2 倍。但是其余年份的指数均低于欧盟和日本。可见，在奥巴马任期内美国环境技术优势是比较大的（见图 6-9）。

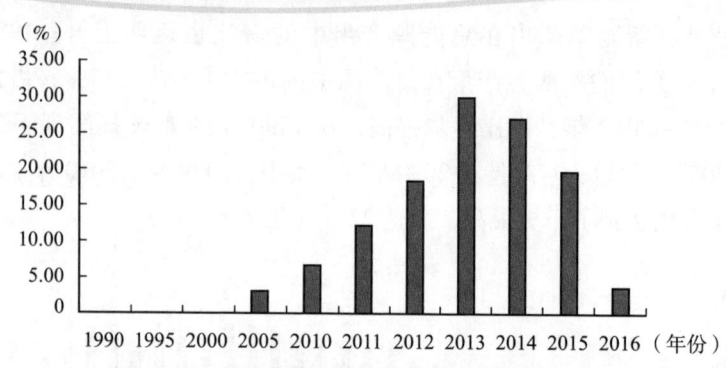

图 6-8　美国环境技术占所有技术研发的百分比

资料来源：OECD 数据库。

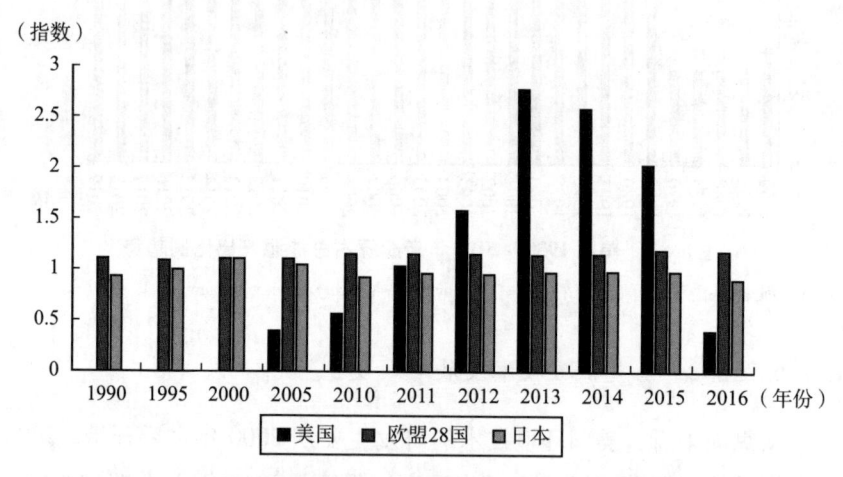

图 6-9　美国、欧盟、日本环境相关技术相对优势指数比较

资料来源：OECD 数据库。

6.2.2.3　强调市场激励手段的应用

市场激励型政策手段，是一种通过与污染控制水平或方式相关的市场信号而非直接指令来激励人们采取或不采取某种行为的管理办法。它由可交易的许可证和收费制度等手段组成。通常，人们称其为"借助市场的力量（Harnessing Market Forces）"。这是因为，在设计完善的情况下，它们能够激励企业或个人的污染控制行为，并在促成厂商在

追求自身利益的同时客观上达到污染控制目标的实现。

目前在美国最常用的基于市场的政策工具就是可交易许可证制度（见表6-1），即排污权交易。它们包括《美国环保局排污交易计划》，含铅汽油的分阶段淘汰，含氯氟烃排放交易，旨在控制酸雨的 SO_2 排放交易，洛杉矶都市区实施的"区域空气净化市场激励"（the Regional Clean Air Incentive Market，RECLAIM）项目及土地利用中可交易的开发权[①]。

表6-1　　　　　美国主要的联邦可交易许可证制度表

项目	交易的内容	实施年份	效果 环境	效果 经济
排污交易计划	《清洁空气法案》框架下的标准大气污染物	1974年至今	无影响绩效	节约了50亿~120亿美元
铅的分阶段削减	炼油商的汽油含铅量	1982~1987年	含铅汽油的快速淘汰	每年节约2.5亿美元
水质交易	点源和非点源中的氮和磷	1984~1986年	未应用	未应用
旨在保护臭氧层的含氯氟烃交易	生产中产生的含氯氟烃	1987年至今	提前达到目标	可交易许可证制度效果未知
RECLAIM计划	固定污染源的本地 SO_2 和 NO_x 排放交易	1994年至今	未知	未知
减少酸雨	主要电力生产部门 SO_2 排放削减信用	1995年至今	提前达到目标	每年可节约10亿美元

注：RECLAIM为洛杉矶都市区实施的"区域空气净化市场激励"项目，是旨在实现联邦和州政府目标的区域性政策。

资料来源：Hahn, 1989, Hahn and Hester, 1989b；Schmalensee and others, 1998。

[①] 保罗·伯特尼，罗伯特·史蒂文斯. 环境保护的公共政策[M]. 上海：上海三联书店，2004：47-48.

美国最成功的排放权交易实践是酸雨计划。1990年美国国会通过了《清洁空气法》修正案。该修正案第四条提出了"酸雨计划",要求到2010年,美国的SO_2年排放量要比1980年的排放水平减少1000万吨,即达到895万吨。该计划明确规定了通过在电厂之间实施SO_2排放的总量控制和排污权交易政策,以达到有效防治酸雨的目的。《清洁空气法》修正案将SO_2排放权交易制度在法律上制度化,从而达到从整体上削减污染物排放量的目的。

为了实现控制目标,该计划分两个阶段实施:第一阶段(1995年1月~1999年12月)国家1100个高污染电厂中的263个被指定进行SO_2排污权交易计划,以达到SO_2排放比1980年减少350万吨的目的。之所以选定这些单位是因为它们在1983年的排放率超过2.5lb/mmBtu。第二阶段(2000年1月~2010年)控制对象扩大到2000多家电厂,包括规模在25MW的所有电厂,目标是使它们的SO_2年总排放量与1980年相比削减1000万吨,即将SO_2排放量限定在全国900万吨以内。

酸雨计划可谓大获成功。美国环保局酸雨计划进展报告在对此政策的评价中指出:"美国东北和亚特兰大地区的生态系统对酸性沉降十分敏感,目前,通过酸雨计划的实施,那里降雨中硫酸盐浓度已经下降了25%,这归功于SO_2减排的结果。"[1]美国全国的SO_2排放量也从1980年的260万吨下降到2006年的140万吨。[2]

二氧化硫减排的成功给了美国政府信心,也使得排放权交易手段成为美国历届政府非常青睐的减排手段。克林顿时期,美国在《京都议定书》讨论时期所提出的境外减排机制实质就是排放权交易手段。小布什时期,美国虽然退出了《京都议定书》,但是小布什提出了《京都议定书》的替代性方案。这种替代性方案也是以市场为基础解决温室气体排放。奥巴马时期,美国提出了《美国清洁能源与安全法案》。法案的核心减排手段也是排放权交易机制。法案设定了美国温室

---

[1] 王金南等. 二氧化硫排放交易美国的经验与中国的前景[M]. 北京: 中国环境科学出版社, 2000: 165.

[2] 美国环保局 [EB/OL]. www.epa.gov/ttn/chief/trends.

气体排放的总体目标，即在 2005 年的基础上，美国 2012 年减少 3%、2020 年减少 17%、2030 年减少 45%、2050 年减少 83% 的温室气体排放。法案在此基础上设定了排放配额的初始分配，这样各个排放源就可以根据自己的实际情况将温室气体排放的余额在排放权交易市场上进行买卖。

6.2.3 各州层面积极参与且成为减排主力军

作为联邦制的美国，其各州具有高度的自治性。美国联邦层面虽然没有气候立法，但是很多州政府却采取了积极的减排政策，成为美国温室气体减排的主力军。各州积极制定减排目标，并且利用增加可再生能源发电、提高能源利用效率、低碳交通燃料、排放权交易等手段对碳排放加以控制。

6.2.3.1 各州制定相关法规政策

（1）州计划及减排行动。

第一，减排目标的制定。目前美国多个州以及哥伦比亚特区已制定了具体的温室气体减排目标。首先，目标制定的减排比例较大。例如，加州设立了 2050 年在 1990 年的基础上减排 80% 的目标；明尼苏达州设立了 2050 年在 2005 年的基础上减排 80% 的目标；马萨诸塞州设立了 2050 年在 1990 年的基础上减排 80% 的目标。其次，设定目标具有层次性。各州根据自己的实际情况，分别设定了自己的短期目标、中期目标及长期目标（见表 6-2）。

表 6-2　　美国制订温室减排计划的州及其具体减排目标

州名称	年份	具体减排目标
加利福尼亚州	2005	2010 年达到 2000 年的水平，2020 年达到 1990 年的水平，2050 年比 1990 年水平降低 80%。2015 年，发布了到 2030 年在 1990 年水平上减排 40% 的中期目标
美国亚利桑那州	2006	2020 年达到 2000 年的水平，2040 年比 2000 年低 50%

续表

州名称	年份	具体减排目标
华盛顿州	2007	2020年达到1990年水平，2035年比1990年水平低25%，2050年比1990年水平低50%，或比该州2050年的预期排放量低70%
明尼苏达州	2007	2015年比2005年减少15%，2025年比2005年减少30%，到2050年比2005年减少80%
俄勒冈州	2007	2020年比1990年的水平低10%，2050年比1990年水平低75%
伊利诺斯州	2007	2020年达到1990年水平，2050年比1990年水平低60%
佛蒙特州	2007	2012年比1990年水平低25%，2028年比1990年水平低50%。如果可行的话，尽最大努力在2050年达到75%
新泽西州	2007	2020年达到1990年的水平，2050年达到2006年水平的80%
马萨诸塞州	2008	2020年比1990年水平低25%，2050年比1990年水平低80%
新罕布什尔州	2009	2050年比1990年水平低80%，2025年比1990年水平低20%
康涅狄格州	2009	2020年在1990年的水平上减少10%，2050年在2001年的水平上减少80%。2018年，签署了一项法律，规定到2030年温室气体减排目标为45%
罗得岛州	2014	2020年在1990年的水平上减少10%，2035年在1990年的水平上减少45%，2050年在1990年的水平上减少80%
特拉华州	2014	2030年在2008年的水平上减少30%
马里兰州	2016	2030年比2006年的水平减少40%。此前，马里兰州制定了到2020年在2006年的基础上减排25%的目标
科罗拉多州	2017	2025年比2005年减排26%以上；并在2019年修订了减排目标：到2030年减排50%以上，到2050年减排90%以上
北卡罗来纳州	2018	2025年在2005年的基础上减排40%
美国新墨西哥州	2019	2030年比2005年水平低45%的减排目标
密歇根州	2019	2025年将排放量至少比2005年减少26%~28%

续表

州名称	年份	具体减排目标
缅因州	2019	2030年在1990年的水平上减少45%，到2050年至少减少80%
纽约州	2019	2050年在1990年的基础上减排100%，到2030年在1990年的基础上减排40%
宾夕法尼亚州	2019	2025年比2005年水平低26%，2050年比2005年水平低80%

资料来源：c2es. State Climate Policy Maps [EB/OL]. https：//www.c2es.org/content/state-climate-policy/。

第二，可再生能源投资组合标准。各州规定了自己的可再生能源发电占总发电量的比例。一般的预期年份中，2015~2025年的比例为15%左右，2040~2050年的比例为50%左右。有的州则设定了100%的比例目标，如加州设定2045年100%的电力来自可再生能源和零碳资源的目标；新墨西哥州设定了2045年100%的电力来自无碳能源的目标（见表6-3）。

表6-3 美国各州设定的可再生能源发电占总发电量的目标比例

年份	州名称	可再生能源发电占比目标
2016	俄勒冈州	2040年50%的电力来自可再生能源
2006	亚利桑那州	2025年15%的电力来自可再生能源
2005	蒙大拿州	2015年15%的电力来自可再生能源
2004	科罗拉多州	要求到2020年，该州生产的电力中有一定比例来自可再生能源和回收能源——30%来自投资者拥有的公用事业公司，25%来自大型电力合作社，10%来自普通电力合作社
1999	得克萨斯州	2015年新增5000兆瓦的可再生能源容量，2025年自愿达到10000兆瓦
2007	明尼苏达州	（1）2020年，拥有核电站的公用事业公司30%的电力销售来自可再生能源，2025年，其他公用事业公司25%的电力销售来自可再生能源。
2013		（2）要求公用事业的太阳能电力销售增加1.5%，并设定了全州10%

续表

年份	州名称	可再生能源发电占比目标
1983	爱荷华州	要求两个投资者拥有的公用事业公司拥有或承包可再生能源 105 兆瓦
2008	密苏里州	2021 年 15% 的电力来自可再生能源
2006	威斯康星州	2015 年 10% 的电力来自可再生能源
2016	密歇根州	2021 年 15% 的电力来自可再生能源
2007	北卡罗来纳州	要求到 2021 年,投资者拥有的公用事业公司必须为合格能源的电力销售提供 12.5% 的电力,市政公用事业和电力合作社必须为合格能源的电力销售提供 10% 的电力
2004	宾夕法尼亚州	2021 年 18% 的电力来自替代能源
2019	马里兰州	2030 年 50% 的电力来自可再生能源
2015	特拉华州	2025 年 25% 的电力来自可再生能源,其中至少 3.5% 来自太阳能
2018	新泽西州	2030 年 50% 的电力来自可再生能源
2008	马萨诸塞州	2020 年 15% 的电力来自新的可再生能源(1997 年后安装),此后每年增长 1%
2017		2050 年 80% 的电力来自清洁能源
2015	佛蒙特州	2032 年 75% 的电力来自可再生能源
2007	新罕布什尔州	2025 年 25.2% 的电力来自可再生能源
2019	缅因州	2030 年 80% 的电力来自可再生能源,并在 2050 年达到 100%
2019	华盛顿州	2045 年使用 100% 的清洁能源;到 2025 年逐步淘汰煤炭;2030 年实现电力销售的碳中和
2018	加利福尼亚州	2045 年 100% 的电力来自可再生能源和零碳资源
2019	内华达州	2030 年 50% 的电力来自可再生能源
2019	新墨西哥州	2045 年 100% 的电力来自无碳能源
2016	伊利诺斯州	2025 年 25% 的电力来自可再生能源
2016	纽约州	2030 年 50% 的电力来自可再生能源
2008	犹他州	2025 年可再生能源占总发电量的 20%
2007	北达科他州	10% 的电力来自可再生能源和可循环能源(自愿性目标)
2008	南达科他州	2015 年 10% 的电力来自可再生能源(自愿性目标)

续表

年份	州名称	可再生能源发电占比目标
2015	堪萨斯州	2025年20%的电力来自可再生能源（自愿性目标）
2010	俄克拉何马州	2015年15%的电力来自可再生能源（自愿性目标）
2007	弗吉尼亚州	2025年15%的电力来自可再生能源
2014	南卡罗来纳州	要求公共服务委员会制定新的电网计量规则
2019	俄亥俄州	2026年8.5%的电力来自可再生和替代能源
2004	宾夕法尼亚州	2021年18%的电力来自替代能源
2012	印第安纳州	2025年10%的电力来自替代能源（自愿性目标）
2015	西弗吉尼亚州	废除了2009年的替代和可再生能源组合标准

资料来源：c2es. State Climate Policy Maps ［EB/OL］. https：//www. c2es. org/content/state - climate - policy/。

第三，能源效率政策。美国各州对于能源效率的提高主要采用两种手段，一种是强制性手段；另一种是激励手段。强制性手段中，目前美国已经有15个州的强制性要求高于联邦的要求；激励手段，则主要是通过对能源效率产品的税收抵免和/或退税来提供的。[①]

第四，运输政策。美国各州除了运用补贴等灵活手段，还运用强制性手段，以增加清洁汽车的生产和消费。主要包括规定了燃料乙醇在汽油中的使用比例及生物柴油在柴油中的使用比例等。目前，美国已经有7个州对此做了强制性规定（见表6-4）。

表6-4　　　　　　美国各州低碳及替代燃料标准

州名称	低碳及替代燃料标准
华盛顿州	变性乙醇占汽油使用量比例：至少2%；生物柴油占柴油比例：至少2%
俄勒冈州	燃料乙醇占汽油使用量比例：至少10%；生物柴油占柴油比例：至少5%
路易斯安那州	变性乙醇占汽油使用量比例：至少2%；生物柴油占柴油比例：至少2%

---

① c2es. State Climate Policy Maps ［EB/OL］. https：//www. c2es. org/content/state - climate - policy/.

续表

州名称	低碳及替代燃料标准
宾夕法尼亚州	纤维素乙醇占汽油使用量比例：至少10%；生物柴油占柴油比例：至少2%
密苏里州	燃料乙醇占汽油使用量比例：至少10%
加利福尼亚州	2020年将燃料的碳强度降低10%，到2030年降低20%
明尼苏达州	生物燃料占汽油使用量比例：10%； 生物柴油占柴油比例：冬季5%，春季10%，夏季20%

资料来源：c2es. State Climate Policy Maps [EB/OL]. https：//www. c2es. org/content/state – climate – policy/。

（2）加利福尼亚州案例。加利福尼亚州的气候变化问题主要集中于干旱领域，该州是美国气候治理的州级领袖。2005年6月，州长阿诺德·施瓦辛格（Arnold Schwarzenegger）签署了一项行政命令，要求减少温室气体排放：到2010年减少11%，到2020年减少25%，到2050年减少80%。为了实现该目标，加州主要通过清洁汽车、可再生能源和总量控制与交易三种手段进行减排（见表6－5）。

表6－5 加利福尼亚州气候立法与行政命令

时间	立法与行政命令内容	法案
2005年6月	时任州长阿诺德·施瓦辛格签署了加利福尼亚州行政命令S－3－05，制订了全面的温室气体减排计划	S－3－05
2006年9月	AB－32（2006年全球变暖解决方案）由时任州长阿诺德·施瓦辛格签署为法律，确立了2020年的温室气体减排目标	AB－32
2008年1月	加州空气资源局（California Air Resources Board，CARB）通过了关于温室气体的强制性报告	AB－32
2009年1月	CARB通过范围界定计划（Scoping Plan，SP）	AB－32
2010年1月	早期行动措施生效	AB－32
2010年期间	CARB制定温室气体法规	AB－32
2010年12月	将温室气体排放量降低到2000年的最后期限	S－3－05
2011年1月	CARB完成减少温室气体法规的制定	AB－32
2012年1月	采纳和实施温室气体减排规则	AB－32

续表

时间	立法与行政命令内容	法案
2012年11月	作为"总量控制与交易"计划的一部分,首次进行了季度温室气体拍卖	AB-32
2013年1月	限额交易计划开始	AB-32
2013年9月	CARB首次发行碳抵消信用	AB-32
2014年5月	CARB批准范围界定计划的第一次更新	AB-32
2015年4月	加利福尼亚州州长杰里·布朗(Jerry Brown)签署了加利福尼亚州行政命令B-30-15	B-30-15
2016年9月	州长杰里·布朗(Jerry Brown)将参议院第32号法案和第197号议会法案签署为法律	SB-32, AB-197
2017年1月	SB-32和AB-197生效	SB-32, AB-197
2018年1月	CARB增加了有毒空气污染物排放清单	AB-197
2020年12月	将GHG水平降至1990年水平的最后期限	AB-32, S-3-05
2030年12月	将温室气体排放量减少到1990年水平以下40%的最后期限	SB-32, B-30-15
2050年12月	将温室气体排放量减少至1990年水平以下80%的最后期限	S-3-05

资料来源:Wikipedia. Climate change policy of California [EB/OL]. https://en.wikipedia.org/wiki/Climate_change_policy_of_California。

清洁汽车方面,2004年,加州成为第一个限制轿车和轻型卡车温室气体排放的州。这种减排方式也陆续被亚利桑那州、康涅狄格州、佛罗里达州、缅因州、马萨诸塞州、新泽西州、纽约州、俄勒冈州、宾夕法尼亚州、罗得岛州、佛蒙特州和华盛顿州12个州采纳。[1] 2012年,加州空气资源局出台"先进清洁汽车计划"(Advanced Clean Cars Program)。计划的目的是保证性能、实用性与安全性的基础上进行环保汽车的开发。计划的内容包括三个方面。第一,减少雾霾的排放。2015年乘用车开始采用新的排放标准,以减少雾霾的形成;到2025

---

[1] Kirsten H. Engel, Barak Y. Orbach. Micro-Motives and State and Local Climate Change Initiatives [J]. *Harvard Law & Policy Review*, 2008 (02): 119-138.

年，汽车排放的雾霾比 2012 年减少 75%。第二，减少温室气体的排放。通过新发动机、新排放控制技术、新型材料的应用，使新车的温室气体排放量到 2025 年减少 40%。第三，零排放汽车法规：提倡最清洁的汽车。通过要求汽车制造商出售特定数量的清洁汽车，使得 2025 年加利福尼亚零排放和插电式混合动力车的销售比例达到 8%。此外，加州还通过了"清洁汽车计划"（Clean Cars 4 All program），旨在通过淘汰污染大的汽车，替换清洁汽车，帮助低收入消费者加入清洁汽车行动。具体表现为：购买新的或二手的插电式混合动力电动汽车（PHEV），电池电动汽车（BEV）或燃料电池电动汽车（FCEV）可获得最高 9500 美元的奖励。

可再生能源方面，加利福尼亚州制定了"低排放发展计划建设倡议""沙漠可再生能源节约计划""能源创新生态系统""环境与工程服务""地热赠款和贷款计划""新的太阳能房屋合作计划-NSHP""能源披露计划""农业可再生能源计划""可再生能源投资组合标准-RPS"；这使加州成为美国可再生能源产量最高的州，其中太阳能、地热能和生物质能发电量在美国排名第一。[①] 2017 年，加州可再生能源产量为 1115.3 兆英热单位，占总能源产量的 44%。发电量方面，加州已经实现了较大规模的清洁发电，其中公共事务范围内可再生能源发电量占总发电量的 42.7%，核能发电量占总发电量的 11.2%，煤、石油、天然气分别为 0.2%、0、44.5%。[②]

排放权交易方面，加州的"总量控制与交易计划"是其温室气体减排的关键手段。该计划涉及该州 80% 排放量的排放源。该计划主要有以下三个组成部分。第一，设定总量限制：2013 年设定为比前一年的排放水平低 2% 左右；2014 年也同比下降 2%。第二，参与对象为大型工业设施及发电厂，共 450 个实体。第三，配额发放采取免费与拍卖相结合的方式。大型工业设施中，在项目初期注重免费分配，在项目后期过渡到更多的拍卖。大多数工业部门的配额分配设定在平均排放量的 90% 左右，每年更新一次配额的发放。电力及天然气公共事业

[①][②] EIA. California［EB/OL］. https：//www.eia.gov/state/analysis.php? sid = CA.

中，配额采取免费发放的方式，额度被设定为平均排放量的90%。

6.2.3.2　州与州之间的减排合作

（1）美国气候联盟。虽然特朗普政府宣布退出《巴黎协定》，但是美国部分州减排的热情并没有消退。加州、纽约州和华盛顿州呼吁并形成了旨在维持和加强现有气候协定的一个论坛——美国气候联盟，在州一级层面上减少温室气体排放。联盟发展势头向好，成员在成立不到3年的时间里由最初的3个州发展到了25个州。联盟承诺：第一，实施旨在促进《巴黎协定》目标的政策，即到2025年将温室气体排放量比2005年的水平至少降低26%~28%；第二，跟踪并向国际社会报告减排进展情况；第三，加快新的和现有政策的实施力度。

联盟取得了一定的成绩。首先，吸收了投资并创造了就业。该联盟代表了55%的美国人口和11.7万亿美元的经济体，该经济体规模超过除美国和中国以外的所有国家。联盟各州的气候和清洁能源政策已吸引了数十亿美元的新投资，并帮助创造了170万个清洁能源工作岗位，占美国总数的一半以上。其次，联盟用实际行动证明减排与经济增长并不冲突。在2005~2016年，联盟各州的排放量减少了14%，而GDP却增长了16%；联盟外其他地区排放量减少了11%，而GDP却仅增长了14%。

（2）区域温室气体倡议。区域温室气体倡议（Regional Greenhouse Gas Initiative，RGGI）是2003年由纽约州提出，并由康涅狄格州、特拉华州、缅因州、马里兰州、马萨诸塞州、新罕布什尔州、新泽西州、罗得岛州和佛蒙特州支持参与，旨在减少电力部门二氧化碳排放的区域性减排组织。也是美国第一个基于市场手段的强制性区域性减排计划。

该计划涉及的参与者是容量为25兆瓦（MW）或更高的化石燃料发电厂。计划对10个州的二氧化碳总量进行了控制，各个参与者必须在规定年份内保持在二氧化碳排放配额内的排放及买卖。自2005年以来，参与RGGI的发电厂共减少了45%以上的温室气体排放，由此伴随的是更加绿色的经济增长（见表6-6）。

表 6-6　　RGGI 2009~2020 年的总量控制数量

年份	总量控制数量
2009~2011	1.88 亿配额
2012~2013	1.65 亿配额
2014	0.91 亿配额，0.83 亿配额（调整后）
2015	0.89 亿配额，0.67 亿配额（调整后）
2016	0.87 亿配额，0.65 亿配额（调整后）
2017	0.84 亿配额，0.62 亿配额（调整后）
2018	0.82 亿配额，0.60 亿配额（调整后）
2019	0.80 亿配额，0.58 亿配额（调整后）
2020	0.96 亿配额，0.74 亿配额（调整后）

注：2012~2019 年，区域上限是指 9 个州（康涅狄格州、特拉华州、缅因州、马里兰州、马萨诸塞州、新罕布什尔州、纽约州、罗得岛州和佛蒙特州）。其他所有年份均指 10 个州（康涅狄格州、特拉华州、缅因州、马里兰州、马萨诸塞州、新罕布什尔州、新泽西州、纽约州、罗得岛州和佛蒙特州）。

资料来源：RGGI. ORG［EB/OL］. https：//www. rggi. org/program - overview - and - design/elements.

6.3　美国气候政策的驱动因素

在现代多元民主社会下，任何一种公共政策都是一系列复合性决策的产物，即由代表不同利益要求、不同价值偏好的决策参与者通过反复的竞争、协商与合作的互动过程而最终达成的共识。① 美国的政治决策主体也具有多元化的特点，因此气候政策的形成也具有一定的复杂性。

6.3.1　总统的外交决策

美国的环境政策与外交决策联系紧密。美国外交的最终形态可以说是三对矛盾的对立统一：理想主义与现实主义、孤立主义与扩张主

---

①　王卫东. 美国外交中理想主义与现实主义的平衡研究——一种理性制度主义的分析［D］. 北京：中共中央党校，2008（06）：66.

义、单边主义与多边主义。① 而美国的环境政策也恰恰是这三对矛盾相互撞击的产物。

6.3.1.1 运用多边外交，提升巧实力——积极

"巧实力"是指继"硬实力"与"软实力"后的第三种国际实力，即硬实力和软实力共同运用、双管齐下的策略组合。回顾美国近几届政府，克林顿政府和奥巴马政府在外交理念上除了强调硬实力，还更加注重软实力的运用，因此必然进一步影响到美国的气候外交与国内气候政策，使得美国的气候外交态度较为积极。

克林顿政府时期，美国便已经开始了硬实力与软实力的结合使用。首先，克林顿政府非常注重美国硬实力的提升。美国把大规模毁灭性武器及其运载工具的扩散视为首要威胁，因此全力防止核武器、生化武器的国际扩散。其次，确保全球第一的经济地位。克林顿政府创造了美国"新经济"的神话。伴随着20世纪90年代经济全球化的高潮，美国成为全球最大的利益受益国。在国际贸易方面，美国与加拿大、墨西哥组成北美自由贸易区，扩大了出口的同时，还获得了大量的廉价劳动力。科技方面，信息革命的爆发带动了产业结构的升级，促进了投资的持续增长。软实力的运用主要体现在外交理念方面。克林顿政府受到基辛格现实主义外交思想的影响，坚持走多边路线，强调凭借军事实力的优势并不能完全确保美国的全球利益；②鼓励有选择地参与国际事务并发挥其国际领导作用，反对放弃美国作为全球超级大国的国际领导责任，反对美国退回"美国堡垒"。

奥巴马政府在单边主义和多边主义上更倾向于多边主义，在硬实力与软实力方面更倾向于软实力，在理想主义与现实主义之间倾向于现实主义。他认为美国在21世纪面临的主要问题和威胁无法通过一个国家单独解决，甚至无法通过与传统盟友的合作得到解决，而是必须

---

① 郑保国. 美利坚霸权透析 [M]. 北京：国家行政学院出版社，2011（09）：1-396.
② 周庆安. 超越有形疆界：全球传播中的公共外交 [M]. 北京：中国传媒大学出版社，2018（01）：1-237.

通过与大多数国家和国际组织的合作来解决。因此，奥巴马政府摒弃了小布什政府的单边主义，重返以联合国为框架的世界舞台，强调美国在核心问题上要充分发挥联合国的作用。同时，在双边关系上，继续保持与欧洲、日本、韩国、澳大利亚的盟友关系；并与中国、印度、巴西等新兴经济体建立友好伙伴关系，寻求更多的合作空间。

反观气候问题，作为某种意义上的非传统安全问题，克林顿及奥巴马总统的多边及巧实力外交理念相一致，因此也促成了他们执政时期对美国气候政策的重视。

6.3.1.2 偏爱单边主义，注重美国优先——消极

与克林顿政府截然相反，小布什政府的外交采取的是单边主义的手段。上任之初便表现明显，先后宣布退出克林顿政府签订的《京都议定书》。小布什政府的单边主义是孤立主义与新保守主义共同作用的结果。首先，孤立主义在美国根深蒂固，源自美国建国时期华盛顿所确立的孤立主义原则。虽然在二战后随着世界经济格局的变化、随着美国综合国力的增强，美国的孤立主义势头开始减退，但是却始终没能逃脱孤立主义的枷锁。[1] 孤立主义一直作为隐性基因存在于美国的血液和身体里，只待合适的时机便会产生实质性改变，重新主导美国外交思想。其次，小布什时期新保守主义在美国占据主导地位，并以"军事优先、普世民主、单极霸权"构成了其核心要义。[2] 实际上，新保守主义与小布什的政治理念并不冲突，小布什在选举期间便已经开始奉行"富有同情心的保守主义"纲领。这种新保守主义在外交上既反对老牌共和党人的现实主义，又反对民主党人的国际主义，认为应该在国际体系中按照自己的原则行事，以此来维护美国的利益和安全。总之，孤立主义及新保守主义最终构成了小布什政府的外交理念，并指导着美国当时的外交行动，而此外交理念与行动也影响着美国的气

---

[1] 叶江. 单边主义与多边主义的相互转换——试析多边主义在布什第二任期回归的可能 [J]. 美国研究, 2004（04）：59-72+4.

[2] 谢莉娇. 新保守主义在小布什外交政策中的悖论 [J]. 国际关系学院学报, 2006（05）：41-44.

候政策及气候外交。

特朗普保留了以前商人身份的个性特征，即自我意识强、自我为中心、逐利好胜、不拘一格。

这些固有的个人性格特征使其"美国优先""现实主义"的外交理念越来越凸显，即时刻考虑美国利益，以美国利益为决策前提，不容许其他国家有任何崛起预兆的"零和思维"。特朗普与韩国重新修订美韩FTA、宣布对500亿美元中国商品加征25%的关税、重新对亚太战略进行调整等都是为了使"美国第一"的优先地位不受到任何动摇。美国政府先后退出《巴黎协定》、联合国教科文组织、《移民问题全球契约》制定进程、伊朗核协议、联合国人权理事会等多边协定和多边组织，也是因为这些"群"如今并不能维持一种与美国有利的"不对等"的不平衡状态。[①]

6.3.2 府会的政党偏好

6.3.2.1 理论逻辑与传导机制

美国历届政府中气候政策倾向之所以摇摆不定、不断变化，很大一部分原因是党派间的偏好差异，即民主党和共和党关于气候问题的分歧与极化。

民主党主要由种植园主及美国南方奴隶主为依托的企业组成，群众基础为公务员、劳工、少数民族及黑人。民主党对于气候变化问题一贯采取认可与支持的态度，强烈支持美国对于全球气候治理的参与，维持全球气候正义，支持美国国内的减排及气候变化行动，支持开发和利用可再生能源，同时反对美国国内的对于传统能源的税收支持政策。

共和党主要由东北部工商业主及西部大开发时的农业企业家组成，群众基础多为郊区和南方的白领工人及年轻人。共和党人对于减排问题采取的是消极的态度。在气候变暖的认识度、气候治理的关注度、气候治理的认知度方面与民主党形成了极大的反差和对比。

---

① 韩一元. 还有多少"群"可供美国退？[J]. 世界知识，2018（14）：56-57.

党派的偏好直接影响美国国会对于气候问题的立法及总统对外缔约承诺的立法及监督。这就是为什么总统在国际上签订了气候变化协定，但是在国内却很难立法。首先，从党派角度上考虑，总统的党派某种意义上决定了总统对于参与全球气候治理的决心，如果总统的党派是民主党，则很大程度上会持有积极的减排态度，并在国际上签署减排协定；然而如果总统隶属共和党，则在很大程度上会选择放弃本国对于国际气候治理的参与。其次，作为重要职权机构的美国国会，民主党议员在参议院和众议院中的占比，在很大意义上决定了总统签署的国际缔约是否可以在美国国内立法，如果占比较少，不能立法，那么总统签署的协定也就自然不能成立。缔约形同空头支票，承诺无法兑现。如果占比较大，立法通过，则意味着国内气候立法的一大进步。总之，总统的态度及国会立法很大程度上勾勒出了美国气候政策的最终形态（见图6-10）。

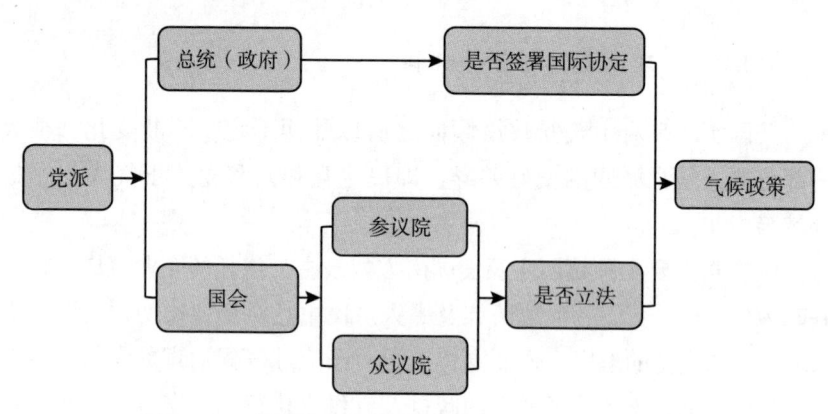

图6-10 美国由于党派偏好影响的气候政策形成过程

6.3.2.2 实践案例与理论验证

美国历届政府在气候变化问题上的态度并非永久不变，因此在变化中找出不变的规律、找寻其变化的影响因素，将对预测后续各届政府的态度起到至关重要的作用。通过以上研究得出结论：美国气候变化政策与府会中的政党偏好有着直接的联系。那么，回到现实，对照观察，美国历任政府中总统的党派、参议院多数党、众议院多数党三组数据所组成的府会组合是否与任期内关于气候变化的态度呈现正向相关关系？答案是肯定的。在府会组合中，如果存在两个以上民主党元素（DDD、DDR），那么时任政府更倾向于采取积极的减排行动；如果组合中有两个或三个共和党元素（RRR、RRD），那么时任政府则很有可能拒绝在气候变化问题上采取行动（见表6-7）。

表6-7　　　　　　　　美国历届政府的府会组合

协议名称	总统	任期时间	国会届次	总统党派	参议院多数党	众议院多数党	府会组合	政策结果
联合国气候变化框架公约	老布什	1989~1993年	102th	R	D	D	RDD	1992.5.9签署
	克林顿	1993~1997年	103th	D	D	D	DDD	1994.3.21生效
			104th	D	R	R	DRR	
		1997~2001年	105th	D	R	R	DRR	1997.12.11签署
			106th	D	R	R	DRR	
京都议定书	小布什	2001~2005年	107th	R	D	R	RDR	2001.3.28宣布退出
			108th	R	R	R	RRR	
		2005~2009年	109th	R	R	R	RRR	
巴黎协定	奥巴马	2009~2013年	111th	D	D	D	DDD	
			112th	D	D	R	DDR	
		2013~2017年	113th	D	D	R	DDR	2016.4.22签署
			114th	D	R	R	DRR	
	特朗普	2017年至今	115th	R	R	D	RRD	2017.6.1宣布退出
			116th	R	D	D	RDD	2019.11.4允许退出

注：R代表共和党，D代表民主党。

资料来源：郦莉，刘哲.2020年美国总统竞选与美国气候政策探析［J］.南开学报（哲学社会科学版），2020（01）：54-63.及根据The Green Papers Home网站整理得来。

149

首先，以态度相对温和的老布什政府及较为积极的克林顿、奥巴马政府为例。老布什总统任期为 4 年。在这一任期内，世界处于共同减排的设想阶段，美国面临的是是否加入《联合国气候变化框架公约》的问题。当时美国的府会组合是 RDD（总统为共和党、参议院多数党为民主党、众议院多数党为民主党）。按照之前的理论推测，府会组合中民主党占据多数，则态度积极。结果发现，理论与现实相符。老布什政府通过并签署了《公约》。

克林顿执政期间，国际在气候变化问题上经历了两件大事，一是《公约》的生效，二是《京都议定书》的签订。在第一任期，特别是第 103 届国会内，美国的府会组合是 DDD（总统、参议院多数党、众议院多数党均为民主党），可谓民主党的强强联合，《公约》在美国顺利生效。到了 1997 年，《京都议定书》签署时期，美国的府会组合变为了 DRR（总统为民主党、参议院多数党为共和党、众议院多数党为共和党），共和党占据上风；因此最终结果是克林顿总统授权副总统戈尔签署了《京都议定书》，但《京都议定书》却止步于参议院。

奥巴马政府期间，全球气候治理正处于蓬勃发展阶段。国际社会正在加紧商议《京都议定书》第二承诺期后的全球努力方向。最终商讨出了标志性的成果——《巴黎协定》。奥巴马总统任期 8 年，在这 8 年内经历了 4 届国会，分别是第 111、第 112、第 113、第 114 届国会。前三届的府会组合分别是 DDD、DDR、DDR，而美国签署《巴黎协定》的时间也恰恰在这三届之中。

其次，以态度较为消极的小布什及特朗普总统为例。小布什总统上台后，美国当时的府会组合是 RDR，也就是共和党占据主要位置。此后的第 108、第 109 届府会组合更是形成了 RRR（总统、参议院多数党、众议院多数党均为共和党）的形态。这种组合模式与小布什总统的国际碳减排态度完全对应。

特朗普总统上任初期，一方面面对的是奥巴马总统蓬勃发展的气候遗产；另一方面面对的是国际社会对于新一届政府在减排上有所作为的期待。但是特朗普总统选择的却是相反的道路。此时的府会组合是 RRD（总统是共和党、参议院多数党是共和党、众议院多数党是民主党），也与其宣布退出《巴黎协定》的行为完全相符。

6.3.3 利益集团的游说

在气候问题上，美国的利益集团按照产业划分可分为传统产业利益集团、新兴产业利益集团及公益性利益集团。① 显而易见，传统产业集团代表了化石燃料行业、传统制造产业及传统农业产业，是气候变化的反对方；新兴产业及公益性集团更多的代表新能源产业、金融产业、信息技术产业、绿色环保组织、外交政策思想库等，是气候变化问题的支持方。②

在美国，利益集团公开影响国家立法已经成了不争的事实。利益集团主要通过游说、竞选捐助、司法诉讼等方式推动决策者或决策机构在立法活动中做出最有利于本集团利益的决策。其影响途径依次为：核心层、次核心层及外围层。核心层由总统与内阁、国会及国会委员会、联邦政府机构组成，一般情况下这三个层次是美国立法及政策制定的决定性要素。次核心层由地方议会及政府机构和政党组成。外围层则由媒体与智库、一般社会团体与大众组成（见图 6 - 11）。

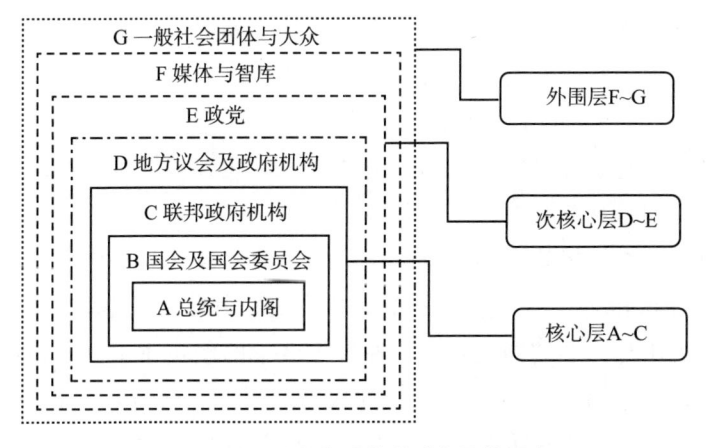

图 6 - 11 利益集团游说对象及其层次

资料来源：王保民，袁博. 美国利益集团影响立法的机制研究 [J]. 国外理论动态，2020（01）：143 - 149。

---

①② 刘卿. 论利益集团对美国气候政策的影响 [J]. 国际问题研究，2010（05）：58 - 64。

在气候政策问题上，支持和反对与各种利益集团的相关利益直接挂钩。因此，利益集团的游说事件也屡见不鲜，进而影响着美国气候政策的制定。

里根当选总统时期，对于美国的环境治理采取的是消极的态度。里根总统及其任命的官员认为很多当时现行的环境法规是不合理的，一方面这些法规会侵犯私人财产；另一方面这些法规与美国从自然资源中获取利益的目标相悖。① 就此环保组织多次与政府官员发生冲突。面对如此境况，企业团体从环保组织诉讼、游说和公众外联活动中吸取了教训，成立新一代的环保组织，如卫生、环境和司法中心（1981年）、地球岛研究所（1982年）、雨林行动网（1985年）、环境工作组（1993年）和国家环境信托基金（1994年）等，以此抵抗有毒化学品和废弃物的排放。②

老布什总统上台后，在其任期内颁布的1990年《清洁空气法》（修正案）是制定环境政策方面的历史性成就。同时，美国与加拿大（酸雨）和墨西哥（沿国际边境的危险空气污染物）的气候处理也是其任期内在环境问题上的另一大成就。然而，面对环境与气候治理监管程度的不断深化，美国利益集团也出现了偏好上的分化。反对立法的是美国国内制造商协会、石油和煤炭产业以及"自由市场环境保护主义者"，其反对的理由是以市场为基础的环保手段优于行政命令手段；支持者是环境组织（如国家清洁空气联盟）及公众健康、医学专业和工业安全利益组织。

克林顿总统执政时期，虽然克林顿－戈尔被认为是史上"最绿的组合"。但是总统对于气候问题的支持受到了来自国会的阻力。绿色环保组织利用与国会的盟友合作，在气候政策的制定中起到了较为重要的作用，但是结果却不是十分尽如人意。对此，环保组织改变策略，开始从具体的减排政策入手，例如1997年环保组织在环保署发布新的空气质量法规方面发挥了重要作用，这些法规承诺将显著改善空气

---

①② Gary Bryner. Failure and opportunity: environmental groups in US climate change policy [J]. *Environmental Politics*, 2008, 17 (02): 319-336.

质量并保护公众健康。①

在奥巴马及特朗普总统时期,利益集团在气候政策的制定上也发挥了一定的作用,以拱心石XL项目为例。拱心石XL项目在奥巴马总统任职期间停滞,并在特朗普执政期间得到重启,其间不乏利益集团间的博弈与讨价还价。② 拱心石XL项目是联通美国和加拿大的输油管道建设项目。面对此项目,化石能源集团与环保团体各持己见。化石能源集团认为项目的建成将会减少美国对外的石油依赖,同时宣称反对方是环境极端主义者。但环保组织对此举表示强烈反对,理由是油砂运至美国虽然可以增加美国的能源供给、增加就业、有利于经济增长,但是油砂运送中不可避免会产生对管路周围环境的污染、油砂的加工过程中也会产生更多的温室气体排放。斗争后的结果是,拱心石XL项目建设被时任总统奥巴马暂时推迟,被下一届总统特朗普重新提上日程。

---

① Gary Bryner. Failure and opportunity: environmental groups in US climate change policy [J]. *Environmental Politics*, 2008, 17 (02): 319 – 336.

② 赵行姝. 美国能源决策的影响因素分析——基于拱心石XL项目的案例研究 [J]. 美国研究, 2017 (03): 77 – 94.

第7章

美国气候政策转向对中国参与国际气候谈判的影响因素与路径

尽管我们现在经常使用全球气候治理这个概念以倡导一种在应对气候变化时新的价值观——合作、包容而非博弈与独断，但是在各种国际性气候协定达成的过程中，主要力量仍然来自不同国家之间、不同集团之间围绕着碳排放权与发展权的相互讨价还价与妥协。随着人们对于气候变化认知的加深以及与应对气候变化有关的政治经济影响的扩展，不同国家之间结成联盟并最终形成了"两大阵营、三大集团、小集团林立"的三层级国际气候谈判格局。美国作为冷战结束后的全球唯一霸主以及国际气候谈判中伞形集团的领导人，虽然它由于国内民主与共和两党在关于碳减排方面的对立而导致其在参与国际气候谈判时缺乏连续性而是呈波浪形变化，但是仍然对于国际气候谈判以及相关国际气候协定的达成有着至关重要的影响。

我们在本章中首先回顾了国际气候谈判的历程并指出了国际气候谈判中的基本利益格局，考虑到美国气候政策的波浪形变化趋势，我们分别从碳关税、国际碳交易、技术转让、气候融资等方面详细分析了美国不同的气候政策对于国际气候治理特别是对我国参与国际气候谈判的影响。

7.1 国际气候谈判

7.1.1 谈判历程

人类从发现地球将面临气候变化给人类带来生存威胁，到意识到人类应该为这种生存威胁做些什么，再到世界各国真正坐在谈判桌前开始商讨行动计划，经历了漫长而又复杂的过程。全球共同作出减排决定容易，但作出共同的减排行动却很难。因为，每个国家所处的发展阶段不同、每个国家的国情不同、每个国家的利益诉求也不尽相同。如何把各个国家拉到谈判桌前，并在各种诉求中间找到一个各方满意的均衡，成了一个世界性的难题。

为了这个难题，截至目前人类已经开展了 25 次全球气候变化大会、缔约方大会（COP）（见表 7-1）。第一次缔约方大会议于 1995 年 3 月在德国柏林举行，并规定除非有缔约方提出主办会议，否则缔约方会议在秘书处所在地波恩举行。

表 7-1　　　　　　　　国际气候谈判历程

届次	时间	地点	名称	成果
无	1992.6	里约热内卢	世界环境与发展大会	《联合国气候变化框架公约》
1	1995.3	柏林	柏林气候大会	"柏林授权"
2	1996.7	日内瓦	日内瓦气候大会	《日内瓦宣言》
3	1997.12	京都	京都气候变化大会	《京都议定书》
4	1998.11	布宜诺斯艾利斯	布宜诺斯艾利斯气候变化会议	《布宜诺斯艾利斯行动计划》
5	1999.10	波恩	波恩气候变化会议	通过《京都议定书》时间表
6	2000.11	海牙	海牙气候变化会议	无法达成协议，会议中断
6-2	2001.7	波恩	波恩气候变化会议	"波恩政治协议"
7	2001.10	马拉喀什	马拉喀什气候变化会议	《马拉喀什协定》

续表

届次	时间	地点	名称	成果
8	2002.10	新德里	新德里气候变化会议	《德里宣言》
9	2003.12	米兰	米兰气候变化会议	成果有限
10	2004.12	布宜诺斯艾利斯	布宜诺斯艾利斯气候变化会议	成效甚微，其中资金机制的谈判最为艰难
11	2005.12	蒙特利尔	蒙特利尔气候变化会议	"蒙特利尔路线图"
12	2006.11	内罗毕	内罗毕气候变化会议	"内罗毕工作计划"
13	2007.12	巴厘岛	巴厘岛气候变化会议	"巴厘路线图"
14	2008.12	波兹南	波兹南气候变化会议	启动2009年气候谈判进程，同时决定启动"适应基金"
15	2009.12	哥本哈根	哥本哈根气候变化会议	《哥本哈根协议》
16	2010.11	坎昆	坎昆气候变化会议	"坎昆协议"
17	2011.11	德班	德班气候变化会议	实施《京都议定书》第二承诺期并启动绿色气候基金
18	2012.11	多哈	多哈气候变化会议	"多哈气候之路"一揽子决议
19	2013.11	华沙	华沙气候变化会议	发达国家再次承认应出资支持发展中国家应对气候变化
20	2014.12	利马	利马气候变化会议	"利马气候行动号召"：就巴黎协议草案的要素基本达成一致
21	2015.11	巴黎	巴黎气候变化会议	《巴黎协定》
22	2016.11	马拉喀什	马拉喀什气候变化会议	通过了35项决议
23	2017.11	波恩	联合国气候变化大会	"斐济实施动力"
24	2018.12	卡托维兹	卡托维兹气候变化会议	执行"巴黎协定"细则进行的政治磋商，气候融资承诺"市场机制"未达成共识
25	2019.12	马德里	联合国气候变化大会	解决《巴黎协定》实施细则的遗留问题，在碳排放交易机制上并未能达成共识

资料来源：根据联合国网站整理［EB/OL］. https://ec.europa.eu/clima/policies/international/negotiations_en#tab-0-0。

7.1.1.1 《联合国气候变化框架公约》的形成阶段

1979年,第一次世界气候大会召开,全球对气候变化问题开始予以关注。为了研究气候变化的科学性及其对人类经济、社会的影响,1988年11月,联合国政府间气候变化专门委员会(Intergovemmental Panet on Climate Change,IPCC)成立。1990年,IPCC提交了其第一份有关气候变化的报告。1990年,第45届联合国大会召开,世界各国就全球气候治理问题,就出台《联合国气候变化框架公约》(以下简称《公约》)展开了谈判。最终,1992年在里约热内卢首脑会议上通过了《联合国气候变化框架公约》,为国际气候治理的目标和基本原则等建立了一个基本框架。《公约》于1994年3月生效,得到197个缔约方(196个国家和欧洲联盟)的批准。其目的是将大气中的温室气体浓度稳定在一定水平,以防止气候恶化的人为干扰。

7.1.1.2 《京都议定书》的达成与实施阶段

《京都议定书》正式批准了《联合国气候变化框架公约》的第一个实用且具有约束力的申请,确定了《公约》的具体规则。在192个缔约方批准《京都议定书》之后,该《京都议定书》于1997年12月在日本京都举行的第三次缔约方大会上被与会代表们同意通过,并于2005年生效。《京都议定书》规定2008~2012年,37个发达国家要在1990年的基础上平均减排5%(欧盟为8%),减排目标在不同的国家中有所区别和变化。

《京都议定书》的谈判与实施过程是曲折而艰辛的。1998年,COP4通过了《布宜诺斯艾利斯行动计划》,缔约方商定并最终确定要在COP6完成《京都议定书》的全部谈判目标。然而,2000年海牙气候变化会议上由于欧美在减排关键问题上产生分歧,谈判被迫中断、无果而终。COP6的续会上面对美国的退出,国际气候谈判濒临破产,面对此种境况,经过各方的妥协与让步,最终签订了"波恩政治协议",使《京都议定书》的谈判得到延续。此后,便开启了长期的谈判之旅。

2005年，COP11在加拿大蒙特利尔召开，最终通过了双轨制的"蒙特利尔路线图"：就2012年后的减排行动启动谈判，并就减缓全球气候变暖的长期战略展开对话。2007年，COP13通过了具有里程碑意义的"巴厘岛路线图"。"路线图"正式启动了"双轨制"谈判：一方面签订《京都议定书》的发达国家应按照计划进行实施减排行动；另一方面未签署《京都议定书》的国家在UNFCCC的框架下进一步实施减排措施。此外，会议决定在2009年前达成协议，以解决2012年后全球的减排问题。2009年的哥本哈根会议也是十分著名的一次会议，会议通过了《哥本哈根协议》，并将《联合国气候变化框架公约》及《京都议定书》两个工作组授权延长至2010年的COP16。

　　最终，《京都议定书》在2012年的多哈气候变化会议上延长了第二个承诺期，规定从2013~2020年发达国家的温室气体排放在1990年的水平上至少降低18%。最终的妥协是由欧盟推动的。欧盟也是第一个在2012年4月宣布第二个承诺期的温室气体减排目标为20%的国家。但是，最终该《京都议定书》显示出其局限性：俄罗斯、日本、新西兰和加拿大退出了该协定。因此，世界各国认为有必要重新商定一个具有约束力和普遍适用的法律文书，以取代《京都议定书》。

7.1.1.3　《巴黎协定》的达成与商定阶段

　　实际上，从2009年在哥本哈根举行的COP15到2014年在利马举行的COP20，这些会议都在寻求一项协议，这项协定可以是一项法律文书或者是具有法律效力的商定结果，目的是取代《京都议定书》。考虑到这一目标，缔约方重申了将全球变暖限制在2摄氏度以下的愿望，在采取必要行动的融资方面取得了进展，由此，COP21顺利召开，171个缔约国在联合国总部最终签署了《巴黎协定》，开启了国际气候谈判的又一伟大历程。根据《巴黎协定》，每个国家必须确定减排计划，并定期报告其为缓解全球变暖所做的自主贡献。《巴黎协定》没有机制强迫一个国家在特定日期之前设定特定的排放目标，但每个目标都应超出先前设定的目标。COP21之后，实施《巴黎协定》的细则已于2018年在波兰卡托维兹举行的COP24上完成，它包含一组指导实施《巴黎协定》的所有技术方面的文本。

7.1.2　谈判格局

经过多年的谈判，经过多轮的讨价还价，经过多年的针锋相对，谈判各国不断向利益相近的盟国靠拢，最后形成了国际气候谈判的"两大阵营、三大集团、小集团林立"的三层级国际气候谈判格局。其中，发达国家和发展中国家构成了两大阵营，欧盟、以美加为首的伞形国家、77 国集团 + 中国构成了三大集团，基础四国、小岛屿国家集团及 77 国集团构成了国际气候谈判的多个主体。这些集团之间竞争激烈，又相互制衡。

7.1.2.1　欧盟

随着 20 世纪以来欧洲国际领导地位被美国取代，欧盟在国际上的领导地位逐渐被弱化。为了提升其国际政治影响力、为了借着"低碳革命"之机增加其综合国力、为了从"先污染后治理"的阴霾中走出，欧盟不但在国内积极进行气候变化的科学研究、加强本国政策制定和实施，而且在国际温室气体减排中也起到了很好的领导与示范作用，并且在气候谈判的过程当中一直充当着引领者和创新者的作用。

第一，在全球减排目标的设定上。由于越来越多的证据证明，温室气体排放是全球温度升高、海平面不断上升、极端天气频发的主要原因，欧盟环境委员会在 1996 年达成一致，认定全球的安全升温目标是将温室气体排放控制在不超过工业革命前的 2 摄氏度以内。2007 年欧盟理事会重申了将温度控制在 2 摄氏度的全球战略意义。如果从总量控制的角度出发，那么为目标的达成，全球的温室气体排放量必须在 2020 年左右达到峰值，并在 21 世纪中期之前将温室气体排放在 1990 年基础上减半，即发达国家在 1990 年的基础上减少 25% ~40% 的排放，发展中国家也要减少 15% ~30% 的排放。[①] 为此，欧盟多次在国

---

① 肖兰兰. 对欧盟后哥本哈根国际气候政策的战略认知 [J]. 社会科学, 2010 (10): 35 – 42.

际上呼吁，应该全球联手，在全球范围内构建具有法律约束力的国际减排机制。对此，欧盟自己内部也设定了详细的减排目标，即2020年减排20%的目标。目前，欧盟正在按部就班地实现该目标，并积极促进2030年的目标立法。

第二，在气候谈判的路径设定上。二战后，面对着世界政治和经济秩序的重建，国际社会不断反思，最终选择并倡导运用多边协调的方式解决国际政治与经济问题，也形成了联合国、世界贸易组织、国际货币基金组织、世界银行等代表性的国际多边协调组织。欧盟是这种模式和机制的拥护者，并更倾向于从联合国层面解决全球性的环境问题。1972年，可持续发展问题首次在联合国层面被提出并被人们所关注。1979年第一次气候大会举办，人类发现大气中二氧化碳存量不断攀升对地球温度的影响以及对人类赖以生存的环境的影响。由此，人类便开启了气候变化的深入研究与全球联手减排的多边谈判模式。

第三，在关键协定的商定和协调上。欧盟在国际减排制度构建的各个关键节点上都发挥了重要的作用。在《京都议定书》的前期谈判中，美国提出了境外减排的排放贸易、联合履约和清洁发展三大灵活机制。为了美国的顺利签署，欧盟等其他国家对此做出了一定的让步。同时，为了能够争取发展中国家集团的参与，欧盟表示要遵守《联合国气候变化框架公约》的关于"共同的但有区别的义务"的原则，并支持发展中国家的立场。在COP4最终通过了"布宜诺斯艾利斯行动计划"，并确定了在COP6落实《京都议定书》的所有谈判目标。[1] 但是在COP6谈判过程当中，美国和欧盟等主要国家在关键问题上产生了巨大的分歧，加之2001年美国宣布退出《京都议定书》，这大大打击了国际社会对于国际气候谈判的信心。[2] 于是，在COP6的续会上欧盟与日本、加拿大和澳大利亚等国在森林碳汇、违约惩罚机制等方面形成了妥协，促进了日本、加拿大和中东欧等国对于《京都议定书》的

---

[1][2] 陈迎.《京都议定书》环境保护的国际大较量［J］. 世界知识, 2010（20）: 14–15.

签署。① 同时，面对俄罗斯的摇摆不定，欧盟在谈判中也做出了巨大的让步，最终使俄罗斯签署了《京都议定书》。同样，在《巴黎协定》的达成中欧盟也发挥出了较大作用，并显示出了其在气候问题上的全球领导地位。

7.1.2.2 以美加为首的伞形国家集团

伞形国家集团包括除了欧盟以外的美国、加拿大、日本、澳大利亚、新西兰、俄罗斯及乌克兰等国家。这些国家集团的主要特点是国家内部能源消耗和使用量较大，在国际气候治理中表现出消极态度，谈判过程中坚持中期减排的目标，并强调发展中国家减排的前提条件。

首先，在减排目标上坚持有利于自身利益的中期目标。《联合国气候变化框架公约》确立了国际气候治理的目标与基本原则。此后，减排目标不断被细化。《京都议定书》规定了第一承诺期2008~2012年的总体目标，即比1990年的水平减少5.2%。各国的减排要求为：欧盟8%、美国7%、日本和加拿大6%、东欧各国5%~8%；新西兰、俄罗斯、乌克兰保持1990年水平；爱尔兰、澳大利亚、挪威在1990年基础上增加10%、8%、1%。面对如此的分配目标，伞形集团分别制定了有利于自身利益的中期低水平的减排目标：美国到2020年在2005年的基础上减排17%，日本到2020年在1990年的基础上减排25%，加拿大到2020年在2005年的基础上减排17%，俄罗斯2020年在1990年的基础上减排25%。而这些中期目标不能满足有效应对全球气候变化的需要。② 更有甚的是，最终美国退出《京都议定书》，加拿大、日本、俄罗斯等国也相继宣布退出《京都议定书》的第二期承诺。虽然，大部分伞形国家签署了《巴黎协定》，但是研究表明截至2017年没有任何一个主要工业化国家达到了其承诺的减排目标。③

---

① 何一鸣. 国际气候谈判研究[M]. 北京：中国经济出版社，2012（01）：72.
② 唐颖狭. 国际气候变化治理：制度与路径[M]. 天津：南开大学出版社，2015（12）：35-38.
③ 维基百科. https://zh.wikipedia.org/wiki/%E5%B7%B4%E9%BB%8E%E5%8D%94%E5%AE%9A.

其次，不断向国际组织施压要求发展中国家的参与。"共同但有区别的责任原则"在《联合国气候变化框架公约》中被提出，此后在《京都议定书》中得到连续贯通。提出这一原则的原因主要是考虑到温室气体排放的历史因素。发达国家经济发展时间较早，在工业化发展的过程当中产生了大量的二氧化碳排放。为了公平起见，在谈判过程中，国际社会提出发达国家和发展中国家不同的减排义务和责任。但是这种实际的公平在伞形国家看来恰恰是不公平的，他们认为发展中国家应该承担同样的减排义务，同样制定具有强制性的、具体的减排时间表，同样制定减排战略和减排方案。实际上，伞形国家立场的核心目的是逃脱温室气体排放的历史责任。然而，《巴黎协定》中，虽然继续保留了该原则，但是要求所有缔约国均需参与到国际气候治理中来，这意味着国际减排机制正在从绝对共同但有区别原则向相对但有区别的原则过渡。①

最后，在国际减排资金援助方面普遍采取拖延的战术。鉴于国家发展水平的差别，国际气候治理机制提出了发达国家向发展中国家提供资金及技术援助的要求。《联合国气候变化框架公约》对此做出了定性的要求。2001 年的 COP7 缔约方会议上，建立了最不发达国家基金。48 个最不发达的国家提交了相关提案，然而资金的援助却迟迟未到。此后，哥本哈根会议上，发达国家也做出承诺，即到 2020 年每年向发展中国家提供 1000 亿美元资金支持，并且短期内（2010～2012 年）提供 300 亿美元支持。然而，多年以来，这一承诺一直没有兑现。而且与已经向发展中国家提供的常规发展援助一起，资金被重复计算。为筹集承诺的 1000 亿美元中的很大一部分资金而设立的绿色气候基金（GCF）也由于拖延而受到影响。

7.1.2.3 77 国集团 + 中国

77 国集团 + 中国代表了国际气候谈判中的发展中国家阵营。77 国集团

---

① 王鑫. 论共同但有区别责任原则在气候变化国际立法中的分歧和发展 [D]. 北京：北京交通大学，2017.

从1964年诞生以来，其成员国已经由最初的77个增加至在地缘政治中代表"南方"的130多个。77国集团+中国的组合最大的特点就是团结一致，特别是在国际气候谈判中表现出了主张的一致性和利益的聚合性。

第一，确保《联合国气候变化框架公约》多边进程的持续性。该集团认为国际气候谈判应该不断地推进，而不是停滞不前。同时，该集团还主张在进行国际气候谈判的过程中更大的发挥联合国的作用。

第二，统一认为不能忽视发达国家的历史排放责任。在谈判的早期，这些国家的经济发展步伐较为同步，发展水平也相对落后；因此，共同的目的是快速的经济增长和发展。因此，为自己的发展争取更多的碳排放空间显得尤为重要，因为其中的很多国家还依旧面临发展不平衡及贫困等诸多问题。

第三，维护共同但有区别的责任和各自能力的原则。各国认为该原则是一切国际气候谈判活动的基础和前提。发达国家应该就其历史排放责任，在国际气候减排中起到带头作用，并按照《京都议定书》及《巴黎协定》的安排，严格遵守其减排承诺；而对发展中国家暂时不做任何具有法律约束力的强制性减排规定。

第四，坚持发达国家向发展中国家提供资金和技术援助。发展中国家经济、技术等方面的发展水平相对落后。如果没有相应的资金和技术援助，恐怕很难在短时间内实现低碳技术的发展、低碳产业的创新、低碳能源的使用。更何况部分国家由于贫困的困扰，首要任务是经济的发展，因此很多国家无暇顾及某种意义上很有可能影响经济发展速度的碳减排活动。

在气候变化谈判中，77国集团+中国代表了南方地缘政治的广泛立场。然而，在这个集体中，有许多不同于属于77国集团+中国保护伞下的其他集团的立场，这包括：基本国家（巴西、南非、印度和中国）、最不发达国家集团、内陆发展中国家（内陆最不发达国家）、非洲集团成员、小岛屿国家联盟、石油输出国组织（欧佩克）成员。[①] 随

---

① Lesley Masters. The G77 and China in the climate change negotiations: a leaky umbrella? [R]. Institute For Global Dialogue, 2014（10）: 1-6.

着国际气候谈判进程的不断推进，集团内部差异的出现与扩大，77国集团+中国的凝聚力也开始出现了挑战，集团内部共同机制不断遭到弱化。

7.2　美国参与全球气候治理的方式划分

纵观美国历届政府，其参与全球气候治理的模式并不是一脉相承的，相反却呈波浪形波动变化，特别是近年来，世界刚刚高呼奥巴马总统的积极参与，随后而来的却是特朗普总统过山车式的消极应对。因此，合理划分美国参与全球气候治理的模式，对于研究中美气候博弈及不同模式下的中国谈判策略显得尤为重要。

7.2.1　主动领导型

主动参与型是指美国在全球气候治理中凸显出积极的态度，并通过创设国际共识、提供国际公共物品、软硬权力并用等方式来获取其他各国的支持，从而起到积极的领袖作用，领导国际气候治理。这一种模式的特点是在国际上积极参与全球气候会议，并促进国际气候协定的达成，同时积极参与并配合国际气候谈判困境的解决，在某种程度上为了国际气候谈判的推进会做出某种程度上的妥协。在国内，会积极制定及安排政策，推进减排计划的制定和实施。

主动参与型主要是指奥巴马总统执政时期美国对于全球气候治理的参与。面对国际金融危机后美国经济的缓慢增长、面对金融危机对美国各个行业的重创、面对气候问题作为非传统安全问题被世界各国所重视、面对美国本土极端天气的日益频繁，奥巴马总统选择的是主动参与并领导全球气候变化。

首先，在创建国际共识方面，积极参加哥本哈根气候峰会及巴黎气候大会，并在每一次出席国际气候活动时对减排问题进行肯定与支持，并最终促成并绕过国会以行政协定的形式签署了《巴黎协定》。奥巴马总统认为《巴黎协定》是拯救地球的最好机会，同时在卸任时认为与医保政策、经济政策相比,他的气候政策是其最大的政治遗产。

其次,在提供气候国际公共物品方面。一方面,奥巴马总统在国际上多次作出减排承诺。2009年哥本哈根气候大会上奥巴马总统做出了17%的减排承诺。此后,在《总统气候行动计划》中又重申了该减排目标,同时,强调减排的质量及数量的承诺不会发生变化。2015年,奥巴马总统与习近平主席进行会晤期间,首次提出了美国到2030年减排28%的承诺。此后在《巴黎协定》中,奥巴马总统做出了到2025年美国在2005年基础上减排26%~28%的减排贡献承诺。另一方面,奥巴马总统对全球气候融资做出了承诺,并部分进行了实现。在其任期内,美国向发展中国家提供了10亿美元国际气候资助,并承诺在未来积极提供30亿美元的支持。

最后,在软硬实力并用方面,奥巴马总统可谓是美国历届总统中的典范。在硬实力方面,奥巴马将工作重点首先放在了危机后经济的全面复苏、力求使美国经济迅速走出泥泞期。为此他提出了《美国经济复兴计划》。此外,为了复苏后经济的长期性发展,奥巴马总统对税收政策进行调整、对医疗和教育体制进行改革、对能源战略进行修订,并对移民政策进行调整。在气候变化方面,奥巴马总统拟采取绿色低碳的环保道路,即调整美国的能源结构、增加可再生能源使用比例、发展清洁的交通、增加节能型车辆的使用,等等。在软实力方面,奥巴马总统的上台被认为是美国理想主义的胜利及美国民主软力量的回归。当然,气候政策作为美国政治政策的组成部分一定也会迎合美国整体战略的调整。

7.2.2 被动参与型

被动参与型是指国际气候谈判由别国主导,美国采取的是较为保守的态度,在维护自身经济和政治利益及国家安全的基础上,有选择地参与国际气候谈判及国际气候减排合作。被动参与型以老布什总统和克林顿总统为典型代表。

在国际主导方面,可以明确看出无论是老布什政府时期还是克林顿政府时期,美国都不是全球气候治理的主导者,最多只能称其为追随者。在这两个时期,全球气候谈判的主导力量一直是欧盟。冷战后,面对"一超多强"的世界经济格局,面对未来的发展,欧盟势必会在实现生存目标的同时,增加其在国际政治中的主导权,这要求欧盟必须在国际气候治理中起到表率作用。[①] 欧盟不但积极制定国内的减排目标、提出"2050 年能源路线图"、积极推进低碳技术与低碳产业的创新;在国际上积极倡导气候治理的多边努力并为了协定的达成适时地做出妥协和让步。由此,国际气候治理形成了以欧盟为领头羊的格局。面对此种形式,老布什和克林顿政府时期,美国并没有表现出其以往在其他领域"美国独霸、舍我其谁"的一贯作风,更多的是跟随,结果是《联合国气候变化框架公约》和《京都议定书》的签署。

在谈判期间维护自身利益方面,老布什和克林顿政府遵循的是现实主义的态度和思想,并没有进行太多的妥协,反而做得更多的是对美国自身利益的维护。这在老布什政府参加《联合国气候变化框架公约》谈判时,拒绝有时间约束的减排承诺中得到体现。此外,在克林顿政府时期,虽然美国最终签署了《京都议定书》,但是谈判期间美国为了更少地进行减排努力提出了市场的、灵活的减排机制。通过境外减排及碳汇的灵活机制,美国至少可以在某种程度上较少承担减排义务。此外,欧盟的最终意图是提出更高的目标,但是由于美国等国的反对,最终确定的目标是第一承诺期内欧盟、美国、日本、加拿大的减排目标分别是 8%、7%、6%、6%。

7.2.3 拒绝参与型

拒绝参与型是指不顾全球各国的指责,执意谋求本国发展的短期利益,拒绝将本国纳入国际气候合作机制。最大的特点是对全球气候变暖及气候变化与人类活动间的因果关系的科学性提出质疑,并强调加入国际气候行动会极大损害本国国内经济的发展,同时以减排机制之中缺少对发展中国家的义务要求为由直接退出国际减排机制。这种

---

① 李慧明. 欧盟在国际气候政治中的行动战略与利益诉求 [J]. 世界经济与政治论坛, 2012 (02): 105 – 117.

第 7 章 美国气候政策转向对中国参与国际气候谈判的影响因素与路径

拒绝是态度决绝的,以至于有时候这种决绝在国内的环境及气候政策中都表现出十分消极的态度,甚至任命的内阁成员都对减排活动表现出十分反感的态度。

小布什政府在国际气候减排合作中选择的是退出《京都议定书》。虽然行动坚决,但是态度上相对没有那么决绝。在退出《京都议定书》后,小布什政府在 2002 年 2 月颁布了《京都议定书》的替代性战略——《美国气候行动报告》,并提出到 2012 年美国温室气体排放强度降低 18% 的目标。但实际上,替代性战略主要是倡导通过市场激励性措施使企业通过自愿的方式进行二氧化碳的减排。而面对美国较大的二氧化碳排放源——发电厂,小布什总统采取的态度与其竞选时所做的承诺完全相悖,即放弃对美国发电厂进行二氧化碳排放的管制。

特朗普总统对于参与全球气候治理的态度可以用拒绝两个字来形容。无论在国际上直接退出《巴黎协定》,还是在国内取消绝大多数奥巴马总统关于气候变化的措施,都表现出了其对于气候变化问题的"反感"。甚至,可以说对造成大量污染和排放的传统能源"情有独钟"。这在特朗普总统的内阁成员中也体现明显。特朗普总统的内阁成员,无论从外交、环境、能源角度都是偏于保守的。特朗普的能源环境政策主张在他的内阁团队中可见端倪,多位内阁成员具有能源企业背景,大部分都是对全球气候变暖是由人类活动影响的观点持否定态度。国务卿雷克斯·蒂勒森(Rex W. Tillerson)是埃克森美孚石油公司的首席执行官(CEO);商务部长威尔伯·罗斯(Wilbur L. Ross)是私募股权公司 WL Ross&Co. 的董事长,曾并购多个煤炭钢铁工业企业;能源部部长詹姆斯·佩里(James R. Perry)曾任得克萨斯州长,是总部设在达拉斯的能源传输公司董事会董事,这家公司承建着北达科他州输油管线项目;环境保护署署长斯哥特·普鲁特(Scott Pruitt),曾任俄克拉何马州总检察长,与石油化工行业联系紧密,并对全球气候变暖持怀疑态度,对奥巴马政府的气候变化政策提起过法律诉讼(见表 7-2)。

表7-2　特朗普总统上任初期内阁成员及其对气候问题的偏好

姓名	职位	职业背景	政策偏好
斯哥特·普鲁特	环保署署长	前俄克拉何马州司法部长	支持当地页岩油、化石能源产业的发展，质疑气候变化的科学性。曾对奥巴马的气候变化政策提起法律诉讼
雷克斯·蒂勒森	国务卿	埃克森美孚首席执行官	支持传统能源产业
瑞安·金克	内政部部长	美国海军陆战队海豹突击队指挥官	支持化石能源的开采，质疑气候变化政策
佩里	能源部部长	得克萨斯州前州长	支持石油和化石燃料的开采，对人类活动影响全球气候变暖的论断强烈质疑

资料来源：根据白宫网站整理。

7.3　不同参与类型下的主要影响因素

7.3.1　碳关税

7.3.1.1　碳关税的本质及其演进

碳关税是指对碳密集型产品征税。要求征税的国家是工业化国家，而被征收对象国则主要是以中国为代表的发展中国家。对于碳关税的征收，发达国家给出两条主要理由：第一，发达国家在《联合国气候变化框架公约》《京都议定书》《巴黎协定》下实施了有约束力的减排承诺与措施，但是发展中国家没有实施减排承诺；第二，由于这些国家的许多企业根本没有为碳定价，因此它们可以生产出价格更便宜的碳密集型产品。因此，碳关税的倡导者认为应该在边境征收碳关税以间接控制全球二氧化碳的排放。而实际上，碳关税更像是发达国家为了限制发展中国家的发展，而重新创新出的贸易制裁与贸易保护主义。

碳关税是近10年国际气候谈判中不断热议的话题。特别是以法国为代表的欧盟国家极力支持碳关税的收取。目前，欧盟对炼油厂、炼钢厂和造纸厂等内部企业排放的二氧化碳收取 25 欧元/吨的费用。在其他主要经济体拒绝为自己的行业设定碳价的情况下，欧盟的做法会导致欧洲企业国际竞争力的降低。欧盟成员国认为碳关税实施的目的是督促任何不遵守其根据《巴黎协定》所作出承诺的国家实施减排计划与行动。西班牙经济部长纳迪亚·卡尔维尼奥认为这样做是为了确保气候政策不会在拥有较高标准的管辖区和可能没有较高标准的管辖区之间创造不公平的竞争环境。[1]

直到 2019 年的 12 月在马德里举办的联合国气候大会上，碳关税仍然是各国讨论的焦点。在应对气候变化的努力中，政府不可避免地会转向贸易壁垒。因为，虽然碳关税的直接目的是限制温室气体排放，但也很有可能沦为保护本国贸易、限制发展中国家竞争力的合理手段，特别是可能会形成潜在的隐形碳关税。这种碳关税在边境环节并没有征收碳关税，但是却起到了与碳关税一样的作用，对发展中国家的出口贸易形成了限制。[2] 其实质是一种表面上出于对国际与国内的环境与气候的保护，实际上是为了限制别国出口，而达到维护本国利益、限制别国发展目的的更加新型的贸易壁垒。隐形碳关税的表现形式为生产标准、碳标签等。

7.3.1.2 不同参与类型下对中国的影响

（1）情景 A：美国积极减排 + 征收碳关税情形。

①美国的决策。面对欧盟等国如此的态度，如果美国执政政府是以奥巴马总统为代表的减排支持者，在这种情形下，美国在国际减排框架下一定会做出减排承诺，并且对应国际减排承诺在国内也一定会采取一系列有利于温室气体减排的行动，其中包括对主要排放源（电厂）的温室气体减排、对交通运输部门温室气体的减排、增加可再生

---

[1] Zack Colman. Europe Threatens U. S. with Carbon Tariffs to Combat Climate Change ［EB/OL］. https：//www.politico. com/news/2019/12/13/europe – carbon – tariff – climate – change – 084892.

[2] 王谋. 隐形碳关税：概念辨析与国际治理［J］. 气候变化研究进展，2020，16（02）：243 – 250.

能源在能源生成与消费结构中的比例,等等。对此,美国也会和欧盟一样产生一定额外的碳减排成本,这些成本一方面会给美国消费者带来额外的成本负担;另一方面增加其出口产品的价格,进而影响其产品的国际竞争力。所以,在情景 A 中美国与欧盟面临的是同样的国际环境与国内环境,很有可能选择与欧盟保持相同的态度,即积极支持碳关税的征收。那么欧美等工业发达国家就形成了统一的政治立场。而中国就变成了这些国家的利益对立方。在这种情形下,美国征收碳关税就会成为中国国际气候谈判及经济发展的不利因素,对中国的经济产生不利的影响,特别对于中国的出口贸易。

②美国决策对中国经济的影响。

第一,美国征收碳关税会降低我国产品及服务的出口。一方面,出口到美国的中国产品会面临着价格在原有基础上升高的可能,价格的升高意味着产品在美国市场上对消费者吸引力的降低;另一方面,如果中国为了维持产品在美国市场的竞争力,就要采取降低本国产品出口价格的策略,这样也会压低我国出口企业在生产和销售中所获得的利润。当利润水平较低时,或低到不足以支撑企业的运营时,部分产业可能面临被淘汰。长此以往,会导致企业部门内部员工的失业增加,最终人民日常生活水平降低,经济增长放缓。

第二,征收碳关税会对我国外贸企业产生影响。碳关税的征收,直接影响着中国出口行业,而出口行业的微观内核便是外贸企业。目前,我国外贸企业均采用的是国际上通用的技术标准。关税的征收就意味着国际标准的变化,这样企业不但需要花费更多的成本进行信息的收集、技术的研发、产品的升级,而且还需要建立环保体系而获得更加严格的环保认证。外贸企业很有可能会面临更多的由于环境保护问题而产生的国际贸易摩擦。

(2) 情景 B:美国消极减排 + 不支持碳关税情形。

①美国的决策。情景 B 下美国执行政府是以特朗普、小布什政府类型为主的消极型气候政策政府。在美国拒绝参与国际气候减排机制的情况下,美国一定是在国内不但不支持碳减排的政策,相反会对传统能源提供一定的支持,并放松对传统产业的环境管制。由于环保态

度和思路与欧洲政府形成鲜明的对比，美国政府就变成了欧洲政府的对立集团。于是，在国际上，碳关税也就不再只是督促发展中国家的减排工具，而更多的是对美国这个焦点的转移。结果是，欧盟很有可能利用碳关税来威胁美国，以使美国能够积极地加入国际气候谈判与国际气候减排机制。面对此种情况，美国政府一定会是选择在国际上积极地去阻止碳关税的实施。

②美国决策对中国经济的影响。第一，有利于减少对中国外贸的影响。如果像特朗普政府一样，美国拒绝采取碳关税的实施，那么由于美国的"世界霸主地位"及国际影响力，碳关税很有可能无法实施，这也就成为国际气候谈判中对中国来说比较有利的因素。目前联合国气候减排框架下，对发展中国家的要求依然坚持的是"共同但有区别的责任"的原则。在不采取任何强制性措施的情况下，中国还可以继续做大做深其经济发展。因为，虽然我们国家发展迅速，但就目前发展水平来讲，外贸的拉动仍对中国的经济增长有一定的促进作用。根据世界银行的报告，面对碳关税的征收，中国将近1/4的外贸行业将会受到影响。

第二，有利于中国向绿色增长的转型。如果碳关税不实施或推迟实施，那么就会给中国的经济争取到更多的发展时间，这种发展是新常态的、是高质量的、是绿色的。之前，中国的经济增长是以牺牲资源和环境为代价的、是以劳动密集型为主要特点的，而现在中国政府已经深刻认识到了经济增长方式转变的必然性，政府也在努力加快步伐进行各个方面的转型升级，其中包括产业结构的升级、贸易价值链的升级，等等。就碳减排而言，中国政府已经深刻认识到，就现阶段人类对于地球生态的破坏，任何国家都不能再走欧美等老牌工业化国家的"先污染再治理"的道路，作为后发国家、作为赶超国家，我们更要寻求一条适合中国国情的绿色发展道路。

7.3.2 国际碳交易

7.3.2.1 国际碳交易在国际气候谈判中的演变

国际碳市场是国际气候谈判的重要组成部分。随着《京都议定书》

的签订。国际碳市场也开始了其最开始的雏形。慢慢地，随着《京都议定书》第一期承诺和第二期承诺的到期，国际碳交易的形式也开始逐渐向《巴黎协定》下的新型形式转变。

（1）《京都议定书》时期的国际碳交易。灵活减排机制是国际气候谈判中一个非常重要的议题。经过了多年的谈判，最终在2001年的马拉喀什全球气候大会当中成型，形成了现在的《京都议定书》下的三种灵活减排机制。

第一种，排放贸易（Emission Trading，ET）。排放贸易是一种新型的国际气候贸易的形式。排放贸易相当于排放权交易的一种国际模式，也就是将经济学原理及市场手段直接引入了国际气候治理当中，将参与者从国内的企业改变成了现在的国家间企业，并设定总体减排目标，然后将减排目标分解成各种指标，按照历史排放等方式向每个国家发放减排目标。如果某一个国家在某时期内它的减排使用额度低于被分配的额度，那么就可以将自己剩余的额度以贸易的方式卖给另一个国家。排放贸易是附件Ⅰ国家间的排放权交易，在这样的情况下碳排放就会被赋予一定的价格，那么作为一种商品，它就可以在各个国家间进行买卖。因此，对于这样的一种稀有的商品，给它赋予价格，从某种意义上有利于减少碳排放。

第二种，联合履约（JI）。联合履约机制是以减排项目为基础的附件Ⅰ国家、发达国家之间的一种减排互助行为。当某一个发达国家如果在某一个成本较低的发达国家实施减排项目或碳汇项目，那么投资国即可将投资所获得的减排额度纳入自己的减排承诺，作为自己的减排努力。同时被投资国也可以由于投资国的帮助（技术和资金支持）而获得自身的减排。由于是项目合作，所以一定会有参与者，而参与者则会被缔约方大会、各国的监管机构、第六条监督委员会等部门进行指导和监督。一般情况下，项目会经历技术准备、批准、设计、文件审查、监测预报、项目最终审核等阶段。如果这些阶段都通过了的话，所产生的减排量将会被发放到投资者的相应账户当中去。

第三种，清洁发展机制（CDM）。CDM机制是三个灵活机制当中唯一涉及发展中国家的一种机制。他主要是源自巴西所提出来的清洁发展基金。巴西认为，如果发达国家无法完成其所承诺的减排目标，则应接受一定的惩罚。也就是将其罚款存入到清洁发展基金中，以资助发展中国家的有关温室气体减排的项目。经过几轮谈判，最终形成了《京都议定书》第12条中的清洁发展机制。它是发展中国家和发达国家间的项目合作，即发达国家通过资金援助、技术培训等方式帮助发展中国家减排。从某种意义上说，清洁发展机制是一个双赢的机制：一方面，有利于发达国家减排承诺的实现；另一方面，发展中国家通过减排合作项目可以获得一定的投资和技术，从而有利于本国经济的增长和环境的保护，最终有利于发展中国家可持续发展目标的实现。

（2）《巴黎协定》时期的国际碳交易。目前，随着《京都议定书》时代的结束与《巴黎协定》时代的到来，国际碳交易的谈判形式与实现方式也发生了变化。《巴黎协定》下的 CAs 和 SDM 是 2020 年后国际气候减排中发挥重要作用的两种国际碳市场形式（见表7-3）。[①]

表7-3　《联合国气候变化框架公约》与《巴黎协定》下有关国际碳市场的讨论

缔约方会议	《联合国气候变化框架公约》关于国际碳市场的讨论
COP16-坎昆（2010年）	碳市场的原则：自愿参与经济、广泛参与经济、环境完整性、温室气体净减少和实现部分减排目标
COP17-德班（2011年）	（1）各种方法的框架：从各方设计的不同机制管理碳减排国际交易的框架；提供真实、永久和经核实的减排效果的标准；避免重复计算； （2）实现净减少的新市场机制：将减排活动扩大到经济市场中的广泛领域，实现净减少
COP21-巴黎（2015年）	（1）管理各类市场活动的框架（CAs）：允许缔约方利用国际转移的减缓成果（ITMOs）实现 NDCs，确保环境完整性，并促进可持续发展； （2）一种新的市场促进机制（SDM）：建立新的市场机制，以促进减缓、支持可持续发展

资料来源：ShuaiGao, Meng-YuLi, Mao-ShengDuan, et al. International carbon markets under the Paris Agreement: Basic form and development prospects [J]. Advances in Climate Change Research, 2019, 10 (01), 21-29。

[①] Koakutsu, K., Amellina, A., Rocamora, A. R., et al., 2016. Operationalizing the Paris Agreement Article 6 through the Joint Crediting Mechanism (JCM). IGES [EB/OL]. https://pub.iges.or.jp/pub/operationalizing-paris-agreement-article6.

第一,在《巴黎协定》中国际合作减排的框架的提法并没有消失,只是合作的形式发生了变化,变成名为"合作方法(Cooperative Approaches,CAs)"的形式。协定中提出各国可以通过"国际减排成果转让"(Internationally Transferred Mitigation Outcomes,ITMOs)来实现各国的国家自主贡献(NDC)。CAs 于 2020 年生效,旨在取代其他现有形式的国际碳信用。区别于以往的灵活机制,CAs 机制下所有的国家都需要制定自主的减排贡献,而并不是只有原来的发达国家。目前,ITMO 尚未具体定义,涉及使用 ITMO 的规则也尚未在《联合国气候变化框架公约》(UNFCCC)缔约方中达成共识。它可以采取多种形式,包括跨辖区的排放交易系统、对减排项目的投资、技术转让、甚至是 REDD +计划的信贷等。①

第二,可持续发展机制(Sustainable Development Mechanism,SDM),该机制规定缔约方可以通过购买减排配额来实现自己的自主贡献。在某种意义上说,SDM 类似于《京都议定书》当中的 CDM。但就目前为止,《巴黎协定》只是确定了 SDM 的方向性目标,在具体细节操作上没有达成共识(见表 7 - 4)。

表 7 - 4　　　　　　　　SDM 与 CDM 的区别

SDM	CDM
必须有助于总体减排/净减排	作为一种纯粹的抵销机制建立起来的,改变而不是减少排放
必须考虑到《巴黎协定》下所有国家的减排目标,包括它们随着时间的推移而取得的进展	根据《京都议定书》,发展中国家没有减排目标,也没有考虑到未来的气候承诺
应促进雄心壮志,鼓励实施气候友好政策	创造了不正当的激励措施,继续照常经营,在某些情况下,增加排放量超出正常水平,以获得减少排放量的报酬
必须反映和加强不断变化的低排放技术和政策格局	许多非附加项目

---

① Current Status of Article 6 of the Paris Agreement:Internationally Transferred Mitigation Outcomes (ITMOs) [EB/OL]. https://www.iisd.org/library/current - status - article - 6 - paris - agreement.

续表

SDM	CDM
必须为真正的、可衡量的和长期的减缓和可持续发展作出贡献，从而有助于全面摆脱矿物燃料锁定	对可持续发展的贡献有待商榷

资料来源：Carbon Market Watch. Building Blocks for a Robust Sustainable Development Mechanism [R]. 2017 (05)：1-8.

7.3.2.2 《巴黎协定》下中国参与国际碳交易面临的挑战

无论是在以奥巴马政府为代表的美国积极的气候政策的框架下，还是以特朗普政府为代表的消极的气候态度框架下，中国在《巴黎协定》下的国际碳交易中都终将面临挑战，只是压力方不同。如果美国积极参与国际气候治理，那么中国面临的压力将来自以美国、欧盟为代表的发达国家。如果美国消极地参与国际气候治理，那么中国的压力将来自以欧盟为代表的发达国家。

第一，对已登记CDM项目的影响。目前中国是国际CDM项目的主力军，登记的清洁发展机制约占全球清洁发展机制的40%，且项目主要集中于可再生能源和工业气体回收方面。[①] 目前国际上尚处于从CDM向SDM过渡的阶段，那么在过渡的过程当中是否会将一些特定类型的项目进行削减？是否只对一些小岛国家及最不发达国家的CDM项目进行迁移？这些是谈判中的一个关键的问题，如果进行削减的话，那么对中国来说，将会有很多项目被搁置，从而对中国造成巨大的损失。

第二，对中国本身经济利益的挑战。回首京都时代和后京都时代，中国在国际碳交易方面一直受到西方大国的压制，主要表现在由于信息资源匮乏、磋商渠道狭窄、碳价信号失灵而导致的碳定价主导性缺失。这意味着虽然中国是国际碳市场中全球最大的配额出售方，但是由于配额价格的低廉，中国企业最终无法在CDM机制中获得应得的经

---

① ShuaiGao, Meng-YuLi, Mao-ShengDuan, et al. International Carbon Markets under the Paris Agreement: Basic form and Development Prospects [J]. *Advances in Climate Change Research*, 2019, 10 (01), 21-29.

济利益。现在面对《巴黎协定》时代，中国能否在国际碳市场中一改过去面临的窘境？这将取决于中国在国际气候谈判中的话语权和谈判地位的上升。

第三，对中国本土的排放权交易体系的影响。SDM 交易机制要求更加严格，要求避免双重核算，也就是不能将减排成果双重列入到购买方和出售方的自主减排账户当中，这对缔约方在减排机制的监督管理以及透明度方面提出了更高的要求。目前为止，中国从 2001 年开始在北京、天津、上海、重庆、湖北、广东、深圳进行排放权交易试点后，取得了较大的成绩。根据发改委提供的统计数据，2014 年，所有 7 个试点都已启动网上交易；截至 2015 年底，7 个碳市场试点累计完成交易量近 8000 万吨，交易额超过 25 亿元人民币。① 但是仍存在着一些问题，例如，缺乏功能性碳交易市场、配额分配不准确、交易机制不完善、立法滞后、缺乏碳交易市场的监管体系等。② 因此，国内碳交易体系的完善将是与国际碳交易进行良好对接的前提基础。

第四，对中国现有的减排监测体系的挑战。《巴黎协定》下的国际碳交易实际上是《京都议定书》下的国际碳交易的升级版，既然升级，那么就意味着，这种新型的碳交易形式会在以前基础上有所改进，也就意味着对原来核算能力要求的加强。这种新的形式对中国的碳排放水平的计算和预测、报告与核查、碳信息披露与监管提出了更严格的要求与挑战。

7.3.3 低碳能源技术转让

7.3.3.1 中国与"南北"低碳能源技术转让的演进

（1）低碳技术转让的概念界定。技术转让在全球有效应对气候变

---

① Qingqing Weng, HeXu. A Review of China's Carbon Trading Market [J]. *Renewable and Sustainable Energy Reviews*, 2018, 91 (08): 613 - 619.

② Liwei Liu, Chuxiang Chen, Yufei Zhao, et al. China's Carbon - emissions Trading: Overview, Challenges and Future [J]. *Renewable and Sustainable Energy Reviews*, 49 (09): 254 - 266.

化挑战方面发挥着至关重要的作用。由于技术是温室气体减排的主要路径，因此要实现全球温室气体减排就需要进行技术创新，以使现有技术更加清洁和更具气候适应性。

《联合国气候变化框架公约》包含了无害环境技术的转让。到目前为止有关技术转让的定义很多，但最权威的是政府间气候变化专门委员会（IPCC）对于技术转让的定义：低碳能源技术转移是指一套广泛的过程，涵盖政府、私营部门实体、金融机构、非政府组织等不同利益相关者之间的一系列流程，涉及减缓和适应气候变化的专门知识、经验和设备的流动。①

技术转让自20世纪80年代以来一直是一个热门话题，尤其是作为《联合国气候变化框架公约》中谈判的一部分。技术转移一般是发达国家向发展中国家的援助，因为发展中国家的自主创新能力较低。这意味着它们在战略上处于劣势，因为技术创新对于缓解能源贫困、提高能源安全以及建设一个既能减少温室气体排放又能抵御气候冲击的能源部门至关重要。② 因此，学者呼吁在"技术转移范式"下，通过国际技术转移增加技术创新及其扩散。③

（2）低碳技术转让的南北转移规律。随着东道国经济发展，低碳技术转让模式的重点也发生了转移。从高收入国家到中低收入国家的南北技术转移经历了从技术援助和技术赠款到能力建设和政策制定合作的过程，之后又经历了从南方国家向南方及北方国家的转移，可以说经历了一个完整的"产品生命周期理论"的过程。

早期与中期阶段，由技术示范项目向政策援助的转移。技术示范项目在技术转让过程中提高了人们对清洁能源技术的认识，在工业化过程的早期发挥了重要作用，但在将技术推广到目标发展中国家方面

---

① IPCC. Climate Change 2007: Working Group III: Mitigation of Climate Change [EB/OL]. https://archive.ipcc.ch/publications_and_data/ar4/wg3/en/ch2s2-7-3.html.

② Frauke Urban. China's rise: Challenging the North-South Technology Transfer Paradigm for Climate Change Mitigation and Low Carbon Energy [J]. *Energy Policy*, 2018, 113 (02): 320-330.

③ Thomas L. Brewer. Climate Change Technology Transfer: A New Paradigm and Policy Agenda [J]. *Climate Policy* 2008, 8 (05): 516-526.

并不是很成功。① 因为，技术援助和示范项目并未导致技术向东道国企业的传播。尤其对于中国而言，在过去的经济发展过程中，示范项目发挥了重要作用，然而当经济开始从计划经济转向更加开放的市场经济体系时，人们越来越认识到，其他技术传播方式现在可能更适合中国。鉴于中国经济的持续高速增长，发达国家将其援助计划从技术示范转移到政策发展合作。②

后期阶段，由南北援助转向了南南援助与南北转让（见表7-5）。中国正在实现低碳能源技术的赶超。由于经济发展模式的改变，中国正在经历从原来的"中国制造"向"中国创造"的转变过程。这种转变体现在经济发展的各个环节，当然气候变化与低碳发展环节也不例外。随着中国经济的迅速发展，随着中国在《联合国气候变化框架公约》谈判地位的逐渐提高，随着中国环保意识的不断增强，随着"绿水青山就是金山银山"科学论断的提出，中国政府开始加大力度进行低碳产业的升级和低碳能源的转型。与此同时，中国也正在加强建设与气候相关的技术和低碳能源技术的自主创新能力。中国的风能和太阳能产业已经发展成为"具有中国特色的风能产业/太阳能光伏产业"，这意味着中国风能和太阳能光伏经历了"引进、吸收、消化、再创新"的过程，即企业通过技术转让从全球北方获得的低碳技术得到了修正、改进，并转化为更适合中国市场的技术。

表7-5 2017年特定低碳能源行业技术转让与合作类型汇总表

部门	资本流动	市场准入的驱动因素	技术领先（含研发）	创新的起源（包括专利）	技术转让与合作类型
水力发电	南—南	南—南	南—南	南方（中国）	南—南

---

① Stephanie B. Ohshita and Leonard Ortolano. From Demonstration to Diffusion: the Gap in Japan's Environmental Technology Cooperation with China [J]. *International journal of technology transfer and commercialisation*, 2003（01）：351-368.

② Stephanie Ohshita. Cooperation Mechanisms: A Shift Toward Policy Development Cooperation [R]. In Sugiyama, T. & S. B. Ohshita (Eds.), Cooperation Structure: The Growing Role of Independent Cooperation Networks, 2006：63-78.

续表

部门	资本流动	市场准入的驱动因素	技术领先（含研发）	创新的起源（包括专利）	技术转让与合作类型
太阳能	南—南 南—北	南—南 南—北	南— 南—北	南方（中国，太阳能热水器、太阳能发电等技术）	南—南—北
风能	南—南 南—北	南—南 南—北	南— 南—北	北方（主要是欧盟）、南方（中国，有时通过技术引进）	南—南—北

资料来源：Frauke Urban. China's rise：Challenging the North – South technology transfer paradigm for climate change mitigation and low carbon energy [J]. *Energy Policy*，2018，113（02）：320 – 330。

7.3.3.2 低碳能源发电成本降低的趋势

可再生能源从提出到现在，经历了漫长的过程，因此，可再生能源不再是一个全新的概念。长久以来，可再生能源的利用率十分有限，主要原因是其应用成本的高昂。对此，世界各国虽然都在发展可再生能源，但是却没有把可再生能源的发展与使用放在核心能源的位置。但是随着几次工业化革命之后，人类逐渐意识到工业化发展对地球生态的巨大影响，人类已经在不知不觉中破坏了地球上原有的环境和气候。而破坏的根源之一便是人类对于化石能源的使用。于是世界各国开始加大力度寻求对于传统能源的替代，逐渐加大对于可再生能源的研究与开发。

此外，随着全球温度的不断升高、随着全球冰川的不断融化、随着珍稀物种的不断灭绝、随着极端气候天气的频繁出现，世界各国逐渐认识到可再生能源的重要性。可再生能源的发展是未来人类发展的必然趋势。它也许会成为未来全球经济增长的新引擎。可再生能源革命也许会带动人类的"第四次工业革命"。而对于可再生能源来说，现在面临最大的问题是它的大范围使用及其发电成本的降低。

根据国际可再生能源机构（IRENA）的最新研究，全球可再生能源的成本在 2010 ~ 2019 年得到了大幅下降。其中，由于设备成本及电厂成本的下降，太阳能光伏发电成本由 2010 年的 0.378 美元/千瓦时，下降到了 2019 年的 0.068 美元/千瓦时，降幅达到了 82%。聚光太阳能热发电由 2010 年的 0.346 美元/千瓦时下降到了 2019 年的 0.182 美元/千瓦时，下跌了 47%。此外，陆上和海上风力发电也下降了 39% 和 29%。[①] 成熟的生物质能发电、地热和水力技术的全球加权平均平准成本趋势更加多样化。在许多情况下，这些技术代表了具有竞争力的企业实力，而且成本已经大幅度降低。2010~2019 年，电力项目生物质能发电的成本从 0.076 美元/千瓦时下降到 0.066 美元/千瓦时，这一数字处于新化石燃料项目成本区间的低端（见图 7-1）。[②]

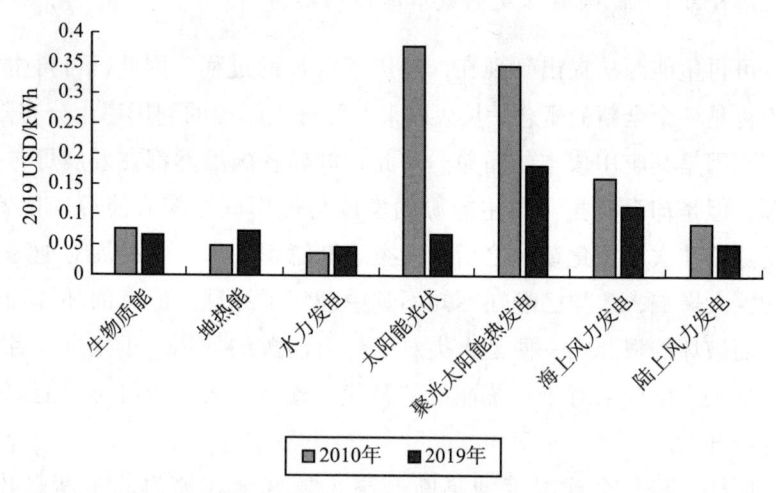

图 7-1　2010 年和 2019 年全球可再生能源发电技术的全球加权平均成本

资料来源：International Renewable Energy Agency. Renewable Power Generation Costs in 2019 [R]. 2020：1-144。

7.3.3.3　中美低碳能源技术转让的挑战

低碳能源技术是能源领域的核心元素，因此此类技术的转让无论

[①②]　International Renewable Energy Agency. Renewable Power Generation Costs in 2019 [R]. 2020：1-144.

在积极减排的美国政府还是在消极减排的美国政府中,都有可能成为中国全球气候治理中的不利因素。

(1) 情景 A:美国积极减排。

首先,中美更有可能达成低碳能源技术转让的共识。奥巴马政府执政期间,美国能源部代理助理部长乔纳森·埃尔金德(Jonathan Elkind)曾表示出与中国在清洁能源方面进行合作的意愿,因为"我们需要,也因为我们想",同时指出两国在保护环境和创造商业机会方面有着共同的利益。[1] 很多专家也表示,两国的合作计划"可以增加新能源技术的产能并降低成本,从长远来看,新能源技术将为太平洋两岸带来经济、能源和环境安全利益。"[2] 在此期间,中美在新能源领域展现出了良好的合作势头。2009 年北京峰会上,中美两国便已经就可再生能源领域达成了多项合作的倡议。此外,中美企业间也签署多项合作协议。例如,通用电气与中国华电公司、神华集团,美国铝业公司和中国电力投资集团签署了上亿美元的协议。

其次,中美很有可能形成低碳能源技术的竞争。第一,纵观美国历届政府对于气候变化的态度,可以发现美国作出减排策略的核心考量便是美国自身的经济利益与经济发展。如果美国选择采取积极的减排政策,很有可能预示着美国预判低碳经济将会成为人类未来经济发展的新动力。低碳经济的发展也可能成为未来人类经济发展的前沿领域,那么在这个前沿领域当中,谁掌握核心的低碳技术,谁就很有可能占领未来经济发展的制高点。第二,近些年低碳能源发电成本逐渐降低,这非常迎合美国能源独立的战略。如果低碳能源发电成本降低到一定程度,并且可以对传统能源进行大范围替代,那么低碳能源技术术将会成为未来人类竞争的核心地带。第三,中国经济发展与崛起的速度飞快,并且已经取得了对于技术的引进、消化、吸收、再创新的

---

[1] U. S. – China Economic and Security Review Commission. 2014 Report to Congress [EB/OL]. https://www.uscc.gov/sites/default/files/annual_reports/Complete%20Report.PDF.

[2] Peter V. Marsters, Jennifer L. Turner et al. Cooperative Competitors:Potential of U. S. – China Clean Energy Cooperation [R]. Woodrow Wilson Center China Environment Forum Brief, 2012:1 – 5.

能力。以太阳能为例,太阳能光伏是一种主要在美国开发的技术,它的发展受到美国国家管制的垄断企业和政府项目的推动。[①] 世界上第一个硅光伏电池的突破性创新发生在1954年的美国贝尔实验室。[②] 此后,基于不同形式的技术合作,尤其是来自美国、澳大利亚、欧盟和日本的技术合作,中国开始了太阳能领域技术的发展,实现了由微不足道向世界前列的转变。总之,在此情形下,面对近些年中国在经济及低碳领域的快速崛起,美国很有可能将中国视为其低碳技术的竞争对手。在跟中国进行低碳技术合作的同时,一定会对其高端的、核心的技术予以保留。

(2)情景 B:美国拒绝减排。

如果美国拒绝参与全球气候减排机制,说明一方面气候问题既不足以对美国的环境安全构成威胁,也不是美国战略中的首选因素;另一方面低碳经济还没有发展到可以成为未来经济发展制高点的水平。因此,美国对低碳能源技术的转让管控也会更加严格。

首先,约束的降低促使中美的低碳能源技术转让的程度降低。面对像小布什、特朗普这一类退出《京都议定书》《巴黎协定》的美国政府来说,一方面,他们可能做出的行动是放弃或降低对本国碳减排的措施和行动的投入,那么也就意味着其不会将重点放在低碳能源技术的研发上。因此,在低碳技术研发方面与国外的合作和转让程度就会降低。另一方面,由于本国已经退出了国际减排机制,不再受到国际减排机制当中要求发达国家要向发展中国家进行低碳技术转让的约束。面对此种情景,很有可能最终结果是美国将会放缓对于中国等发展中国家的低碳能源技术转让。

其次,保守主义促使中美的低碳能源技术转让的程度降低。美国退出国际气候减排多边机制意味着它可能会更倾向于采取单边主义行动。单边的行动不但在经济上意味着会采取保护主义的措施,这种思

---

① Mariana Mazzucato. *The Entrepreneurial State*:*Debunking Public vs. Private Sector Myths* [M]. London:Anthem Press, 2013:1-266.

② Jeremy Leggett. *The Solar Century* [M]. London:Profile Books, 2009:1-192.

路也会波及其他方面,其中就包括低碳技术发展方面。秉持保守主义的政府很有可能认为,随着金砖国家的不断崛起,随着中国、印度等发展中国家经济的迅速增长,美国的"世界独霸"的地位受到了威胁。为了限制发展中国家的崛起,它们可能会对自己的一些核心技术进行保护,同时会在某种程度上对中国各个领域的技术发展予以阻挠。

7.3.4 气候能源合作

(1) 情景 A:美国积极减排。

在美国积极参与国际减排的情形下,中美更有可能就气候和能源领域达成合作。这种趋势,在克林顿总统执政时期便已经十分凸显。1997 年,中美重申在广泛的环境问题上开展广泛双边合作的重要性,并最终签署了《中美能源与环境合作倡议》。美国同意通过加快清洁能源项目和适当转让相关技术的倡议来加强在能源和环境方面的合作,其中具体包括清洁能源、城市空气污染控制、农村电气化、气候变化、荒漠化和生物多样性等领域的合作。此后,在奥巴马政府时期,中美气候合作不断深入,表现出"意愿不断提升、范围不断扩大、渠道更加多元、成效不断显著"的特点。[1] 在 2008 年 6 月的战略经济对话中,美国和中国签署了能源和环境合作十年框架,确定了清洁电力、清洁水、清洁空气、高效交通和森林保护等合作目标;在 2009 年 11 月奥巴马总统访问北京期间,他将这一框架作为制定一系列倡议的基础,以加强两国在清洁能源方面的合作(见表 7-6)。[2] 同时中美不断发表联合声明,以加强两国在气候与能源方面的进一步合作(见表 7-7)。

---

[1] 薄燕. 中美在全球气候变化治理中的合作与分歧 [J]. 上海交通大学学报(哲学社会科学版),2016,24 (01):17-27.

[2] U. S. – China Economic and Security Review Commission. 2014 Report to Congress [EB/OL]. https://www.uscc.gov/sites/default/files/annual_reports/Complete%20Report.PDF.

表7-6　2009年中美签署的由政府资助的清洁能源合作项目

倡议名称	中国签署部门	美国签署部门	倡议内容
中美清洁能源研究中心（CERC）	科学技术部国家能源局	能源署	建立研究中心，重点发展能源效率、清洁煤和清洁汽车技术，包括碳捕获和储存
中美电动汽车倡议	公共和私人实体	公共和私人实体	电动汽车联合标准的制定、在中国的示范项目、研发和制造路线图的创建以及公共教育项目
中美能源合作倡议	公共和私人实体	公共和私人实体	为中国在可再生能源、智能电网、清洁交通、绿色建筑、清洁煤、热电联产和能源效率方面的工作提供私营部门资金
中美可再生能源合作伙伴关系	公共和私人实体	公共和私人实体	促进在先进风能、生物燃料、太阳能和电网技术方面的合作，同时通过年度美中合作扩大这些领域的贸易可再生能源论坛
21世纪煤炭	公共和私人实体	公共和私人实体	创建合资企业和其他清洁煤公私伙伴关系，包括碳捕获和接近零燃煤发电厂的排放
中美节能行动计划	公共和私人实体	公共和私人实体	制定节能建筑法规和评级系统，为工业能源效率制定基准，培训建筑检查员和工业设施能源效率审核员，并召开新的年度美国节能会议中美能源效率论坛
页岩气倡议	公共和私人实体	公共和私人实体	美国评估中国页岩气的潜力，开展联合技术研究，并通过中美石油和天然气行业论坛、考察和研讨会促进美国在中国的页岩气投资

资料来源：U. S. - China Economic and Security Review Commission. 2014 Report to Congress [EB/OL]. https：//www.uscc.gov/sites/default/files/annual_reports/Complete%20Report.PDF。

表7-7　近年中国与美国发布的有关气候与能源合作的联合声明

时间	声明名称	声明内容
2013.4	《中美气候变化联合声明》	成立气候变化工作组，已敲定中美在替代能源和可再生能源技术与研究方面进行合作的方式
2014.11	《中美气候变化联合声明》	宣布各自的2020年后气候变化行动与减排目标

续表

时间	声明名称	声明内容
2015.9	《中美元首气候变化联合声明》	重申共同的信念：采取国内行动、加强双边合作、促进绿色发展
2016.3	《中美元首气候变化联合声明》	承诺签署《巴黎协定》，加深和扩大双边合作

资料来源：The Whitehouse Present Barack Obama [EB/OL]. https://obamawhitehouse.archives.gov/.

（2）情景B：美国拒绝减排。

在美国拒绝参与全球气候治理的情形下，特别是以特朗普政府为代表的消极减排政府，美国国内的气候政策将会面临全面的收缩。国际气候合作是国内政策的延续；因此，中美气候能源合作将会面临一定的挑战。

第一，气候能源合作很有可能将不再是中美合作的重点。特朗普总统缩小并重新排列了中美关系的总体优先事项，并将气候变化问题从优先事项中删除。因此，推动中美能源与气候合作的美国环境面临恶化。造成的结果是：就中美之前签订的合作协议，很有可能由于美国联邦政府资金支持的中断而中途搁浅。中美很难在国家层面继续发起联合减排行动与措施。

第二，合作对象将更倾向于依赖美国非联邦行为者。随着美国联邦政府退出全球气候领导地位，美国很多城市、州、企业、慈善机构和民间团体正在加紧进行减排行动。美国气候联盟和"气候市长"等组织向中国及全世界发出了积极合作的信号。此外，加利福尼亚州正在积极推动中美气候合作的深入发展，并与中国就气候变化、清洁能源和环境等问题已达成了多项合作协议。

7.3.5 气候融资

7.3.5.1 国际气候融资现状

（1）全球气候融资规模。近年来，全球气候融资规模呈上升趋势。

从 2013 年的 3420 亿美元逐渐增加到了 2015 年的 4720 亿美元,之后在 2016 年有所下降,并在 2017 年急剧增加并反弹。2017 年气候资金流达到 6120 亿美元的历史新高,这主要是受中国、美国和印度可再生能源产能增加以及公众对土地利用和能源效率承诺增加的推动。随后,2018 年下降 11%,至 5460 亿美元。由于东亚和太平洋地区监管转变,贷款模式发生变化,此外,全球经济增长放缓,可再生能源成本同比大幅下降,导致 2018 年公共低碳运输和私人可再生能源投资减少。

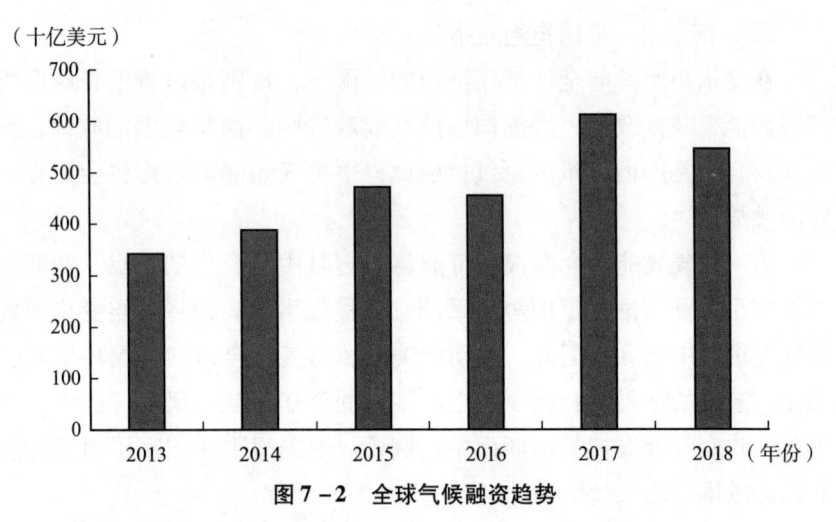

图 7-2 全球气候融资趋势

资料来源:Global Landscape of Climate Finance 2019 [R]. CPI, 2019:1-38。

(2)绿色气候基金。绿色气候基金(Green Climate Fund,GCF)是全球最大的国际气候基金。于 2009 年哥本哈根气候大会正式提出建设,并于 2011 年正式启动(见表 7-8)。

表 7-8 绿色气候基金的演进轨迹

年份	发展历程
2009	COP15 提出建设 GCF
2010	COP16 决议建立 GCF
2011	COP17 正式启动 GCF

续表

年份	发展历程
2012	GCF 举行首次理事会会议
2013	GCF 在韩国松岛设立常驻总部
2014	GCF 募得超过 100 亿美元资金
2015	做出首个投资决定，包括气候减缓和适应项目
2016	GCF 首个全年运营，开发了 35 个项目的投资组合，项目金额达 15 亿美元
2017	加速气候行动，实施 19 个项目，金额达 6.33 亿美元
2018	截至 12 月初，已开发 93 个项目，金额约 46 亿美元

资料来源：ideacarbon. org［EB/OL］. https：//www. ideacarbon. org/news_free/47987/? pc = pc。

绿色气候基金旨在通过提供资金支持发展中国家缔约方的项目、方案、政策等活动。GCF 要求发达国家于 2010 ~ 2012 年出资 300 亿美元作为启动资金，并在 2020 年后每年向发展中国家提供 1000 亿美元的资金支持。对此，各发达国家纷纷做出承诺。其中，奥巴马总统承诺向 GCF 捐款 30 亿美元。然而，美国的承诺并没有完全兑现。奥巴马任期内美国共向 GCF 转移 10 亿美元的资金，尚欠 20 亿美元。特朗普政府在宣布美国于 2017 年 6 月 1 日退出《巴黎协定》时批评了 GCF，称其是一项将财富从富国重新分配给穷国的计划。[①]

7.3.5.2 美国不同态度下对中国气候融资的影响

（1）情景 A：美国积极参与国际减排。

如果美国积极参与国际气候减排，将会有利于中国的国际气候融资。美国会增加对国际气候资金的支出，2009 ~ 2015 年，美国向发展中国家的气候融资增加了 4 倍。在此期间，美国积极促成了绿色基

---

① Eddy, Somini Sengupta, Melissa; Buckley. As Trump Exits Paris Agreement, Other Nations Are Defiant［N］. The New York Times. ISSN 0362 - 4331. Retrieved 1 June 2017.

金的建立,同时是绿色基金承诺捐助的第一大国,其承诺捐赠的金额是第二名日本的 2 倍(见图 7-3)。那么,在此情形和势头下,中国有关气候变化的融资项目获得国际气候融资的机会自然就会增多。

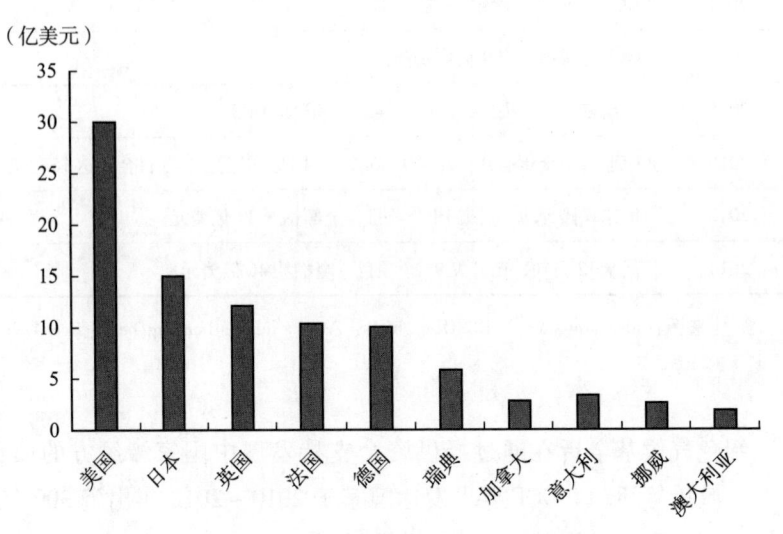

图 7-3　全球前十位绿色基金承诺捐助国及其捐助金额

资料来源:World Resources Institute. https://www.wri.org/resources/data-visualizations/green-climate-fund-contributions-calculator-20。

(2)情景 B:美国消极参与国际减排。

如果美国消极参与国际气候谈判,那么对中国来说在气候融资方面是十分不利的。

第一,美国会削减对国际气候资金的支持。美国对国际气候资金的支出,从奥巴马时期到特朗普时期经历了由上升到下降的过程。除了对国际组织项目的捐助(联合国开发计划署、联合国环境规划署、蒙特利尔基金、UNFCCC 及 IPCC)一直保持在每年 0.339 亿美元没有变化外,多边绿色基金和多边发展银行方面的支出均急剧下降。其中多边绿色基金由 2016 年的 0.33 亿美元下降到了 2019 年的 0.14 亿美元;多边发展银行支出由 2016 年的 1.81 亿美元下降到了 2017 年的 1.51 亿美元,再到 2019 年的 1.35 亿美元(见图 7-4)。由此导致的结果是与美国处在同一利益集团的国家很有可能也采取同样的政策。进而，对国际气候资金的存在构成威胁，也会对全球其他国家的捐赠信心构成打击。

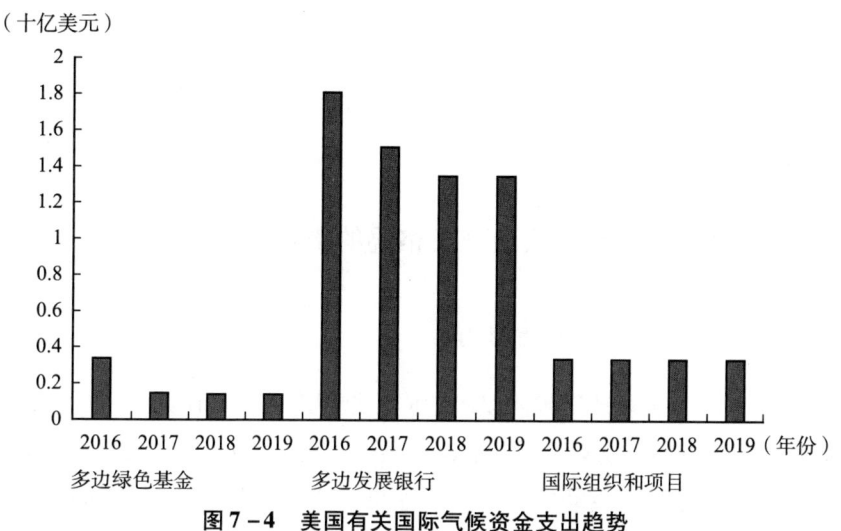

（十亿美元）

图7-4 美国有关国际气候资金支出趋势

资料来源：World Resources Institute. https://www.wri.org/blog/2019/02/us-climate-finance-improves-2019-budget-theres-still-long-way-go.

第二，美国会对中国向国际气候基金申请的项目横加阻拦。例如，2018年10月美国董事会阻止了中国对绿色气候基金的首次融资竞标。美国总统特别助理马修·哈萨格（Mathew Haarsager）否决了一笔用于中国山东绿色发展的1亿美元的贷款。马修·哈萨格给出的理由是："该耗资15亿美元的计划也已经有足够的现金来源，并没有令人信服的GCF融资理由。"[①] 面对美国的阻挠，我方给出的理由是："这正是GCF应该支持的'转型'倡议。山东是中国能源消耗最高的国家，主要以煤炭为燃料。通过对清洁能源、城市交通和其他气候项目的投资

---

① Megan Darby. US-China trade war spills into Green Climate Fund [EB/OL]. https://www.euractiv.com/section/climate-environment/news/us-china-trade-war-spills-into-green-climate-fund/.

将减少50百万~75百万吨二氧化碳排放。"[1] 虽然，最终的结果是以中国的获胜而告终。但是，从中应该意识到，如果美国采取的是消极的气候政策，如果美国采取的是保守的经济与贸易政策，那么对于中国在国际上进行气候融资是相当不利的。

7.4　不同参与类型下的影响路径

7.4.1　对全球气候治理及格局的影响

7.4.1.1　美国参与的影响

（1）有利于全球气候协议的达成。纵观全球气候谈判的历史，《联合国气候变化框架公约》《京都议定书》《巴黎协定》的达成无不出现在美国被动参与或主动领导时期。如果一个条约的形成和美国政府当时的态度相对应是偶然，那么三个重大标志性协议的对应就是必然。这种现象充分证明虽然美国不是全球碳减排的领跑者，但却是国际减排不可或缺的中坚力量。虽然世界经济格局正朝着多极化的方向不断迈进，但是"一超多强"的局面仍未完全打破，美国仍旧在经济发展中走在世界各国的前列，并在国际公共事务中占据领导地位。如果美国积极参与，加之欧盟、日本的极力支持，以及中国、印度等发展中大国的积极参与，国际气候协议就很有可能顺利达成。

（2）有利于伞形国家话语权的增进。美国的参与并不是以全球"救世主"的思想为指导，而是充分以本国经济与政治利益为出发点，这种利益表现在对提高全球领导地位、对碳减排空间获取、对清洁能源技术的领先等方面。美国的特殊地位决定了美国的态度并不只代表

---

[1] Megan Darby. US – China trade war spills into Green Climate Fund [EB/OL]. https://www.euractiv.com/section/climate – environment/news/us – china – trade – war – spills – into – green – climate – fund/.

其自己本身，而是无形中代表了其背后的整个伞形集团。国际气候谈判也在各个利益集团的竞争与妥协中艰难前行。在老布什政府时期美国对于具体减排时间表及量化的反对，克林顿政府时期对于欧盟提出的严格减排要求的放松，奥巴马政府时期美国将减排基础年设定在2005年，均证明了美国在国际气候谈判中的话语主导力，同时证明了以美国为代表的伞形国家集团话语权的增进。

（3）有利于国际气候谈判进程的推进。国际气候谈判不只是协议签署前的各方谈判，还包括签署后各方就细节问题的进一步谈判。某些情形下，后续谈判中各方可能会就碳关税、碳交易、低碳能源技术转让及气候融资的实行与否、实施时间、实施程度、实施对象等问题进行进一步的磋商与洽谈。如果美国采取积极的态度，在某种程度上很有可能对谈判的进程起到推波助澜的作用，这在绿色气候基金的设立中已经得到充分体现。此外，国际上的积极参与，意味着国内政策的协同推进，带来的将是美国国内低碳技术和低碳产业的创新与升级，加之美国国内二氧化硫及区域碳排放交易的成功经验，因此，美国没有理由也不会拖慢这些领域的谈判进程。

7.4.1.2　美国拒绝参与的影响

如果美国选择的是小布什、特朗普等总统下的国际气候政策与行动，那么将会对国际气候格局产生一定的负面影响，其中包括对减排承诺的影响、对国际减排承诺和审查的破坏及对国际气候谈判格局的影响。

（1）很难兑现减排承诺。美国在《京都议定书》和《巴黎协定》下均做出了减排承诺，分别是第一承诺期内在1990年的基础上减排7%和到2050年将温室气体在2005年的基础上减少26%～28%。如果一味地"承而不为"的话，那么由于其巨大的经济体量、较高的人均碳排放量，国际碳减排必然会受到负面牵连。[1]尽管小布什和特朗普总

---

[1] 潘家华. 负面冲击正向效应——美国总统特朗普宣布退出《巴黎协定》的影响分析[J]. 中国科学院院刊, 2017, 32（09）: 1014-1021.

统的行动不太可能改变美国碳排放的主要趋势,因为美国减排的主力军——各州政府、企业等一直在进行积极地减排行动,美国碳排放会处于不变及下降趋势;① 但是即使这样,单单凭借各州、城市以及企业,未必能够完成美国在国际上做出的减排承诺。

(2) 改变国际气候谈判格局。以往的国际气候格局阵营是以美国为首的伞形国家、欧盟及 77 国集团 + 中国,其中欧盟一直是以领头羊的身份出现在国际气候治理格局中。但是随着奥巴马总统的积极参与,随着中国综合国力的增强,特别是中美在《巴黎协定》的促成中起到了至关重要的作用后,国际气候格局已然悄悄的发生了改变,渐渐地由过去的"单头雁"式飞行转变成了"多头雁"模式。但是随着美国退出国际气候谈判,特别是退出《巴黎协定》,各国开始将关注点慢慢从美欧转向中国、印度等新兴经济体,将希望寄托于经济快速增长、声誉不断增强的中国。因此,新兴经济体国家开始在国际气候治理中展现出软实力和领导力。

(3) 打击国际气候行动信心。美国在不到 8 年间,已三度"进退"《巴黎协定》。2017 年 6 月,时任美国总统、共和党人特朗普宣布美国将退出《巴黎协定》。2020 年 11 月 4 日,美国正式退出该协定。2021 年 1 月 20 日,民主党人拜登就任总统首日签署行政令,宣布美国将重新加入《巴黎协定》。同年 2 月 19 日,美国正式重新加入《巴黎协定》。2025 年 1 月 20 日,特朗普再次就任总统首日签署行政令,宣布美国将退出《巴黎协定》。美国退出《巴黎协定》时态度坚决,并强调"除非美国确定了重新加入的合适的条件"。特朗普政府时期没有迹象显示美国政府正在寻求重新加入谈判,相反可以肯定的是,特朗普总统将注意力更多地放在了贸易和地缘政治上,而国际气候变化则退居次要地位。② 之后并没有缔约方效仿美国决定退出协定,但是显然美国的退出会降低全球气候谈判的行动和士气。具体主要体现在,有关

---

① Johannes Urpelainen, Thijs Van de Graaf. United States Non – cooperation and the Paris Agreement [J]. *Climate Policy*, 2018, 18 (07): 839 – 851.

② Frank Jotzo, Joanna Depledge, Harald Winkler. US and international climate policy under President Trump [J]. *Climate Policy*, 2018, 18 (07): 813 – 817.

国际碳交易的谈判迟迟未能达成共识、气候资金缺口很难填补、低碳技术研发速度逐渐放缓、国际气候与能源合作的程度降低，等等。

7.4.2　对中国的直接与间接不利影响

7.4.2.1　美国参与的影响

如果美国采取积极参与的态度，虽然在能源气候合作及气候融资方面有利于中国的气候谈判，但是也不可避免地会有不利因素的存在。

（1）对于排放空间分配原则的争议。截至目前，国际上关于碳排放空间分配原则给出了至少十种解决方案。但是无论哪种方式，都体现出了发达国家对于排放效率原则的支持和发展中国家对于历史排放及人均减排原则的强调。长期以来，美国对于分配原则的立场从没有改变，虽然短期之内无法扭转《联合国气候变化框架公约》下的"共同但有区别的责任"原则，但是从《巴黎协定》下的现状来看，长期内不排除美国会联合盟国进行效率原则的渗透及战略和战术上的调整。如果效率原则获胜，那么77国集团+中国共同利益在某种程度上将面临破坏，集团也很有可能面临瓦解。而这种局面下，受影响最严重的一定是印度、巴西及中国等发展中大国。而其中的主要原因是这些新兴国家所处的发展阶段。一方面，随着国际产业与技术的梯度转移，这些国家正在经历或已经依靠劳动力和自然资源等禀赋取得经济增长的阶段；另一方面，很多国家经济还处在产业结构升级与调整的攻坚阶段。效率原则必然会对这些国家的发展造成一定程度的阻碍。

（2）与中国在减排关键领域形成竞争。在减排行动方面，积极参与意愿代表着美国对于全球减排领导地位的争取。领导的威慑力的获取很大程度上要从示范作用中得到。那么美国自然会做出减排承诺与减排行动。那么，美国很有可能将自己视为"世界警察"，去督促其他各国的减排。这种情形下，中国目前世界第一大排放国的现状必然成为美国的主要针对对象。美国一方面敦促中国做出严格的减排承诺；另一方面会通过碳关税、国际碳交易等手段限制中国的碳排放。在低碳技术与产业发展方面，中美也将构成合作与竞争并存的关系。美国向来是世界先进技术的领跑者,即使在退出阶段也并不意味着美国对于低碳技术和低碳产业的完全放弃。目前,面对中国在低碳领域迅猛发展的势头,美国很有可能在技术转让方面保留核心技术,或者在中美构成实质性竞争时给中国制造麻烦。

7.4.2.2 美国拒绝参与的影响

(1) 增加了中国生态脆弱性的风险。近几年,中国在大气及气候变化方面出台了很多措施也取得了一定成绩。在缓解气候变化方面,中国政府一直致力于优化产业结构、调整能源结构、增加能源使用效率、增加碳汇等;在增加气候适应变化能力方面,也不断在农业、水资源、森林、海洋、气候灾害、人体健康等方面采取行动。[①] 根据中国生态环境状况公告,2019 年,中国空气质量的达标率已经由 2015 年的 21.6% 上升到 2019 年的 46.6%(见表 7-9)。优良天数比例也达到了 82%。其中,京津冀平均优良天数比为 53.1%,长三角地区为 76.5%。

表 7-9　中国 337 个地级以上城市年度空气质量达标率列表

年度	达标率(%)
2015	21.6
2016	24.9
2017	29.3
2018	35.8
2019	46.6

资料来源:中国生态环境状况公告,2015~2019 年。

然而,美国选择退出策略,则会对中国的绿色成果产生影响。一方面,温室气体的公共物品属性决定了全球的气候保护不是某一个或某几个国家就可以拯救,而是需要全球各国的共同携手。美国作为世界第二大排放国,其行动与措施对全球碳减排有较大影响。另一方面,

---

[①] 生态环境部. 中国应对气候变化的政策与行动 2019 年度报告 [R]. 2019 (11): 1-64.

美国作为对世界有重要影响力的国家之一,它的态度无形中会对其他各国产生影响。那么,对中国这个发展中大国来说减排的难度和压力也会随之增大。

(2)减少中国在全球的碳排放空间。根据 IPCC 报告,到 2100 年,全球的累计碳排放量中间值将达到 15000 亿吨。所以,如果世界各国不采取行动,那么将无法达到 UNFCCC 预期的目标。由此,碳排放空间的分配问题已然成为贯穿整个气候谈判的核心议题。对中国而言,在《京都议定书》时期,中国作为发展中国家可以不承担减排义务,但是现阶段《巴黎协定》时期已经开始要求所有缔约方提供减排自主贡献承诺。在全球碳排放空间固定的情况下,美国退出《巴黎协定》就意味着其本国碳排放空间的增大,同时也意味着对别国碳排放空间的挤占,包括对中国排放空间的挤占。① 对于中国进一步的影响是国内减排成本的增加,即碳价的上升,进而影响中国的经济增长与经济发展。②

(3)导致中美气候外交互动模式失灵。气候外交虽然不是国际经济与政治领域最主要的交流内容,但是如果两国均对此意愿强烈、方向一致,那么这种外交问题很有可能成为两国友好关系的黏合剂。在奥巴马政府及拜登政府时期,中国和美国元首在气候问题上进行了多次的良好互动,这对两国友好关系的进一步加强,对两国气候能源领域的进一步合作,对两国未来的进一步互利互信均起到了良好的促进作用。随着两国彼此信任的达成,两国将在其他经济与政治领域形成更加广阔的合作空间。然而,随着特朗普总统宣布退约,中美元首间的对话与会晤几乎不再涉及气候变化等问题,气候外交的战略支撑意义也大不如前。

---

① 戴瀚程,张海滨,王文涛. 全球碳排放空间约束条件下美国退出《巴黎协定》对中欧日碳排放空间和减排成本的影响[J]. 气候变化研究进展,2017,13(05):428-438.

② 张海滨,戴瀚程,赖华夏,等. 美国退出《巴黎协定》的原因、影响及中国的对策[J]. 气候变化研究进展,2017,13(05):439-447.

第 8 章

美国气候政策转向背景下国际气候谈判困境与中美气候博弈模型分析

全球大气温室气体含量作为严格意义上的国际公共品,其在全球范围内的减排控制,即国际公共品供给上存在着集体行动困境。纵使《京都议定书》《巴黎协定》有利于应对全球气候变化威胁,国际公共品供给收益的非排他性仍然导致各国参与供给激励不足,最终陷入集体行动困境。而其中作为全球最大的排放大国、作为全球两大阵营代表的美国与中国,随着两国经济、政治、外交联系的愈加紧密,这两个国家对于全球温室气体减排的参与已然成为世界各国关注的焦点。两国虽然在国际气候减排中有一定的合作与共识,但是由于两国所代表的谈判集团不同、两国所追寻的利益诉求不同、两国所处的经济发展阶段不同、两国在气候领域的技术和产业创新能力不同,因此也存在一定的分歧与协调,由此也构成了两国在国际气候谈判中的博弈与竞争。

8.1 国际气候谈判的集体行动困境

8.1.1 模型建立假设依据

奥尔森(Olson)认为只要一件物品具备非排他性就是广义公共

品，可以运用"集体行动逻辑"推理其供给主体行为，[1] 同时华莱士（Waltz）指出，没有成员会主动提供集体产品，每个人都希望别人能承担更多。[2] 显然温室气体控制属于国际公共品，考虑到削减温室气体排放的巨大经济成本，缓解气候变化危机并不符合许多国家政府最直接的国家利益，从而产生了集体行动的"搭便车"问题。因为一国即使不在气候减排上做出任何贡献仍然可以享受气候稳定带来的好处，并且任何一国对气候稳定的受益程度不会受到其他国家享用这种控制的影响。

奥尔森的公共选择理论是对理性个人所组成集团的观察与研究，因此本书也假设国家行为具有"经济人"这一特征。在国际社会的"中间集团"中，不同成员对某一国际合作和国际公共产品有着不同程度的兴趣和收益，这种差异对国际公共品供给有着重要的影响。因为将个人收益完全取决于参与者的人数是不准确的，任何成员从集体行为中获得的利益份额不仅取决于集体行动者的数量，而且还取决于个人与公共问题之间的利害相关程度，例如与内陆国家相比，岛国从防止全球海平面上升的公共利益中获益更多。同时成员之间利益份额的差距越大，动力越强，越容易克服集体行动的困境。在很难提供足够的选择性激励的条件下，为了促进国际集体行动实现全球公共利益，那些更看重国际公共品价值的国家一方面将承担更多的成本，另一方面将通过舆论的压力和额外的补偿或惩罚说服其他成员提供公共产品。因此，那些对国际公共产品更感兴趣并认为可以从中获得更大份额收益的国家行为者将成为国际谈判的促进者，以促进集体提供公共产品。在这种不平衡的集团中，有一种专断分配提供集体货物的负担的倾向。

大部分国际谈判都是以大国为主导力量进行国力博弈，而新的国际制度建立也取决于各国的政治经济实力，[3] 因此发挥大国作用对集体制度形成至关重要。于宏源（2007）认为，大国通过制度建设和安排

---

[1] [美] 曼瑟尔·奥尔森. 集体行动的逻辑 [M]. 陈郁, 郭宇峰, 李崇新, 译. 上海: 格致出版社、上海三联书店、上海人民出版社, 1995: 7.
[2] Neuss B., Kenneth N., Waltz.Theory of International Politics, New York 1979, Schlüsselwerke der Politikwissenschaft. VS Verlag für Sozialwissenschaften, 2007: 481–485.
[3] 梁姣. 低碳经济国际合作博弈分析与机制研究 [D]. 成都: 西南交通大学, 2011.

能达到集体行动效益最大化,是实现集体行动的关键。[①] 新现实主义提出一国在国际行动中的地位将决定该国的国际合作行为。[②] 这是因为大国通常国力强盛,其雄厚的经济实力和发达的高新技术能给发展中国家以支持从而大力推进国际合作的实施。对于持否定意见的大国来说,没有他们的参与,国际制度即使形成,其有效性也会大打折扣。在气候变化谈判中,首先,如果缺少像美国、日本、俄罗斯这样的温室气体排放大国参与,气候谈判的结果必然大打折扣;其次,在国际博弈中,博弈规则通常由大国制定,奖惩也由它们提出,如果大国不遵守或者擅自修改规则,小国的抗议显得微不足道;最后,大国必然对其他国家有榜样作用,比如美国脱离《京都议定书》后,日本、加拿大也相继表现出退出的意向。

8.1.2 模型建立基本假设

根据 Sandler (1992)[③] n 人公共品博弈模型并结合以上分析,本章提出如下假设:

(1) 国际谈判参与国都具有"经济人"特征;

(2) 一国积极开展国际合作,但由于国际公共品外部性,必然使其他国家受益;

(3) 一国拒绝合作仍共享收益,必然使合作国家付出更多成本才能实现其目标,甚至因集体行动成本巨大而个人份额较小使得个体收益小于成本。

8.1.3 囚徒困境下的博弈模型及其扩展

8.1.3.1 无约束条件下的博弈模型构建

我们可以构建博弈模型 1 代表不同情况下各参与方的相对利益。

[①] 于宏源. 国际环境合作中的集体行动逻辑 [J]. 世界经济与政治, 2007 (05): 43 - 50 + 4.

[②] Stein Arthur A. Coordination and Collaboration: Regimes in an Anarchic World [J]. *International Organization*, 1982, 36 (02): 299.

[③] Sandler, T. Collective Action: Theory and Applications [M]. Ann Arbor, MI: University of Michigan Press, 1992.

一国供给国际公共品的成本为 C_i，不供给的成本为 0，任一国家（无论是否供给）因公共品供给获得收益 I，且 $C_i - I_i > 0$。

在模型 1 中（见表 8-1），第一行表示 i 国参与国际供给能获得的收益，可以看出如果 i 国单独供给公共品则其净收益为负，而模型第二行表示 i 采取搭便车的行为所能获得的收益。可以看到对所有国家而言，不参与供给的收益或亏损都优于参与供给，因此该模型的纳什均衡是各国纷纷选择不供给，不符合该模型的帕累托最优解，即有 n 个国家一起供给，陷入囚徒困境。

表 8-1　　　　　模型 1 无约束条件下的博弈模型

除 i 以外其他谈判国家供给国际公共品国数	0	1	…	m	m+1	…	n-1
i 供给	$I_i - C_i$	$2I_i - C_i$	…	$(m+1)I_i - C_i$	$(m+2)I_i - C_i$	…	$nI_i - C_i$
i 不供给	0	I_i	…	mI_i	$(m+1)I_i$	…	$(n-1)I_i$

8.1.3.2　最低门槛技术条件约束下的博弈模型构建

在最低门槛技术中，一国供给国际公共品的成本仍为 C_i，但是当总供给水平低于 m+1 单位时，所有参与国的收益均为 0，只有当总供给水平大于等于 m+1 时，各国（无论是否供给）因单位公共品供给获得收益 I。

在模型 2 中（见表 8-2），如果 i 国参与供给时，当少于 m 个国家参与治理，i 的净收益为 $-C_i$；当至少 m 个国家同时参与供给，此时 i 的净收益为 $(m+1)I_i - C_i$。如果 i 国不参与供给时，当少于 m 个国家参与治理，i 的净收益为 0；如果有 m+1 个国家同时参与供给，此时 i 通过搭便车获得净收益为 $(m+1)I_i$。可以看到，当恰好有 m 个国家一起组成最低技术标准时，此时的均衡包括两种情况：i 国不参与供给，此时的净收益为 0；i 国参与供给，此时，这也是唯一一种参与供给收益大于不参与供给收益的情况。此时因徒困境被打破了，合作变成了一种可能。

表 8-2　　模型 2 最低门槛技术条件约束下的博弈模型

除 i 以外其他谈判国家供给国际公共品国数	0	1	…	m	m+1	…	n-1
i 供给	-Ci	-Ci	…	(m+1) Ii-Ci	(m+2) Ii-Ci	…	nIi-Ci
i 不供给	0	0	…	0	(m+1) Ii	…	(n-1) Ii

同时前面提到，在国际制度的形成中，大国缺席会让新的制度效力大打折扣，特别是在全球范围内各国温室气体排放的控制上，现今国家、甚至国家集团的单独影响力也无法让全球气候得到明显的改善，只有当足够多的国家集结起来才能真正使行动发挥作用。表 8-3 数据表明，在全球二氧化碳排放量中，中国、美国、欧盟等排名前七位排放国家和地区的排放总量占世界排放总量的 70% 左右，因此全球气候治理，不仅需要各国积极合作，更需要这些大国的共同参与。

表 8-3　　2018 年全球二氧化碳排放量排名前七位排放国家和地区汇总

国家	二氧化碳排放量（Mt）	二氧化碳排放量世界占比（%）	年人均二氧化碳排放量（t）
全世界	33890	100.00	-
中国	9428.7	27.82	6.71
美国	5145.2	15.20	15.94
欧盟	3522.7	10.39	6.86
印度	2479.1	7.32	1.90
俄罗斯	1550.8	4.58	10.60
日本	1148.4	3.39	9.06
德国	725.7	2.14	9.10

资料来源：英国石油公司：《BP 世界能源统计年鉴 2019》，英国石油公司集团网站，2019 年 6 月 11 日，https://www.bp.com/en/global/corporate/news-and-insights/bp-magazine.html。

8.1.3.3　奖励机制与最低门槛技术共同约束下的博弈模型构建

在国际社会这种具有强大集团性质的集体中，除了个别对公共物品极为感兴趣的国家（它们往往成为新制度的积极推动者），公共利益往往不足以吸引成员国行动，一国是否参与国际公共品合作，在很大程度上取决于公共利益之外的，新的国际制度能够提供的"选择性激励因素"，即国家能够获得的额外收益。

"选择性激励因素"分为制裁和奖励两个方向，从经济、社会地位、名誉等多个方面激励各成员为获得公共物品而努力，但其生效的前提是要对成员有选择性的，即非集体性，否则同样会陷入搭便车难题。如《京都议定书》中区别对待发达国家和发展中国家，确定了"共同但有区别的责任"原则；建立在"成本—效益原则"基础之上的"清洁发展机制"鼓励在全球范围内用最低的成本去实现最高效率的温室气体减排，因此减排成本最低的国家和地区，往往能够获得更多的资金和技术援助。"排放贸易"这种灵活机制给发达国家降低减排成本带来方便的同时也为发展中国家带来大量外汇，吸引发展中国家更多更深地加入温室气体减排；很多国家在某种意义上受国际声誉的影响也必然在国际行动上采取更积极和负责行为。《京都议定书》的三项代表性选择性激励均以奖励性质为主，因此在模型3中主要关注奖励机制下国际公共品博弈。

在奖励机制和最低技术标准下，积极参与气候谈判的国家能获得数量 A_i 的奖励。与模型2相比，在模型3中即使共同治理国家数量小于 $m+1$，但"选择性激励因素"能弥补因供给公共品付出的成本。由于 i 国选择供给时总收益增加了 A_i，只要 $A_i > C_i$，气候谈判参与国就会选择供给。因为在 A_i 的奖励下，无论其他国家做出何种选择，i 国选择供给的收益始终高于其选择不供给时的收益。《京都议定书》通过"碳排放交易"和"联合履约"的两项面向附件 I 国家的选择性激励因素竟然吸引阿根廷这样的非工业化国家，自愿放弃非附件 I 国家享受的权益——不承担具体的减排义务，而主动申报工业化国家必须承担减排目标，因为只有发达国家才能参与这两种灵活的机制，从而获得更多额外收益（见表8-4）。

表8-4　模型3 奖励机制与最低门槛技术共同约束下的博弈模型

除i以外其他谈判国家供给国际公共品国数	0	1	…	m	m+1	…	n-1
i 供给	-Ci + Ai	-Ci + Ai	…	(m+1) Ii - Ci + Ai	(m+2) Ii - Ci + Ai	…	nIi - Ci + Ai
i 不供给	0	0	…	0	(m+1) Ii	…	(n-1) Ii

同时选择性激励因素也有助于解决国家之间"气候谈判'先动劣势'，即双方都从自身效用最大化的角度进行思考，通过让对方先履行减排承诺，而尽量使自己成为后行动的一方"。例如，发展中国家认为现在应该把重点放在经济发展上。从历史累积排放来看，欧美国家在减少温室气体排放方面负有不可推卸的历史责任。由于发展中国家的人均累积排放远低于发达国家，欧洲和美国应该率先减排和向发展中国家提供金融和技术援助。而美国则认为，由于发达国家温室气体排放占比已经降低至40%，如果没有新兴排放大国参与，未来很难扭转全球变暖趋势。但如果发达国家同意给予发展中国家足够的资金和技术支持，则可以有效避免国际气候谈判陷入僵局。

可以看到选择性激励因素能够在一定程度上激励某些国家参与到全球气候谈判中来，然而在现实谈判中，选择性激励因素的来源却无法得到保证。根据2010年坎昆气候大会决议，发达国家应在2010～2012年出资300亿美元以快速启动绿色气候基金。但到2012年底，启动基金的执行期即将结束时，发达国家还远未兑现承诺。拖延已久的目标被削减至100亿美元，直到2014年12月利马会议才实现。2013年华沙气候大会设定了"长期资金"的目标，即到2020年之前发达国家每年向发展中国家提供1000亿美元资金用于减少碳排放，而巴黎大会则将这一目标推迟到2025年。

8.1.3.4　替代性制度与最低门槛技术约束下的博弈模型构建

在模型1中，各国最优选择都为不提供公共品，为达到帕累托最优,除上述措施外,还有学者提出采取替代性制度。其中最重要的两种替代性制度是成本分担和利益共享。

成本分担制度是指基于国际公共品的外部性,通过协议规定各国无论是否为供给国,都要为每单位国际公共品支付相应的成本。但在现实国际博弈中,国家之间具有明显的异质性,各国根据国际气候谈判合约内部化形成的措施成本也不尽相同,特别是国际气候谈判的"共同但有区别的责任"使得引入成本分担制度较困难。

与选择性激励因素相同,在利益共享制度下,对于同一种国际公共品而言,由于国家异质性和国际公共品收益的非中心性,各国受益程度可能不同,对于国际公共品的态度也不相同,因此利益分享机制可以促使各国形成稳定的收益预期以增强集体供给能力。对于气候变暖承受力大或者排放量本身就不高的北方发达国家来说,气候谈判对其吸引力远远小于其他国家。因此《京都议定书》允许其剩余的排放份额用于排放贸易,这样它们就能赚取大量外汇。

8.1.3.5 优化集体结构

集体规模需要缩小,尤其是在国际公共品供给的初始阶段。此外,与其坚持要求所有的国家都参与谈判,不如从问题严重的同质国家入手,以"俱乐部"形式提供初步供给。杜鲁门(Truman,2005)指出集团冲突产生的原因之一就在于集体成员的异质性。[①] 研究表明若成员之间共性明显,则意味着彼此之间存在共同利益,联系将更为密切,从而有助于集体行动能力的增强,降低集体行动成本。在全球气候谈判中,以欧盟为代表的小集团中,由于行为体很少,某些极为看重温室气体减排成果的国家有能力、也有动力主动提供大部分公共物品,这样也就大大减轻了那些不愿支付过多成本成员的负担,从而克服了集体行动形成中的困难。同时社会、经济、文化上的同质性也有助于增强彼此之间的信任,进而降低集体行动的成本。

[①] 戴维·杜鲁门. 政治过程——政治利益与公共舆论[M]. 陈尧,译. 天津:天津人民出版社,2005:191.

综上所述，因为国际公共品具有非排他性而导致集团内部倾向于搭便车行为，制定新的博弈规则，运用最低技术标准、选择性激励、替代性制度设计和集体结构优化有助于新的国际制度形成，从而促进国际公共品供给的实现。

8.2　国际气候谈判的中美气候博弈

8.2.1　《京都议定书》下的"智猪"博弈

在《京都议定书》时期，减排空间的分配问题是发达国家与发展中国家中最大的分歧之一。当然，这一问题也会成为代表发达国家的美国和代表发展中国家的中国间的重要分歧。美方强调的是全球减排效率，中方坚持的是"共同但有区别责任"的原则，由此形成了双方的"智猪"博弈。

8.2.1.1　中美间的"智猪"博弈

"智猪"博弈在1950年由纳什提出，是著名的非合作博弈框架下的博弈模型。将"智猪"博弈扩展到《京都议定书》时期中美气候谈判的博弈中，能够形象地说明问题，因为此时期的中美博弈也涉及类似的双方对于减排成本及不减排损失等问题的考量。

假设如下：

(1) 在《京都议定书》时期，世界上有两个国家，分别是美国和中国。美国属于发达国家，经济发展所处的水平相对较高。中国是发展中国家，经济发展水平相对不高。

(2) 每个参与人分别有两种策略选择："减排"和"不减排"。

(3) 减排一单位的温室气体会获得一定的收益 I，大气中每减少一单位的温室气体美国的收益为 $I_{美}$，中国的收益为 $I_{中}$。当然，减排一单位的温室气体也会带来一定的成本，用 C 表示，美国的减排成本是 $C_{美}$，中国的减排成本是 $C_{中}$，其中 $C_{美} > C_{中}$（与现实相对应，目前发达国家的减排成本高于发展中国家)。此外,对于中国来说,在《京都议定书》时期虽然对气候的偏好较之前比有较大提升,但是由于国家发展阶段的限制和约束,对于经济发展的偏好大于对环境的偏好,那么一定有 $C_{中} > I_{中}$;相反,对于美国来说,$I_{美} > C_{美}$,因为美国作为最发达国家,减排除了可以获得更多地环境变化效益外,还可以通过其在低碳产业及低碳技术方面的优势,获得更多的经济效益收益。

由此构建"智猪"博弈模型如表 8-5 所示。

表 8-5　　　　　　　中美气候博弈的"智猪"矩阵

		中方	
		减排	不减排(等待)
美方	减排	$2I_{美} - C_{美}, 2I_{中} - C_{中}$	$I_{美} - C_{美}, I_{中}$
	不减排(等待)	$I_{美}, I_{中} - C_{中}$	0, 0

情形一:中国和美国都选择减排。由于美国和中国进行了两单位的温室气体减排,所以美国的收益是 $2I_{美}$,付出的成本是 $C_{美}$,因此美国的支付是 $2I_{美} - C_{美}$。同理,中国的支付是 $2I_{中} - C_{中}$。

情形二:中国和美国都拒绝减排。那么,中美都没有任何收益,当然也没有付出任何成本,因此双方的收益都是 0。

情形三:美国选择减排,中国选择拒绝减排。结果是,大气中有一单位的温室气体减少。那么,美国的收益是 $I_{美}$,成本是减排的成本 $C_{美}$。中国的收益是 $I_{中}$,没有付出任何成本。

情形四:美国选择拒绝减排,中国选择减排。结果同样是大气中有一单位的温室气体减少。美国可以得到 $I_{美}$,但不用付出任何成本。中国的收益是 $I_{中}$,成本是减排的成本 $C_{中}$。

由此,对于中国来说,减排的净收益是 $2I_{中} - C_{中}$ 和 $I_{中} - C_{中}$,不减排的净收益是 $I_{中}$ 和 0。而 $2I_{中} - C_{中} < I_{中}$,且 $I_{中} - C_{中} < 0$,因此,中国一定会选择拒绝减排。面对中国的选择,美国如果同样选择拒绝减排,就只能得到 0 的净收益,如果选择减排,那么至少还可以得到

$I_{美} - C_{美} > 0$ 的净收益。那么，最终的均衡是美国选择减排，中国选择拒绝减排。

这与现实相对应，美国等发达国家由于工业化进程较早，已经完成了经济增长并伴随大量温室气体排放的阶段。其产业结构已经由过去的以第二产业为主，发展成现在的以第三产业为主的阶段。同时在这一过程中，全世界也完成了产业发展的梯度转移。在过去几十年中，中国以低廉的劳动力和资源的优势，承接了全球很大份额的工业产业，并成为了"世界工厂"，由此也带来了中国的环境代价。然而，在这之前由于中国等发展中国家的经济发展是缓慢的，并且以第一产业为主，工业发展相对落后，产生的温室气体排放自然没有那么多。因此，不涉及历史排放，而突然要求从某一时刻起共同减排的想法自然是不公平的。由此，为了公平起见，发展中国家一直坚持《联合国气候变化框架公约》下的"共同但有区别的责任"原则。

以上是从温室气体的生产者角度进行分析。实际上，随着人类全球化程度的不断加深，随着各国政治经济往来的愈加密切，随着国际贸易及国际直接投资已经成为国际经济往来的主要方式。如果从消费者角度分析，那么由于发展中国家，特别是新兴经济体承担了世界上很多国家的产品生产，这就意味着产品在发展中国家生产，而被发达国家的消费者进行消费，但是排放却算到了发展中国家的账面上。因此，国际社会应该考虑这种国际贸易隐含碳问题。此外，跨国公司已然是对外直接投资的主要方式，跨国公司也已然成为了大型公司的基本形式。对于跨国公司，其更多考虑的是其自身的经济效益，考虑的是其成本收益。所以在生产选址中很有可能会选择劳动成本、资源成本相对低廉的发展中国家。这就形成了全球目前的经济格局，即发展中国家承担相对低端的制造业生产，发达国家承担了相对高端的研发与金融产业发展。在这种情况下，发展中国家必然面临较多污染排放。

8.2.1.2 加入资金技术激励的模型拓展

然而，面对地球气候恶化不可逆的事实，面对人类必须对未来生存做些什么的局面，面对各国经济发展不同步的现状，面对各国历史排放不均等的境况，为了打破这种僵局，为了兼顾减排与公平，发达国家可以就其历史遗留因素对发展中国家进行补偿，这种补偿可以是资金上的援助，可以是技术上的支持，当然也可以是金融市场上的排放权购买。

从模型角度上讲，如果发达国家给予发展中国家一定补偿，那么博弈模型将会变成以下形式（见表8-6）。

表8-6　　　　　　中美气候"智猪"博弈的拓展

		中方	
		减排	不减排（等待）
美方	减排	$2I_\text{美} - C_\text{美} - y$, $2I_\text{中} - C_\text{中} + y$	$I_\text{美} - C_\text{美}$, $I_\text{中}$
	不减排（等待）	$I_\text{美} - y$, $I_\text{中} - C_\text{中} + y$	0, 0

假设如果中国选择减排一单位温室气体，那么美国将会给中国进行 y 的补偿。

情形一：博弈模型中（减排，减排）策略下，美国的净收益变为 $2I_\text{美} - C_\text{美} - y$，中国的净收益变为 $2I_\text{中} - C_\text{中} + y$。

情形二：美国不减排，中国减排策略下。相应的，美国的净收益将是 $I_\text{美} - y$，中国的净收益将是 $I_\text{中} - C_\text{中} + y$。

情形三、情形四：其余策略下，中美对应的支付不变。

那么，减排的僵局会不会被打破？博弈的均衡会不会变化？中国是否会转而选择减排？

答案是，美国的策略不会变化，即还会继续选择减排。因为，假设中国选择减排，那么美国减排时的支付是 $2I_\text{美} - C_\text{美} - y$，美国拒绝减排的支付是 $I_\text{美} - y$，$(2I_\text{美} - C_\text{美} - y) - (I_\text{美} - y) = I_\text{美} - C_\text{美} > 0$。如果中国选择不减排，美国选择减排，美国的支付是 $I_\text{美} - C_\text{美}$，美国拒绝减排，美国的支付是 0，$I_\text{美} - C_\text{美} > 0$。也就是，无论中国做何选择，美国选择减排得到的支付永远大于拒绝减排的支付，因此美国一定会选择减排。

对于中国，减排与否取决于 y 的大小，也就是美国给予补偿的大小。中国选择减排的前提条件是 $2I_中 - C_中 + y > I_中$ 和 $I_中 - C_中 + y > 0$ 同时成立。实际上，仔细观察发现这两个公式表示的是同一个意思，即 $I_中 - C_中 + y > 0$。当 $y > C_中 - I_中$ 时，中国选择减排；$y < C_中 - I_中$ 时，中国选择拒绝减排。也就是，当美国给予中国的补偿足以弥补中国减排的净成本时，中国即会选择减排。

这与事实基本相符，京都时代及后京都时代，美国、欧盟等发达国家给予发展中国家一定的资金及技术支持，同时通过 CDM 项目与中国等发展中国家合作。这无形中增加了发展中国家减排的动力。虽然，根据《联合国气候变化框架公约》规定，发展中国家不必做出具体的减排承诺，但是中国及印度等新兴经济体在过去的一段时间中仍然积极地制定国内减排政策进行温室气体减排。特别是中国，近些年中国政府特别重视国家及国际的生态文明建设与环境可持续发展问题。我们不但积极进行污染的防治，加强生态破坏的修复，同时积极发展绿色产业、低碳技术、低碳能源，最终不断地推进绿色低碳经济的发展。① 对于印度，不但在国际上积极参与全球气候谈判，② 同时 2008 年首次提出《应对气候变化的国家行动计划》，并从目标、途径、任务等方面做了全面的部署。此后，也开始了各项的气候变化部署与行动。

8.2.1.3 加入国际声誉激励的模型拓展

全球治理离不开国际领导，国际领导的均衡状态是供给与需求相等的状态。③ 回顾历史，国际社会一直在国际领导供给与需求的此消彼长中进一步发展，期间国际领导供给格局也在不断发生变化。二战结束后，美国及欧洲国家开始了对于全球发展的构建，在此期间组织建立了包括国际贸易组织、国际货币基金组织、世界银行在内的一系列

---

① 李干杰. 2019 全国两会/推动生态环境保护和生态文明建设，打好污染防治攻坚战 [EB/OL]. 十三届全国人大二次会议记者会，https://www.sohu.com/a/300778313_656518.

② 张海滨. 印度：一个国际气候变化谈判中有声有色的主角 [J]. 世界环境，2009 (01): 30 - 33.

③ 陈志敏，周国荣. 国际领导与中国协进型领导角色的构建 [J]. 世界经济与政治，2017 (03): 17 - 36 + 158 - 159.

国际组织，由此，成为了国际领导供给的主力军。然而，目前的国际社会，由于美国遭遇了金融危机的重创，欧洲经历了欧债危机的威胁，面对气候变化、能源安全、经济重振、地区安全等问题美欧的国际领导力供给显然已经是不足的。[①] 这就要求经济发展势头良好的新兴经济体勇担国际责任，以填补国际领导供给的不足。然而，国际领导力需要一定的时间进行树立，也受很多因素的影响，其中一个重要因素就是国际声誉。从某种意义上讲，两者相辅相成，互相促进。国际声誉指国际和国内受众基于个人经历以及从这个国家收集的数据产生的对这个国家的看法。[②] 而这些看法中一定包括某个国家对于全球气候治理的态度。因此，国际声誉也是一个激励国家参与全球气候谈判、参与全球气候治理的有利激励因素。

因此，可以将国际声誉因素纳入之前的分析模型，并对模型进行拓展（见表 8-7）。假设如果一个国家积极进行了温室气体减排，那么该国家可以获得一定的国际声誉 R：美国的国际声誉为 $R_{美}$，中国的国际声誉为 $R_{中}$。一般情况下，由于美国以前一直是国际领导力的较大供给者，而中国目前正在加大对于国际社会责任的领导与担当，因此，对于中国来说其国际声誉的边际效应一定大于美国，即 $R_{中} > R_{美}$。

表 8-7   加入国际声誉因素的模型拓展

		中方	
		减排	不减排（等待）
美方	减排	$R_{美}+2I_{美}-C_{美}$，$R_{中}+2I_{中}-C_{中}$	$R_{美}+I_{美}-C_{美}$，$I_{中}$
	不减排（等待）	$I_{美}$，$R_{中}+I_{中}-C_{中}$	0，0

情形一：美国和中国全部选择减排，那么美国和中国的支付分别在

[①] 庞中英. 效果不彰的多边主义和国际领导赤字——兼论中国在国际集体行动中的领导责任[J]. 世界经济与政治，2010（06）：4-18.

[②] Fernandez-Crehuet, J. M., Rosales-Salas, J., Cogollos, S. D. Country's International Reputation Index. Corp Reputation Rev, 2019（10）.

原有的基础上各加上自己的国际声誉收益，美国的支付为 $R_美 + 2I_美 - C_美$，中国的支付为 $R_中 + 2I_中 - C_中$。

情形二：美国选择减排，中国选择不减排。美国的支付在原来的基础上增加 $R_美$ 的国际声誉收益，为 $R_美 + I_美 - C_美$；中国的支付不变，为 $I_中$。

情形三：美国选择不减排，中国选择减排。美国的支付不变，为 $I_美$；中国的支付在原来的基础上加上 $R_中$ 的国际声誉收益，为 $R_中 + I_中 - C_中$。

情形四：美国和中国都选择不减排，支付不变为 (0, 0)。

在此模型下，美国会如何选择，中国由原来的不减排选择减排吗？首先，看美国方面。中国选择减排的前提下，如果美国选择减排，则美国的支付是 $R_美 + 2I_美 - C_美$，如果美国选择拒绝减排，美国的支付是 $I_美$。然而，$R_美 + 2I_美 - C_美 > I_美$。同时，在中国选择不减排的前提下，美国选择减排的净收益同样大于不减排的净收益，即 $R_美 + I_美 - C_美 > 0$。在两种情形下，均是美国减排会大于不减排的收益，因此美国一定选择减排。

对于中国，是否减排取决于 $R_中$ 的大小。如果 $R_中 + 2I_中 - C_中 > I_中$，且 $R_中 + I_中 - C_中 > 0$，那么中国一定会选择减排。这时 $R_中 > C_中 - I_中$。也就是国际声誉的收益能够弥补减排成本和减排收益之间的差额时，中国会选择减排。否则，$R_中 < C_中 - I_中$ 时，中国仍然会选择拒绝减排。

实际情况亦是如此。近年来，国际声誉因素及国际领导力已经成为各国政府进行国际外交必然考虑的因素。在《京都议定书》时代，欧盟开始取代美国在全球气候治理中发挥重要的领导作用，国际领导力也随之获得较大提升；特别体现在1997年《京都议定书》的签订、2001年美国宣布退出《京都议定书》，及2005年《京都议定书》的生效时期。[①] 2008年，随着奥巴马总统的上任，美国开启了谋求提高全球气候治理领导力之旅，对欧盟的国际领导力构成了一定挑战。同时，

---

① 李昕蕾. 全球气候治理领导权格局的变迁与中国的战略选择 [J]. 山东大学学报（哲学社会科学版），2017（01）：68-78.

对于中国这个发展中大国来说，我们的经济体量非常大，而且近些年GDP增加迅速，在国际上的影响力也越来越大。中国必然会被历史的车轮推上国际领导的舞台以体现"大国担当"。特别是《巴黎协定》时期，中国已经从全球气候治理的跟随者转变成为国际气候谈判的领导者。[①] 中国与美国携手并发表联合声明，并与欧盟及其内部成员国签订双边声明，起到了减排的示范及推动作用。在《巴黎协定》谈判过程中，中国积极推动国际气候减排机制由原来的"自上而下"机制向"自下而上"自主贡献转变；同时，积极对发展中国家与发达国家间的不同立场进行协调。[②]《巴黎协定》签订后，面对美国特朗普政府的各种"退群"，面对特朗普总统的"不按常理出牌"，中国政府重申了其在《巴黎协定》中的承诺，表示会坚定不移履行承诺，并与欧盟发布联合声明以期在全球气候治理中继续加强合作。

8.2.1.4 减排效用增加的模型拓展

在之前的基础模型中，对于中国的减排成本与减排收益的假定是 $C_{中} > I_{中}$，但是如果随着时间的变化，中国的经济发展到一定程度，并且伴随着环境污染越来越严重，那么之前的假设就会发生变化，最终变成 $I_{中} > C_{中}$。此时，中美之间的博弈矩阵就会发生变化，如表 8-8 所示。

表 8-8　　减排效用增加的中美博弈模型

		中方 减排	中方 不减排（等待）
美方	减排	$2I_{美} - C_{美}$, $2I_{中} - C_{中}$	$I_{美} - C_{美}$, $I_{中}$
	不减排（等待）	$I_{美}$, $I_{中} - C_{中}$	0, 0

---

① 李昕蕾. 全球气候治理领导权格局的变迁与中国的战略选择 [J]. 山东大学学报（哲学社会科学版），2017（01）：68-78.

② 中国气候变化信息网. 从《京都议定书》到《巴黎协定》中国逐渐成为国际气候治理引领者 [EB/OL]. http://www.ccchina.org.cn/Detail.aspx?newsId=70469&TId=61.

在这种情况下，中美博弈支付表面上看没有什么变化，但是实际数值却发生了变化。就美国而言，美国不会改变策略，还会继续选择减排。但是对中国而言，情况就完全不一样了。在美国选择减排的前提下，如果中国减排，净收益是 $2I_中 - C_中$，如果中国拒绝减排，净收益是 $I_中$；因为 $I_中 > C_中$，因此中国选择减排的时净收益大于拒绝减排的净收益。在美国选择拒绝减排的前提下，如果中国减排，净收益是 $I_中 - C_中$，如果中国不减排，净收益是 0；由于 $I_中 - C_中 > 0$，因此中国仍旧会选择减排。所以，无论美国做何选择，中国均会进行减排，即减排是中国的最优策略。中国和美国的最优策略都是减排，那么此时也实现了最终的均衡。因此，中国等发展中国家减排效用的增加也将是其进行减排的有利激励因素之一。

回到现实，发展中国家进行碳减排也不乏气候不断恶化、减排边际效用增加的原因。当然，这种情况更多的是适用于发展中国家中相对发达的新兴大国，特别是基础四国也经历了经济飞速增长并伴随着环境恶化的阶段。对于最不发达国家，就目前来说还很难出现这种情况。因为，最不发达国家，包括非洲的 33 个国家、亚洲的 9 个国家、大洋洲的 4 个国家、美洲的海地，是目前国际社会中认定的人均收入、人力资产最低及经济脆弱性最高的一系列国家。这些国家可能更多地会将经济增长、生存问题作为其首要的发展目标，因此环境改善的效用对它们来说相对较低。相反，随着经济发展到一定程度，如果经济再继续增长，减排的效用会不断增加。因此，经济增长与减排效用呈现的是倒"U"形曲线或"⌐"形曲线的关系。

8.2.1.5　加入不利因素的模型拓展

以上是一些能够激励中国等发展中国家进行减排的激励因素，然而国际气候谈判包括其实施中很有可能存在一些对于发展中国家不利的因素（见表 8-9）。例如，如果美国及欧盟国家达成一致，欲对进口产品征收碳关税的话，那么对中国来说将会遭遇新形势下的贸易保护主义。

表8-9　　　　　　　　　加入不利因素下的中美博弈

		中方	
		减排	不减排（等待）
美方	减排	$2I_{美} - C_{美}$, $2I_{中} - C_{中}$	$I_{美} - C_{美} + T$, $I_{中} - T$
	不减排（等待）	$I_{美}$, $I_{中} - C_{中}$	0, 0

针对这种情况，在基础模型假设下，另假设美国如果不减排将无法收取碳关税，美国和中国同时减排将不对中国收取碳关税，但是如果美国减排中国拒绝减排，针对一单位温室气体的排放美国将收取 T 的碳关税。此时，博弈模型将会发生变化。

模型中，中美均减排、中美均不减排、美国不减排中国减排的情形下，中国和美国的支付均不发生变化。只有美国减排，中国不减排时，两国的支付发生变化；此时，美国由于收取碳关税，净收益变为 $I_{美} - C_{美} + T$，中国由于支付碳关税，净支付变为 $I_{中} - T$。对于美国来说，只要减排就一定会比拒绝减排获得的净收益多，其一定会选择继续减排，即不会对美国的策略选择造成影响。但是对于中国来说，情况就变得相对复杂一些。如果，$I_{中} - T > 2I_{中} - C_{中}$，即 $T < C_{中} - I_{中}$，那么中国很有可能选择拒绝排放。相反，会对中国选择减排有一定的激励作用。

现实中，碳关税的概念是由法国总统在 2007 年提出的，用于对退出《京都议定书》的美国征收碳关税。之后 2009 年美国众议院通过了"边界调节税"法案，拟对碳密集型产品征收关税。截至目前，世界上还没有真正大规模实行碳关税的征收，这对发展中国家来说某种意义上是一件好事。因为虽然碳关税征收的目的是全人类的健康，为了全人类的生存环境激励各国进行碳减排，但是未来会不会被扭曲，最终变成发达国家更加隐蔽、更加灵活的新型贸易壁垒，还是值得怀疑的。

8.2.1.6　美国的减排成本大于效用

以上的分析都是基于美国的减排收益（效用）大于减排成本的假

设。但是，有没有一种可能，即美国的减排成本同样大于减排收益（见表8-10）。这种情形下，美国和中国很有可能做出不一样的选择。假设，$C_\text{美} > I_\text{美}$，博弈矩阵看似没有变化，但实际上各方的支付已经发生了变化。

表8-10　　　　　美国减排成本大于收益的博弈模型

		中方	
		减排	不减排（等待）
美方	减排	$2I_\text{美} - C_\text{美}, 2I_\text{中} - C_\text{中}$	$I_\text{美} - C_\text{美}, I_\text{中}$
	不减排（等待）	$I_\text{美}, I_\text{中} - C_\text{中}$	0, 0

对于中国来说，中国的选择不变，还是会选择拒绝减排。但是美国的选择发生了变化。在中国减排的前提下，如果美国减排，其支付为 $2I_\text{美} - C_\text{美}$，不减排的支付是 $I_\text{美}$。此时一定有 $2I_\text{美} - C_\text{美} < I_\text{美}$。在中国拒绝减排的前提下，美国减排的支付为 $I_\text{美} - C_\text{美}$，不减排的支付是0，并且 $I_\text{美} - C_\text{美} < 0$。如果信息不完全，在不知道中国将做何选择的情况下，美国一定会选择不减排。最终双方都选择不减排，囚徒困境就出现了。实际上，如果双方都减排的话，双方的收益将会更大；但是双方均从个人的利益出发进行决策，最终导致了集体的困境。

实际上，减排成本大于收益，在美国的两次退出中体现得淋漓尽致。收益包括两方面：一方面代表减排所获得的经济效益；另一方面代表减排所获得的由于环境变好或至少不恶化而带来的感知效用。当经济发展与收益发生冲突的时候，美国很有可能会选择前者。无论是小布什政府时期，还是特朗普政府时期美国，美国退出的重要理由之一都包括碳减排可能影响美国的经济发展。特别是，随着世界经济格局的变化，中国等新兴经济体的越发强大，美国由于金融危机经济受损，因此感觉到了前所未有的威胁。此时，美国已经开始将其发展重心转向了重振制造业、保护国内产业等经济增长领域上。特别是，当美国总统及其智囊团认为低碳产业不足以取代传统优势产业而带来更多的经济增长时，美国很有可能放弃减排收益，去谋求更大的经济效益。至于短期内气候变化带来的威胁可能就显得没有之前那么重要了。此外，总统本人的主观判断及个人偏好对减排效用也有一定影响。小布什政府时期及特朗普政府时期，美国均否认或质疑全球气候变暖与人类的活动之间具有相关关系，认为全球气候变化本身及其影响因素不具有科学性，某种意义上也推进了美国环境收益逐渐减少的局面。

8.2.2 《巴黎协定》下的"猎鹿"博弈

《巴黎协定》标志着全球气候谈判进入了一个全新的时代，它标志着所有缔约国更多的是由过去的非合作博弈转向了合作博弈模式。

8.2.2.1 "猎鹿"博弈及其适用性

"猎鹿"博弈，又称保证博弈、协调博弈，来源于世界著名哲学家让·雅克·卢梭著作中的一个经典故事。故事描述的是：两个猎人外出狩猎，面对的狩猎对象是鹿或兔子。他们各自可做出两种选择（猎鹿或者猎兔子），且必须做出一种选择，同时每个猎人提前都不知道对方会做何选择。如果选择猎鹿，则需要两个人齐心协力、共同合作，才能最终猎得。如果选择猎兔子，则自己单独完成即可获得，但是猎兔子的收益远小于猎鹿。根据此故事可做出具体假设如下：

（1）博弈中有两个参与人，分别是猎人1和猎人2。

（2）每个猎人可以有两种策略选择：猎鹿和猎兔子。

（3）猎到1只鹿，由于鹿的体量大；因此，1只鹿如果平分供两人使用时，每人可得到8天的食物供应。

（4）如果一个人打猎，则一定可以猎到3只兔子，3只兔子相当于一个猎人3天的食物供应。

在这种情况下，可以得到博弈的策略组合及对应的支付（见表8–11）。

表 8-11　　　　　　　"猎鹿"博弈的支付矩阵

		猎人 2	
		猎鹿	猎兔子
猎人 1	猎鹿	8, 8	0, 3
	猎兔子	3, 0	3, 3

情形一：由于充分信任，猎人1和猎人2选择了合作猎鹿，两人分别获得了8天的食物供应。

情形二：猎人1由于不充分信任选择了猎兔子，猎人2则非常信任最终选择猎鹿。那么，猎人1获得3只兔子，够3天的食物供应；猎人2由于没有人合作，无法猎到鹿，最终没有得到任何食物。

情形三：猎人1由于信任而选择猎鹿，猎人2则选择猎兔子。在这种策略组合下，两个人得到的收益与情形二正好相反。

情形四：由于都对彼此不足够信任，两人都选择了猎兔子。此时，两人各自获得3只兔子，即3天的食物供应。

博弈的结果是：博弈的纳什均衡点有两个。一个是猎人1和猎人2均选择合作猎鹿，每人得到8天的食物供应。一个是两人都选择猎兔子，每人得3天的食物供应。从这两个均衡点无法看出两人如何在两者中做何选择。但实际上，如果两人都选择猎鹿，那么会比同时猎兔，每个人多获得5天的食物。也就是说，同时猎鹿的整体福利会高于同时猎兔的整体福利，同时猎鹿比同时猎兔更具有帕累托优势。如果双方能够相互信任、强强联合，那么双方都会得到更大的利益。

由于"猎鹿"博弈以上的特点，因此经常被用作社会中各方合作的类比，特别是在国际关系问题的分析领域，当然国际气候谈判也不例外。"猎鹿"博弈适用于全球气候谈判，特别是《巴黎协定》下的气候谈判与减排主要有以下几点原因。

第一，博弈各方考虑的不再是做与不做的问题，而是做到什么样的程度的问题。"猎鹿"博弈中，猎人考虑的是猎体积较小的兔子，还是猎体积较大的兔子的问题。同样，《巴黎协定》下，各缔约方所关注问题的核心点已经不再是减不减排的问题,而是在多大程度上进行减排的问题,因为每一个签订协定的缔约国都需要制订自主的减排计划,虽然协定对于减排目标设定没有法律约束力,但是一旦自主目标确立,而不能通过 5 年期的验收,那么将会遭到来自其他谈判各方的压力。

第二,博弈各方可以通过合作的方式,进行帕累托改进,达到帕累托最优。"猎鹿"博弈中,双方如果互相信任可以获取更大的收益。实际上,针对非合作博弈,一个很好的解决方式就是双方签订严格的、具有法律意义的协议,使原有的非合作博弈变为最终的合作博弈。在《巴黎协定》下,如果各方均按照自主减排目标积极减排,那么最终整个世界将在气候变化问题上取得巨大进展,也就不必使我们的子孙后代经历由气候恶化而带来的惨痛代价。

8.2.2.2 "猎鹿"博弈下的中美博弈

在《巴黎协定》下,由于国际减排机制的变化,中美之间的博弈自然也会随之发生变化,由此根据"猎鹿"博弈模型做如下假设:

(1) 世界上有两个国家:中国和美国。

(2) 每个国家有两种策略选择,分别是减排(强)和减排(弱)。

(3) 减排有一定的收益。只要有一方进行了减排(弱),两方获得的收益均是 I,中国的收益为 $I_{中}$,美国的收益为 $I_{美}$。但是,如果两方都选择减排(强),双方的收益则变为减排(弱)时的 4 倍,即中国的收益为 $4I_{中}$,美国的收益为 $4I_{美}$。

(4) 减排也有一定的成本。双方都选择减排(强)时,成本是 C;即中国的成本是 $C_{中}$,美国的成本是 $C_{美}$。如果两方不选择合作,而都选择减排(弱),这意味着双方各自行动,那么减排成本一定大于联合减排(强)时的成本,因此,假设此时的减排成本是 $2C_{中}$ 及 $2C_{美}$。此外,如果有一方选择减排(强),而另一方选择减排(弱),则减排(强)一方的成本为 4C,减排(弱)一方的成本为 2C。这非常符合现实,如果不进行相互合作,那么选择减排(强)的一方的减排成本一定高于减排(弱)一方的减排成本。

(5) 为了方便分析,各方的支付中不出现负数,所以假设 $I_{美} > 4C_{美}$、$I_{中} > 4C_{中}$。

根据以上假设得出中美博弈的支付矩阵,如表 8-12 所示。

表 8-12　　　　　　　　中美"猎鹿"博弈矩阵

		中方	
		减排(强)	减排(弱)
美方	减排(强)	$4I_{美}-C_{美}$, $4I_{中}-C_{中}$	$I_{美}-4C_{美}$, $I_{中}-2C_{中}$
	减排(弱)	$I_{美}-2C_{美}$, $I_{中}-4C_{中}$	$I_{美}-2C_{美}$, $I_{中}-2C_{中}$

情形一:中美均选择减排(强)。中国和美国获得 4 倍的收益减去成本,分别是 $4I_{美}-C_{美}$ 和 $4I_{中}-C_{中}$。

情形二:中国选择减排(强),美国选择减排(弱)。对于中国来说,获得正常收益 $I_{中}$,但是由于两国不互相合作,减排成本自然很高,并高于自己的减排(弱)时的情形,因此中国的减排成本是 $4C_{中}$。此时,中国的支付是 $I_{中}-4C_{中}$。对于美国,由于美国选择减排(弱),因此根据假设,美国的收益是 $I_{美}$,成本是 $2C_{美}$,净收益为 $I_{美}-2C_{美}$。

情形三:美国选择减排(强),中国选择减排(弱)。此时的支付与情形二正好相反。

情形四:中美都选择减排(弱)。美国的净收益为 $I_{美}-2C_{美}$,中国的净收益为 $I_{中}-2C_{中}$。

观察矩阵可以发现,$4I_{中}-C_{中} > I_{中}-2C_{中} > I_{中}-4C_{中}$,且 $4I_{美}-C_{美} > I_{美}-2C_{美} > I_{美}-4C_{美}$,与"猎鹿"博弈的支付结构完全相符。因此,可以得出结论,在《巴黎协定》,中美"猎鹿"博弈中有两个纳什均衡,分别是中美都选择减排(强)和中美都选择减排(弱)。那么,中美应该相互信任、加强合作,最终达到整体的帕累托最优。

现实中,在《巴黎协定》下或者是世界环境急剧恶化逼迫全部国家不得不选择参与全球减排行动的时候,中美作为世界大国应该起到大国该有的示范作用,携手并肩、相互信任,推动全球气候减排机制的完善及全球气候减排行动的高效实施。这种合作包括共同愿景上的、包括共同原则上的、当然更应该包括共同行动上的。行动上的联合，可以是技术上的联合、可以是产业上的联合、可以是资金上的联合，等等。因为，技术、产业、资金方面的相互协作、强强联合一方面可以激发出新的技术灵感，另一方面可以减少技术及产业创新所需的时间，最终达到降低碳减排成本的目的。例如，奥巴马政府时期，中美就展示出了相互合作的典范。中美不断多次签署联合声明，进行富有活力的双边互动，在低碳技术与能源合作中取得前所未有的进展，同时在多边协定的谈判与签署过程中相互协调，最终共同促进了《巴黎协定》下基于不同气候变化治理能力的自主贡献国际减排模式，进而推进了 2020 年后国际气候减排机制的进展。当然，这种分析是基于美国积极参与国际减排的前提。如果美国不顾全人类的共同生存利益，完全从本国自身利益出发，单方面宣布退出国际减排机制，那么中美之间的博弈将会陷入之前的囚徒困境。而事实上，面对美国的退出，中国的出发点是人类命运共同体下的人类共同发展，因此中国一定会与其他缔约国一道积极参与国际碳减排。

8.2.2.3 "猎鹿"博弈下的中美博弈扩展

"猎鹿"博弈的前提假设是两个参与人在选择进行合作的策略时，所取得的支付必须是平分的，也就是合作的分配必须是公平的。如果不公平，那么很有可能降低一方决心合作的信心和意愿。当一方的信心被伤害到最大程度上的时候，这一方很有可能选择放弃，甚至永远不再信任对方，从而最终导致全体合作者的整体利益的下降或丧失。

因此，针对于不公平分配的情形，在基础模型的基础上可做如下假设：同时合作时美国由于实力强大掌握更多的话语权，使得最终获得更多的收益分配，即美国多被分配 ΔY 的合作收益，这自然也就意味着中国将少被分配 ΔY 的合作收益。此时，博弈矩阵变化如表 8-13 所示。

表8-13　　　　不公平分配下中美"猎鹿"博弈的拓展

		中方	
		减排（强）	减排（弱）
美方	减排（强）	$4I_{美} - C_{美} + \Delta Y$, $4I_{中} - C_{中} - \Delta Y$	$I_{美} - 4C_{美}$, $I_{中} - 2C_{中}$
	减排（弱）	$I_{美} - 2C_{美}$, $I_{中} - 4C_{中}$	$I_{美} - 2C_{美}$, $I_{中} - 2C_{中}$

情形一：美国和中国都选择弱减排，双方的支付无变化。

情形二：美国选择强减排，中国选择弱减排，双方的支付无变化。

情形三：美国选择弱减排，中国选择强减排，双方的支付无变化。

情形四：中美双方均选择强减排时，双方的净收益发生了变化，美国的净收益变为 $4I_{美} - C_{美} + \Delta Y$，中国的净收益变为 $4I_{中} - C_{中} - \Delta Y$。

中国是否坚持继续合作，将取决于 ΔY 的大小。当 $I_{中} - 2C_{中} < 4I_{中} - C_{中} - \Delta Y$ 时，即 $\Delta Y < 3I_{中} + C_{中}$ 时，中国还会选择继续合作。但是当 $\Delta Y > 3I_{中} + C_{中}$ 时，中国将由于分配的不公平转而选择进行弱减排，因为此时无论美国做何选择中国弱减排的收益一定大于强减排的收益。

因此，顺利合作的前提是分配公平。美国等发达国家如果因为其国力强大、话语权较强，而在国际减排谈判中只顾自身利益，那么很有可能导致发展中国家减排动力的降低。即使发展中国家特别是新兴经济体从全球未来人类可持续发展的"大局观"考虑仍然会进行自主减排，但实际上这很有可能已经违背了《巴黎协定》中的"气候正义"原则。

"气候正义"是指无论在全球气候资源的使用上，还是在全球减排的成本分担上都要体现出"公平正义"。[①]这种公平的原则体现在多种维度上，其中包括排放责任维度、人均排放维度、减排能力维度及谈判

---

① 朱伯玉，李宗录. 气候正义层进关系及其对《巴黎协定》的意义 [J]. 太平洋学报，2017 (09)：1-10.

程序维度，[①]还包括国家主义等维度。[②]其中，人均排放原则和国家主义原则是对立的，发达国家倾向于国家主义原则，而发展中国家更加倾向的是人均排放原则。在排放责任方面，从生产角度要充分考虑历史排放因素，从消费角度也要考虑各个国家在全球化过程中由于贸易及投资而形成的贸易隐含碳转移。在人均排放方面，要认识到地球上的个体生物是要细化到人的，每个人都具有使用和消费地球公共物品的权利，真正的公平实际上并不是某个国家、某个地区享有的公平，更多地应该体现在个人公平上。在减排能力方面，从气候的公共物品角度，从防止国际贫困差距不断加大的角度，从全球可持续发展角度考虑，收入更高、经济能力更强的国家或个人应该承担更高的温室气体减排成本及减排支出，这有利于全人类的共同富裕与共同发展。谈判程序维度，某种意义上属于很容易被忽略的环节，实际上却又是应该体现公平正义的环节，谈判程序的公平主要体现在保证各个利益团体在减排机制的规划与制定中的有效参与。[③]

《巴黎协定》框架虽然已经开始在《京都议定书》的基础上进行了一系列的创新，其中最重要的创新就是减排分配原则方面的创新，形成了"自主贡献"，即发达国家积极带头减排，发展中国家继续加强减排，最不发达国家及小岛屿发展中国家可以不进行减排的模式。[④]此举可以说在国际气候谈判史上具有重要意义，因为它在积极促成全球碳减排的同时兼顾了各个国家不同经济发展水平、不同发展诉求、不同减排资源禀赋的问题，为全球气候治理及后续的国际气候谈判注射了一枚有力的强心剂。从这个角度上讲，《巴黎协定》体现了一定的公平与正义，并提高了各个国家的减排积极性。但是，这并

[①③] 彭水军，张文城. 国际碳减排合作公平性问题研究 [J]. 厦门大学学报（哲学社会科学版），2012（01）：109－117.

[②] 林洁，祁悦，蔡闻佳，等. 公平实现《巴黎协定》目标的碳减排贡献分担研究综述 [J]. 气候变化研究进展，2018（05）：529－539.

[④] UNFCCC. Paris Agreement ［EB/OL］. https：//unfccc. int/files/essential_background/convention/application/pdf/chinese_paris_agreement. pdf.

不是国际气候减排机制的全部，减排机制还包括未来的 5 年周期的"审查"机制，在这个过程中及后续的谈判过程中，仍要体现"公平正义"原则，这样才能形成发展中国家与发达国家之间真正意义上的合作共赢。

第9章

美国气候政策转向背景下中国参与国际气候谈判的策略选择

在应对全球气候变化的谈判中,我们国家正在面临着来自发达国家与发展中国家两方面的压力。作为全球经济体量最大的发展中国家与二氧化碳排放量最大的国家,以美国为首的伞形集团正在通过各种渠道要求我们国家在减排行动中承担更多的责任。不管是在退出《京都议定书》还是退出《巴黎协定》上,美国政府在其中采用的借口都包括中国没有在碳减排中承担应有的责任而是利用现有碳减排机制从美国获取利益与财富。早在20世纪90年代中期时任美国总统克林顿在会见国家主席江泽民时就提到,中国对美国最大的威胁不是在军事上,而是在环境问题上。2009年的哥本哈根气候变化大会上,美国与欧洲则以"中国气候威胁论"集体向中国发难,表示:"中国必须采取更多的应对措施,否则到2050年,即使其他国家的温室气体排放量都减少80%,中国自己都会导致全球升温2.7摄氏度。"[1] 另外,发展中国家内部也发生了分裂,一些环境比较脆弱、容易受到气候变化影响的国家组成小岛国家联盟(AOSIS)与欧洲国家联合在一起指责中国在气候变化谈判中过于"强硬"的立场导致无法达成全球性的气候变化协议。一些期待清洁发展机制(CDM)的国家例如巴西、墨西哥与部分非洲国家等,则希望尽快达成发达国家与发展中国家之间的补偿协议从而利用碳减排来获取外汇收入。

---

[1] 王学东. 气候变化问题的国际博弈与各国政策研究 [M]. 北京:时事出版社, 2014:370.

我国正在制定一个更加有力的、灵活的气候政策以应对不断变化的国际形势。在国家内部，政府努力将气候变化与转变经济发展方式联系在一起，从而构建一个使彼此之间合法性相互增强的"共振效果"①。通过建立一个跨越多个部门的更具权威性的气候变化管理机构以及一个全国性的碳排放交易市场，选择一些地区开展低碳城市试点，在全社会倡导低碳生活方式与消费理念，由上往下快速地构建了一个全国性的气候变化应对系统。在国际气候谈判上，我国也正在从参与者向引领者方向转变。在《巴黎协定》中，我国的"国家自主贡献方案"明确提出了到 2030 年碳排放达到顶峰、非化石能源占比达到 20% 左右、2030 年碳排放强度比 2005 年降低 60% ~ 65% 等多项关键指标，我国政府提出的"一带一路"倡议与"人类命运共同体"理念也逐渐成为各个国家之间展开合作与参与全球治理的主要平台。

在本章中，我们将首先梳理我国的气候政策的发展历程，并分析导致我国在气候变化谈判中持不同立场的主要原因；其次，我们将从基本立场、气候外交、气候谈判话语权、人类命运共同体等方面讨论我国在气候变化谈判中所采用的主要策略；最后，我们将特别针对世界第一碳排放国中国与第二碳排放国美国在气候谈判中的博弈提出政策建议。

9.1　我国的气候变化政策

总体上，对于我国的气候变化政策有两种不同的分析视角。基于国内的政策视角将我国的经济发展阶段与国内气候应对政策结合在一起，按照国民经济和社会发展五年计划纲要，将我国的气候变化政策划分为"十一五"规划之前、"十一五"阶段、"十二五"阶段等不同

---

① Delman, J. China's "Radicalism at the Center": Regime Legitimation through Climate Politics and Climate Governance. J OF CHIN POLIT SCI 16, 183 – 205（2011）.

阶段;①② 基于国际气候变化谈判的视角则依据一些重要的国际事件与国际协议将我国的气候变化政策划分为多个阶段,例如,薄凡与庄贵阳以2007年我国碳排放量超过美国上升到世界第一以及2016中国在《巴黎协定》上发布的国家自主贡献方案这两个标志性事件将我国的气候变化政策划分为三个阶段。③ 另外一些研究者则直接以各个阶段的国家气候变化协议为基础将我国的气候变化政策含括进来,分析我国在不同的国际气候变化协议期间的气候应对政策上的差异。④⑤ 气候变化既是国内问题也是国际问题,单纯采用国内政策视角无法回应气候变化中的全球性风险和不断变动的国际气候治理形势,然而单纯采用国际气候治理协议作为阶段划分的依据又容易忽视我国在气候治理政策方面的连续性。因此,借鉴薄凡与庄贵阳的划分方法,结合国际与国内两个方面的特点,我们认为,可以将我国的气候变化政策划分为1990~2006年的起步阶段、2007~2015年的积极参与阶段以及2015年之后的引领者三个阶段。

9.1.1 起步阶段

从1990年联合国大会决定设立"气候变化政府间谈判委员会",决定制定"气候变化框架公约"开始到2007年巴厘岛气候会议,这个阶段可以称为中国气候变化政策的起步阶段。在这个阶段,气候变化政策主要作为环境保护方面的附属性政策,其中较少涉及整个社会及全球发展的问题,政府的主要工作是完善组织结构体系,建设气候变化政策体系,为我国以后的气候科学治理奠定了一定的基础。

---

① 杨晓娟. 从巴厘岛到巴黎: 责任视角下的中国气候政策分析 [D]. 北京: 外交学院, 2016.

② 朱松丽, 朱磊, 赵小凡, 等. "十二五"以来中国应对气候变化政策和行动评述 [J]. 中国人口·资源与环境, 2020, 30 (04): 1-8.

③ 薄凡, 庄贵阳. 中国气候变化政策演进及阶段性特征 [J]. 阅江学刊, 2018, 10 (06): 14-24+133-134.

④ 潘家华, 王谋. 国际气候谈判新格局与中国的定位问题探讨 [J]. 中国人口·资源与环境, 2014, 24 (04): 1-5.

⑤ 庄贵阳. 后京都时代国际气候治理与中国的战略选择 [J]. 世界经济与政治, 2008 (08): 6-15+3.

我国从 1979 年第一次世界气候大会就开始关注全球气候变化议题，当时中国气象学会副理事长谢义炳率 4 人代表团出席了会议并将会议通过的《世界气候大会宣言》的精神带回了国内。1990 年，为对《联合国气候变化框架公约》做出回应，我国在当时的国务院环境保护委员会下设立了国家气候变化协调小组，负责对气候变化的影响进行评估。1991 年，国家气候变化协调小组提交了《〈关于气候变化的国际公约〉条款草案（中国的建议）》，表明了我国在国际气候谈判中的基本立场：第一，坚持各国在应对气候变化问题上具有共同但有区别的责任；第二，各参与国家应当在不损及各国主权的前提下进行全面有效的国际气候合作；第三，任何限制温室气体排放的措施应充分估计各国的人均排放水平，应保证发展中国家为了提升人们生活水平的适当的能耗水平；第四，发达国家应当向发展中国家提供必要的资金与技术转让以帮助发展中国家减排。这份建议成为我国在之后的气候谈判中的主要基础。在 1996 年联合国气候变化框架公约缔约方第二次会议上，中国代表团团长、时任外交部副部长李肇星继续阐明了我国在气候变化问题上的基本立场：发达国家对气候问题负有不可推卸的历史责任，向发展中国家提供履约所需的资金和技术是发达国家应尽的义务，也是公约进程的前提；我国目前的主要任务是实现经济社会的发展以满足人们生活的基本需要，因此不会做出具体减排承诺。当然，我国也采取了积极的节能措施、植树造林以及控制人口增长等措施逐步减缓了温室气体排放增长率。①

1997 年联合国气候变化框架公约第三次缔约方大会所达成的《京都议定书》经常被认为是气候变化领域中第一个具有法律约束力的减排文件，为附件Ⅰ国家分别制定了减排指标。然而，在会上，美国与欧盟要求中国也需要做出自愿减排承诺。中国代表团的发言表明了我国的立场：反对为发展中国家规定新义务，中国在达到中等发达国家水平前不会承诺约束性的减排义务，反对确立"碳排放贸易"制度，

---

① 中华人民共和国外交部政策研究室编. 中国外交：1997 年版 [C]. 北京：世界知识出版社，1997：788.

但是中国会积极采取各种措施在可持续发展的框架下努力降低温室气体的排放增长速度。在 2001 年的马拉喀什气候大会上，我国对于碳排放贸易的排斥立场开始发生一定程度的转变。在这次大会上，我国认为《京都议定书》三个机制有助于发达国家以低成本实现减排，清洁发展机制（CDM）也有助于发展中国家实现可持续发展。2002 年，我国核准了《京都议定书》，2005 年 2 月，《京都议定书》正式生效，同年 11 月在加拿大蒙特利尔举行第 11 次缔约方大会，我国代表发言指出：共同但有区别的责任原则是各国应对气候变化的基础，各方要高度重视新技术在应对气候变化中的重要作用，发达国家要推动减排技术向发展中国家的扩散与转让，向发展中国家提供应对气候变化的技术和资金。①

总体上，在这一时期，我国参与气候变化国际谈判的立场主要包括以下几点：一是坚持"共同但有区别的责任"原则；二是坚持不做出减排温室气体的承诺；三是坚持发达国家对于发展中国家的减排资金与技术的支持。②

在国内方面，我国从 20 世纪 80 年代中期开始，相继安排了一系列针对气候变化的基础性科研与攻关项目，制定了多个指导性文件，完善了相应的法律法规，制定了可持续发展的战略并推动产业结构发展方式的转变，从不同的方面对气候变化议题进行综合性的治理。

第一，加强了对于气候变化的科学研究与人才队伍建设。自 1992 年以来，我国与其他国家和国际组织在有关气候变化方面开展了广泛的合作，涉及我国温室气体的排放量估算、气候变化模式、气候影响与脆弱性评价工作等方面。例如由亚洲开发银行支持的"中国响应气候变化的国家战略"和"亚洲温室气候最小成本战略"；由联合国开发计划署资助的"中国控制温室气体排放研究"以及由美国能源部资助的"中国气候变化国家研究"等项目。1997 年 4 月，国务院批准成立

---

① 刘燕. 中国政府提出应对气候变化挑战五点主张 [N]. 科技日报，2005 – 12 – 15（009）.
② 王学东. 气候变化问题的国际博弈与各国政策研究 [M]. 北京：时事出版社，2014：356.

全球气候观测系统中国委员会，由中国气象局牵头，包括国家环保局、国家发改委、国家工信部等13个部门。2003年，成立了新一届的"国家气候变化对策协调小组"，由国家发改委主任马凯担任小组组长，外交部、科学技术部、中国气象局、国家环保局、财政部、商务部、建设部、交通部、水利部、中国科学院等17个部委的有关负责人担任小组成员，这标志着我国开始将气候变化问题上升到国家的总体宏观发展战略高度。同时，在这一时期我国在气候变化领域也初步形成了一支跨领域的从事基础与应用研究的专家团队——"中国国家气候变化专家委员会"。此外，国家也不断加强对气候变化相关科研工作的资金投入，根据统计，在"十五"规划期间，政府通过各种国家科技计划投入应对气候变化的科技经费达到25亿元；与此同时，国家也将气候变化纳入到科技研发的重点领域。[①]

第二，制定了指导性文件，完善了相关法律法规。在1992年加入《联合国气候变化框架公约》后，我国政府组织编制了《中国21世纪人口、环境与发展白皮书》，将可持续发展作为指导我国经济与社会发展的纲领性指导思想，但同时也强调经济增长是解决发展问题的首要条件。在"九五"计划中，第一次明确提出将可持续发展作为我国社会经济发展的重要指导方针和战略目标并要求节能率达到平均每年5%；在"十五"计划中则具体提出了可持续发展各领域的阶段性目标，并专门编制了生态建设和环境保护重点专项规划。在这一时期，政府也制定和修订了一系列与气候变化有关的法律法规，包括《森林法》《环境保护法》《海洋环境保护法》《电力法》《煤炭法》等，形成了一整套应对和适应气候变化的法律法规体系。

第三，调整优化产业结构，转变发展方式。[②] 政府从20世纪90年代初开始发布了一系列的推动产业发展政策文件以限制高污染、高能耗产业的发展，将推进清洁生产、防治工业污染作为我国产业政策制定的重要方向。随着90年代我国经济的快速增长，我国环境发展水平

---

① 丁一汇主编. 中国气候变化科学概论 [C]. 北京：气象出版社，2008：3-4.
② 90年代国家产业政策纲要 [N]. 人民日报，1994-04-12.

呈现出了相应的急剧下降趋势，同时在这一时期相继爆发了一系列的环境污染事件；为此，国务院分别于1990年和1996年发布了《关于进一步加强环境保护工作的决定》和《关于环境保护若干问题的决定》两个文件，对高污染、高能耗工业产业的发展做出了明确的限制。此外，国家计划委员会在1991年和1992年发布的《企业节约能源管理升级规定》和《进一步加强节约能源工作的若干意见》也有力地推动了我国能源利用效率的提高。在2006年的国民经济和社会发展统计公报中，当年我国万元GDP能源消耗为1.21吨标准煤，单位国内生产总体能耗同比下降1.23%，实现了从2003年以来的首次下降。

第四，加强宣传，提高民众参与意识。在这一时期，我国也加大了对于气候变化相关问题的宣传和教育力度，在提高公众气候变化意识和促进可持续发展方面做出了很大努力。包括举办各种层次的培训班与编写相关教材；开设我国第一个气候变化官方网站——"中国气候变化信息网"，向公众介绍国内外气候变化的最新科研发现、气候变化影响与对策等方面的知识与建议；支持和资助相关的环境保护组织与环境基金的设立，例如"中国环境保护宣传教育中心""中国全球环境基金"等，提升公众的环保参与意识与自我组织能力。

9.1.2 积极参与阶段

1992~2006年我国的气候变化政策也被有些研究者认为是"跟随阶段"，因为在这一阶段作为发展中国家，我国不需要承担具体的减排义务。然而，这种形势在2007年随着我国成为世界第一碳排放国这一标志性事件而发生了变化。联合国政府气候变化专门委员会（IPCC）设定的目标是到2050年，全球温室气体的排放量低于110亿吨，然而根据国际能源署（IEA）的预测，到2030年，仅中国的温室气体排放量就将达到128亿吨，即使考虑到了中国与其他国家都采取了积极的控制排放量的政策，最终的结果也相差不大。由此，IEA强调在《京都议定书》规定的第一承诺期结束之后，必须马上把中国纳入温室气体减排（2008—2012）政策中。①

我国由此对气候变化政策做出相应的调整，在2007年《联合国气候变化框架公约》第13次缔约方大会之前，我国成立了新的国家应对气候变化及节能减排工作领导小组，由时任总理温家宝担任小组组长，同时正式发布了《应对气候变化国家方案》。在这份国家方案中，表明了我国应对气候变化的六大原则：一是在可持续发展框架下应对气候变化；二是坚持"共同但有区别的责任"原则；三是减缓与适应并重；四是将应对气候变化的政策与其他相关政策有机结合；五是依靠科技进步与科技创新应对气候变化；六是积极参与广泛的国际合作。② 方案中也明确提出，到2020年，实现单位国内生产总值能源消耗比2005年降低20%左右的目标。在同年的巴厘岛会议上，我国代表团团长解振华指出：必须长期坚持《联合国气候变化框架公约》与《京都议定书》所确立的目标、原则、承诺和合作模式；要加强框架公约的实施，特别是关于发达国家在减缓、适应、技术和资金方面的规定；发达国家要切实完成《京都议定书》第一承诺期的减排目标，而不是放在口头上。

2009年12月在丹麦哥本哈根召开的气候变化第15次缔约方会议被称为"人类解救地球的最后机会"，这次会议的主要任务是商讨《京都议定书》第一承诺期到期后的后续方案并签署新的协议。然而，在会上，发达国家与发展中国家之间在一些关键问题上展开了激烈交锋，会议的成果并不理想，在大会的第二周，135个发展中国家从大会中退出以抗议发达国家的不作为，最终，大会达成的是一项没有约束力的"哥本哈根协定"。然而，在这次会议之前，我国做出了一个史无前例的承诺，到2020年，单位国内生产总值碳排放强度相对于2005年下降40%~45%。时任总理温家宝在大会领导人会议上也发表了《凝聚共识、加强合作、推进应对气候变化历史进程》的讲话，指出应对气候

---

① 安德雷斯·奥博黑特曼，伊娃·斯腾菲尔德，侯佳儒. 中国气候政策的发展及其与后京都国际气候新体制的融合 [J]. 马克思主义与现实，2013（06）：125-131.

② 中国国家发展和改革委员会组织编制. 中国应对气候变化国家方案 [C]. 2007：23-24.

变化必须把握以下几点：一是始终坚持"共同但有区别的责任"原则，发达国家必须率先大幅量化减排并向发展中国家提供资金与技术支持；二是注重目标设定的合理性，要把重点放在完成近期和中期减排目标上，放在兑现已做出的承诺上；三是国际社会要向发展中国家特别是最不发达的非洲国家持续提供资金和技术上的支持。然而在大会结束以后，西方媒体却将中国描绘成一个对达成一个新的应对气候变化的全球性协议的最大的搅局者，认为中国不断阻碍"实质性的建议，拒绝以任何的政治承诺对西方国家的让步做出回报"，"毫不关心对环境可能造成的影响，阻止了2020年达峰和2050年全球减排50%目标的达成"。[①] 发达国家试图通过控制国际舆论在国际道义上给中国施加政治压力。

在2010年的坎昆气候会议中，我国采取了更为温和的立场并通过一系列协议的达成，展示了我国在气候变化谈判中的积极影响力。包括在减排问题上，我国同意将自主减排的口头承诺即2020年前将碳排放强度相对于2005年降低40%~45%的目标纳入中长期的国家经济和社会发展规划中，成为一个具有约束力的目标，同时在我国的坚持下，也把发达国家的历史责任首次明确地列入协议中；在关于碳减排的"可测量、可报告、可检验"的"三可"问题上，我国同意与其他发展中国家一样接受一个"尊重国家主权"的条件下的统一的程序检验；在发达国家对发展中国家进行资金和技术援助方面，也达成了一个较为满意的结果。新的协议要求建立"绿色气候资金"，同时我国也承诺不会同其他发展中国家争夺这方面的援助资金份额，传递了我国代表发展中国家发声的立场和原则。[②] 在之后的德班会议、多哈会议以及华沙会议上，我国代表团都坚持了我国在气候谈判方面的基本主张，并积极为发展中国家发声。

总体上，在这一阶段我国在国际气候谈判中的立场主要包括以下几个方面：第一，转变了对于清洁发展机制（Clean Development Mech-

---

[①②] 杨晓娟. 从巴厘岛到巴黎：责任视角下的中国气候政策分析[D]. 北京：外交学院，2016.

anism，CDM）的看法，同意 CDM 能够在一定程度上帮助发展中国家减少减排成本并积极参与进来；第二，虽然暂时不承诺总量减排，但是承诺以降低碳排放强度的方式来降低排放增速；第三，坚持共同但有区别的责任原则，并要求发达国家履行公约义务，向发展中国家在应对气候变化方面提供资金与技术支持。

在国内，为了应对碳排放总量与增速的快速增长，我国在"十一五"和"十二五"规划中对多项指标设定了"约束性目标"。胡锦涛主席在 2009 年联合国气候变化大会上向世界宣布了我国应对气候变化所力争达到的目标：一是加强节能、提高能效工作；二是大力发展可再生能源和核能，争取到 2020 年非化石能源占一次能源消费比重达到 15% 左右；三是大力增加森林碳汇，争取到 2020 年森林面积比 2005 年增加 4000 万公顷；四是大力发展绿色经济，积极发展低碳经济和循环经济。在"十二五"规划纲要中，更是明确提出到 2015 年单位 GDP 碳排放强度比 2010 年降低 17%、非化石能源占一次能源比重达到 11.4%、森林覆盖率达到 21.66% 等一系列约束指标。

为了降低碳排放，根据统计，单是从 2006~2010 年，我国就关闭了超过 7000 多万千瓦时发电量的小火力发电厂，清除了 7200 多万吨的钢产能和 1.2 亿吨的铁产能以及 3.7 亿吨的水泥产能。同时，通过财政补贴、税收优惠等多种途径鼓励天然气、煤层气、页岩气等低碳能源的发展，举一个典型的数据，我国的天然气产量从 2005 年的 493 亿立方米增加到 2010 年的 948 亿立方米，年增长率达到 14%，与使用煤炭、石油等传统化石能源相比，相当于减少了 1.7 亿吨的碳排放量。[1]

在这一阶段，我国也在企业中展开了大规模的节能行动。2006 年，在各个省份的能源密集行业中的 1000 家企业与省级政府签订了合同，计划到 2010 年节约 1 亿吨标准煤的能耗。"十二五"规划则为各级省政府布置了具体的碳强度减排目标，在"千家企业节能行动"项目基

---

[1] 陆争光. 中国页岩气产业发展现状及对策建议 [J]. 国际石油经济, 2016, 24 (04)：48-54.

础上，推出了"万家企业节能低碳行动"项目，要求在 2015 年达成节约 2.5 亿吨标准煤的能源目标①。"十二五"规划同时还要求相关企业在整个生产过程中建立一整套的节能体系与价值观，向全社会进行推广。我们也积极推动 CDM 项目的发展，我国目前是 CDM 全球项目中最大的国家市场，CDM 注册项目中 34% 来自中国，联合国在全球核证的减排量中也有 58% 来自我国。截至 2012 年，我国通过 CDM 项目核证的碳减排量达到 6.63 亿吨。②

我国还选择了一些省份、城市、社区等开展低碳生活体验和示范项目。2010 年，包括辽宁、湖北、广东、山西、云南 5 个省份和天津、重庆、南昌等 8 个城市开展了"低碳省份和低碳城市"试点项目，要求这些省份和地区通过自己的方式探索制定低碳发展目标、建立低碳目标责任体系、推动低碳经济发展转型、推广低碳生活与消费理念等途径实施碳排放峰值目标。我国也积极地引入碳交易市场的概念，利用市场机制解决气候变化中的外部性问题，例如从 2012 年开始，在北京、上海、天津、重庆、广东、湖北和深圳 7 个省市进行了碳排放量交易试点。这些省市被要求在一个总量控制的碳排放目标下，建立地方碳交易监管体系和交易制度，允许和鼓励企业从市场中购买、转让它们的碳排放份额。到 2015 年，这 7 个试点省市的碳排放市场拍卖总配额约 1664 万吨，成交量约 800 亿元。

总体上，我国将转变经济发展方式、发展新能源与新兴产业、改善能源消费结构与改善环境水平整合在降低碳排放强度、实施可持续发展的框架中。到 2015 年，我国的可再生能源装机量已达到全球总量的 24%，新增装机量是全球总体增量的 42%，在节能、新能源和可再生能源使用方面达到世界第一，有力地体现了我国在全球气候变化谈判中的一个负责任的大国形象与责任担当意识，同时也为发展中国家利用低碳模式推动经济社会发展提供了一个典型示范。

---

① 齐晔主编. 中国低碳发展报告 2012 [C]. 北京：中国社会科学出版社，2012：276.
② 付娜. 清洁发展机制对中国能源与环境的影响研究 [D]. 大连：大连理工大学，2021：13.

9.1.3 引领阶段

从 2015 年开始我国在国际气候变化谈判中正式步入引领者阶段，这来自国内与国际两个层次的因素的共同推动。在国内，随着我国经济发展步入"新常态"，经济增长开始从高速增长转变到高质量增长，同时以风能、光伏等代表的可再生能源利用与电动汽车、页岩气等新兴产业的崛起也为我国设置一个更具约束力的减排目标提供了技术与产业基础。在国际上，我国作为世界第二大经济体与世界第一大温室气体排放国所面对的国际压力也在持续增长，从 2009 年的哥本哈根大会开始，美国与欧盟等发达国家在减排承诺上对我国持续施压，一些发展中国家出于获得发达国家许诺的资金、技术援助目的也把矛头对准我国。最近 10 多年来的气候变化谈判历程也证明了越晚达成的规则，其"区别"的程度越弱，所有国家"共同"的责任越强。同时，美国特朗普政府上台后实行"美国优先"的外交与气候政策，宣布退出《巴黎协定》；欧盟中，主要成员国英国退出，其在气候谈判中的国际影响力也由于欧债危机以及经济发展水平的相对下降也开始减弱，在"美国无心，欧洲无力"的大环境下，我国逐渐转变气候谈判态度，成为国际气候谈判中的积极引领者，在各个国际政治经济场合中高举"人类命运共同体"大旗，自愿提高减排和出资力度[1]。

在 2015 年 11 月 30 日到 12 月 11 日期间召开的巴黎气候大会上，我国做出了在 2030 年前碳排放总量达到顶峰的承诺，并且为最终的《巴黎协定》的签署发挥了领导性的建设作用。《巴黎协定》的主要内容包括"将全球平均气温较工业化前水平控制在升高 2 摄氏度以内，并努力将升温控制 1.5 摄氏度"，"全球尽快实现温室气体达到顶峰，并在 2050 年实现碳排放中和也就是温室气体净零排放"，各缔约方同意每 5 年提交一次有约束力的、不断提高的"国家自主贡献"方案，同时发达国家要继续带头从多渠道动员气候变化资金，包括每年 1000

---

[1] 柴麒敏，傅莎，祁悦，等.《巴黎协定》实施细则评估与全球气候治理展望[J]. 气候变化研究进展，2020，16（02）：232-242.

亿美元的援助资金承诺。中国认为,《巴黎协定》是"一个公平合理、全面平衡、富有雄心、持久有效、具有法律约束力的协定……起到了衔接《京都议定书》2020 年前提高应对气候变化力度和 2020 年后加强实际行动的作用"。① 中国代表团团长解振华认为,我国为推动协定的达成做出了建设性作用,事实上,在巴黎气候变化大会之前,我国就分别与美国、法国、巴西、印度等碳排放大国签订了《共同声明》,围绕《巴黎协定》中的法律约束力框架、资金来源与支持机制、损害补偿机制以及减排信息透明检验机制等方面进行了充分的沟通和交流,为最终协定的达成打下了良好的基础。2016 年 6 月 30 日,我国正式向《联合国气候变化框架公约》秘书处提交了应对气候变化的国家自主贡献文件,在这份文件中,我国在二氧化碳排放强度与总量上做出了正式承诺:在 2030 年左右达到二氧化碳排放量峰值,同时二氧化碳单位 GDP 排放强度比 2005 年下降 60% ~ 65%;非化石能源占一次能源消耗比重达到 20% 左右;森林蓄积量比 2005 年增加 45 亿立方米左右并继续主动适应气候变化,在农业、林业、水资源等重点领域和城市、沿海、生态脆弱地区形成有效抵御气候变化风险的机制和能力。②

美国政府在 2017 年宣布退出《巴黎协定》给全球气候治理进程的推进带来了分裂的风险,在 2018 年的卡托维兹气候大会和 2019 年的马德里气候大会上,美国在气候谈判中的表现越来越消极,在多个关键问题上立场极端强硬,包括拒绝在多边机制下出资,不支持任何与提高减排力度有关的共识,同时全面逃避《联合国气候变化框架公约》中对丁附件Ⅰ的国家分类与责任原则描述,对国际气候治理的多边进程形成了巨大挑战③。在此情况下,党的十九大报告中指出,"(我国要)引导应对气候变化国际合作,成为全球生态文明建设的重要参与

---

① 新华网. 中方权威人士:《巴黎协定》凝聚各方最广泛共识 [EB/OL]. http://www.xinhuanet.com//world/2015 - 12/13/c_1117443108.html.

② 联合国新闻网. 中国"国家自主减排贡献方案"解析 [EB/OL]. https://news.un.org/zh/story/2015/11/249392.

③ 樊星,王际杰,王田,等. 马德里气候大会盘点及全球气候治理展望 [J]. 气候变化研究进展,2020,16 (03):367 - 372.

者、贡献者与引领者"。引领气候变化进程,就是要以全球共同利益为主导,协调各方关系,找到各方关系的契合点,共同推进公平正义、合作共赢的全球气候治理制度建设。① 我国通过在碳排放份额分配与市场机制上充当发达国家与发展中国家的"桥梁"作用,帮助各方寻求妥协方案凝聚共识,从而继续推动国家气候治理的进程。我国在巴黎气候大会之后一直强调要在损害问题上照顾小岛国、最不发达国家、非洲集团的关切,强调行动力度与支持力度并重,在提高目标(也就是 2050 年升温不超过工业革命前 1.5 摄氏度)的同时更要注重行动的跟进,要通过制定长期的、稳定的气候变化应对政策取得实实在在的进展。习近平总书记在 2017 年瑞士达沃斯峰会上强调"《巴黎协定》来之不易,应当共同坚守,不能放弃……要牢固树立人类命运共同体意识,共促全球发展",未来我国将秉着负责任的大国意识,以切实有效的行动向世界贡献中国应对气候变化的智慧。②

在国家内部,在这一时期,我国进入经济新常态,政府努力通过供给侧结构性改革淘汰落后产能、促进低碳经济发展使经济增长摆脱能源消耗路径依赖。气候变化与环境保护、低碳经济等被共同包含在一个更大的"生态文明建设"的框架中,在党的十八大报告中,生态文明建设与经济建设、政治建设、文化建设、社会建设一起成为我国特色社会主义建设的重要内容,纳入到国家"五位一体"的总体建设布局当中。2015 年,国务院发布《关于加快推进生态文明建设的意见》,指出要坚持把节约优先、保护优先、自然恢复作为基本方针,把节约放在首要位置,以最小的资源消耗支撑经济社会发展;坚持把绿色发展、循环发展和低碳发展作为基本途径,强化科技创新引领作用,建立系统完整的生态文明制度体系;坚持把培育生态文化作为重要支撑,倡导绿色低碳、文明健康的生活方式与消费模式,提高全社会生态文明意识。2017 年,习近平总书记在党的十九大报告中指出,要推进绿色发展,建

---

① 胡文娟,何建坤. 全球气候治理新形势与中国的对策[J]. 可持续发展经济导刊,2020(Z1):46-48.
② 薄凡,庄贵阳. 中国气候变化政策演进及阶段性特征[J]. 阅江学刊,2018,10(06):14-24+133-134.

立健全绿色低碳循环发展的经济体系，包括壮大节能环保产业、清洁生产产业、清洁能源产业，推进能源生产与消费革命，推进资源全面节约和循环利用，倡导简约适度、绿色低碳的生活方式。2020年，习近平总书记在第七十五届联大会议上发表重要讲话时更是宣布了"我国将力争于2030年前二氧化碳排放达到峰值，努力争取在2060年前实现碳中和"的"30-60""双碳"目标。多年来，将低碳经济与绿色发展作为我国经济持续增长的关键力量为我国的减排行动积累了更多的中国经验；2023年，中国持续大力推动碳排放强度下降工作，非化石能源消费占能源消费总量的比重比上年提高了0.3个百分点，全国可再生能源装机规模突破15亿千瓦，在全国发电总装机中的比重突破50%，全国森林覆盖率达到24.02%。截至2024年6月底，全国碳市场碳排放配额（CEA）累计成交量4.64亿吨，累计成交金额268.41亿元。[①]

总体上，我国在应对气候变化方面已经走出了跟随者与学习者的阶段，开始成为重要的参与者、贡献者与引领者。在气候变化政策上，我国已经拥有了门类齐全、覆盖广泛的各种类型的气候政策，既包括具有社会主义特色的目标责任制形式的行政指令性政策，也包括各种"由点及面"的试点示范实践和经济激励类政策，既有市场配置类政策，也有低碳研发科技政策等，形成了相对完整的体系，有效贡献全球气候治理。在气候变化实践上，通过行政化手段与市场化建设并重，强调从中央到地方的政策协同性，以中长期战略为指引，国家/地方/企业应对气候变化行动有条不紊地推进，形成了独有的国际特色。[②]

9.2　我国参与国际气候谈判的立场与策略

我国从2007年就成为世界第一大温室气体排放国，并且占全球二

[①] 中华人民共和国生态环境部. 中国应对气候变化的政策与行动2024年度报告［R］. https://www.mee.gov.cn/ywgz/ydqhbh/wsqtkz/202411/W020241106685054014098.pdf.

[②] 朱松丽，朱磊，赵小凡，等. "十二五"以来中国应对气候变化政策和行动评述［J］. 中国人口·资源与环境，2020，30（04）：1-8.

氧化碳排放总量的份额随着经济社会的不断增长也越来越高。根据国际能源署发布的报告，2018年，我国二氧化碳的排放量增加了2.3%，总量达到95亿吨，占全球二氧化碳排放量的28.79%。然而，如果除以我国2018年13.93亿的庞大人口，人均排放量仅为6.82吨，这远远低于美国的人均18.1吨、德国的11.1吨以及以环保著称的日本的9.9吨。① 碳排放量是与经济社会发展水平紧密联系在一起的，特别是对于发展中国家而言。我国参与国际气候变化谈判的基本立场一直是减排应该以经济增长为基础，通过科技创新、新兴产业发展带来减排，是在满足人民群众对于美好生活向往的基础之上的减排。当然，我国庞大的人口基数也决定了只要每个人在低碳生活与消费方式上做出小小的改变，也将为全球碳减排带来巨大的推动作用。

我国的气候政策是以对经济利益的判断为基础的，并且随着我国经济结构的转变与经济增长方式的转变而不断深化。当前国际气候谈判已经进入到"白热化"阶段，面对国际气候谈判日益与国际经济分配、国际政治权力变更、国际舆论与道义博弈紧密纠缠在一起的新的变化形势，我国政府在国际气候谈判中必须展现立场的坚定性与策略的灵活性，既要为我国争取足够的经济发展空间，推动我国的可持续发展；也要树立我国负责任的大国形象，通过团结发展中国家争取发展空间与资金技术支持，向国际社会发出"中国信号"，帮助发展中国家实现最大经济利益，增强我国在国际秩序中的话语权。②

9.2.1 坚持"共同但有区别的责任"原则

共同但有区别的责任原则是分配发达国家与发展中国家之间在气候变化治理责任方面的基本原则和重要依据。《联合国气候变化框架公约》从一开始就对这一原则进行了明确的阐述，《京都议定书》作为第一份具有法律约束效力的气候变化协议则将此原则具体化，并且在之

---

① 国际能源署（IEA）2018全球现状报告（2018 Global Status Report）.
② 庄贵阳. 后京都时代国际气候治理与中国的战略选择［J］. 世界经济与政治，2008(08)：6-15+3.

后的历届气候大会上都重申了此原则。面对气候变化对全球社会所带来的挑战,"共同"强调的是参与合作,是各个国家在气候变化和治理的基本立场和原则。作为新的全球性风险,气候变化跨越了传统风险的地理空间范围,将全世界每一个人、每一种生物都置于这种风险之下。正因为如此,"共同"着眼于全人类共同的利益,要求世界各国不论大小、强弱都应该共同担负减缓和适应气候变化的责任。"区别"则强调各国之间的客观存在性的差异,包括发展历史与排放历史责任的差异,这要求在责任实现的范围、手段、时限等方面要区别对待,以达到实质上的互惠互利。[1]

在气候变化国际谈判中,一个不容置疑的事实是,今天的大气变化主要是由发达国家历史上排放大量的温室气体造成的,发达国家必须为此承担主要责任。从历史累计排放来看,从工业革命到1950年,发达国家的排放量占全球累计排放量的95%;从1950～2000年,发达国家排放量占全球的77%。发展中国家的温室气体排放上升只是近几十年的事情,对于我国来说,从1904～2004年的100年间,我国累计排放只占全球总量的8%。[2] 发达国家已经通过产业的全球化配置进入后工业化时代,实现了经济发展与碳排放之间的脱钩。然而,对于许多没有完成工业化的发展中国家来说,气候谈判仍然不能脱离发展,合理的排放权意味着合理的发展权。气候变化是一项全球性威胁,但是这个威胁不能以降低发展中国家的发展空间为基础,发展中国家的主要任务是促进经济增长和消除贫困,消减温室气体排放不是也不应该是发展中国家应该优先考虑的问题。

我国正处于工业化、城市化和现代化进程的加速期,能源消费需求和二氧化碳的排放需求也在迅速扩张。作为世界第二大经济体和第一大碳排放国家,我国绝不会逃避减排责任,将在未来的发展进程中充分体现我国的负责任的大国意识,在碳减排方面做出表率。一直以

---

[1] 刘健,彭丽娟."共同但有区别责任"内涵审视与适用研究——以国际气候变化谈判为视角 [J]. 湘潭大学学报(哲学社会科学版),2016,40(03):35-39.

[2] 何一鸣. 国际气候谈判 [M]. 北京:中国经济出版社,2012:251.

来，我国都在积极地通过各种经济激励、行政指令与可持续发展价值观传递等多种措施削弱碳排放强度，控制碳排放总量的增长速度，为世界气候变化治理提供了中国智慧。同时，我们也要清醒地意识，我国仍然是发展中国家，还远远没有达到主导世界进程的地位。我国人口基数大、国土面积大，许多总量指标在世界上名列前茅是理所当然的，但是人均指标和质量指标更能反映基于人的基本需求的实际情况。我国的人均碳排放量刚达到世界平均水平，我国的人类发展指数在2019年也才达到第85名，远低于经常被认为是不发达国家的伊朗（第65名）、马来西亚（第62名）和俄罗斯（第49名）。这也要求我们要对现有形势有清醒的认识，不能盲目自大，仍然要以经济发展为第一任务，要以提高人们的生活水平、满足人民群众对于美好生活的向往为主要目的，在不损害我国的经济社会发展空间的情况下我们承担"有区别的责任"。[①]

在以往的气候谈判中，我国坚持了"共同但有区别的责任"原则，坚持在可持续发展的框架下应对气候变化。然而近年来的气候谈判表明，发达国家正试图否定这一原则，将"共同责任"作为谈判的重心。在2005年的蒙特利尔会议上，发达国家发动了关于《京都议定书》第九条的审议；在2007年的巴厘岛会议上，谈判的重心则直接转移到了对于共同责任的划定上，有区别的责任面临边缘化甚至消亡的危险；在2009年的哥本哈根气候大会上，则进一步直接降低了发达国家的减排目标，对于发展中国家的减排责任做出了更为严苛的规定，包括"三可"原则；在2011年德班气候大会上，小岛国联盟、最不发达国家集团和欧盟则发表了联合声明，就自愿减排达成了共识，向我国以及其他发展中国家传递了更大的减排压力。最终，在2015年的巴黎气候大会上，我国就碳排放量和碳排放强度双双进行了未来目标设定。

对于我国而言，即使我们已经做出了碳减排的承诺，也要坚守住"共同但有区别的责任"原则，才能最大限度地团结发展中国家，拓展

---

① 潘家华，王谋. 国际气候谈判新格局与中国的定位问题探讨[J]. 中国人口·资源与环境，2014，24（04）：1-5.

谈判空间，争取到更多的谈判筹码，更好地捍卫我国以及发展中国家的利益。

9.2.2 加强气候外交与国际合作

气候政策是一个涉及国际经济、政治、环境、文化等多种属性的国际公共产品，在应对气候变化谈判方面，我们除了积极参与国际气候谈判，最大限度地反映发展中国家的特殊国情与我国的特殊利益，获取国际社会的理解和支持。同时，还应开展全方位的气候外交，争取更多的盟友，加强自身的谈判地位，引导气候谈判的方向。在这方面，我们既需要强化同发展中国家的同盟关系，也要与主要发达国家进行积极接触，化解国际压力。

我国是世界上最大的发展中国家，在长期的国际政治博弈中，依托发展中国家的集体力量，积极为全体发展中国家代言，在与发达国家集团的抗争中，捍卫自身和其他发展中国家的利益，是我国一直以来坚持的外交策略。毛泽东主席在 1971 年联合国恢复我国的合法席位时就提到："中国恢复在联合国的合法席位，是非洲黑人兄弟把我国抬进去的。"如今，在面对国际气候谈判中，我国同样与大多数发展中国家站在一起，形成"77 国+中国"的战略同盟。虽然代表"77 国+中国"发表立场声明的往往是"77 国"集团的轮值主席国代表，但是，我国在这个同盟中具有很大的影响力，我国的立场与主张也得到了大多数发展中国家的支持。[①] 然而，有研究却认为，我国在气候谈判中与"77 国集团"联系在一起，不是因为自身的单独行动力有限，而是为了避免在气候谈判中被孤立，中国可以利用"77 国集团"作防护墙。[②] 而事实上，这是我国与其他发展中国家的理性考虑与选择，同时，在实际的气候谈判中，在我国的领导下，发展中国家团结一致，与欧盟和美国为首的"伞形集团"等发达国家展开了针锋相对的博弈，也实

[①] 潘家华，王谋. 国际气候谈判新格局与中国的定位问题探讨 [J]. 中国人口·资源与环境，2014, 24 (04): 1-5.

[②] Joanna I, Lewis. China's Strategic Priorities in International Climate Change Negotiations [J]. *The Washington Quarterly*, 2008, 31 (01): 155-174.

实在在地维护了发展中国家的整体利益,包括"共同但有区别的责任"原则的提出、发展中国家强制性减排义务的赦免、发达国家向发展中国家在资金与技术上的援助等成果都体现出了这一点。

在最近十几年来的气候谈判中,发展中国家阵营由于成分复杂、利益诉求迥异,已经出现了比较明显的分裂迹象。例如,43个小岛国联盟由于环境特别脆弱,受到气候变化的影响最为强烈,因此逐渐成为碳减排的坚定支持者,它们在要求碳排放大国包括中国、印度、巴西等发展中国家承担减排义务的问题上,与欧盟立场一致,给其他发展中国家带来了一定的压力;以沙特为首的"阿拉伯石油输出国组织"成员都是石油生产大国,石油出口是这些国家财政收入的主要来源。削减温室气体的行动必将导致石油消费量与出口量减少,油价下跌,因此这些国家是减排的坚定的反对者;以巴西为首的"雨林联盟"则最关心的则是这些国家减少热带雨林的破坏行动是否应该得到国际补偿,因为这些行动间接增加了森林碳汇;最不发达国家集团则对全球气候变化问题并不热衷,它们并不关心本国的长远的利益与发展空间,而更加关心的是如何通过气候谈判暂时获得发达国家提供的资金与技术转让,因而容易受到发达国家一些小恩小惠的诱惑,在许多关键议题的谈判中做出妥协,或者以支持我国立场为要挟,要求我国在国际援助上给予更大支持。发展中国家内部的分裂已经被发达国家利用,并在哥本哈根气候大会、巴厘岛会议等一系列气候大会上表现出来。

我国作为发展中大国,必须充分发挥领导作用,秉承合作共赢的理念,不离不弃,借助发展中国家的集团力量作为化解谈判压力的策略,强调发展中国家的共同立场与利益属性,协调、调动发展中国家中不同利益集团的积极性,协调立场,求同存异,制定共同的应对策略,共同赢得国际气候谈判博弈中的胜利。

我国也要加强与发达国家的沟通交流,在得到发达国家理解的同时,也能为我国的气候谈判增加筹码。发达国家集团与发展中国家集团一样,其内部也不是铁板一块的。例如欧盟和美国为首的伞形集团在削减温室气体排放方面就有明显的不同,欧盟对于减排目标的设置与承诺的实施更具自愿性,而伞形集团在碳减排方面的态度则更为强硬。我们要对主要谈判对手做到"知己知彼",把握对手的弱点和期待,制定相应的攻防策略。

我国要积极地向发达国家宣传我国的减排行动以及成果,争取发达国家的理解与支持。我国作为非附件Ⅰ国家,在《京都议定书》机制中并不承担任何量化减排义务。但是我国作为负责任的大国,无论是在《气候行动国家方案》中还是《巴黎协定》中的"国家自主贡献方案"中,都对减缓温室气体的排放强度方面进行了明确的承诺,通过主动调整经济结构、转变经济发展方式、大力推动低碳经济与绿色产业发展、倡导节约集约利用能源、优化能源结构、植树造林、推广低碳生活理念等措施,在减缓气候变化方面做出了不菲的成绩。我国在2019年已经提前完成了《巴黎协定》的承诺,2018年碳排放强度比2005年就已经降低了45.8%;2019年非化石能源占能源比重达到15.3%,淘汰煤炭落后产能达1亿吨;森林覆盖率达到22.96%,根据联合国的数据,从2000~2017年全球新增绿化面积中,1/4来自中国,贡献比例居全球首位。这些成就都说明,我国并没有像某些发达国家那样"口惠而实不至",只提口号,却不兑现承诺,而是在踏踏实实地行动。

我们也要针对发达国家制定有区别的针对性的策略。我国在气候谈判中的主要对手是欧盟和伞形集团。欧盟的节能技术、清洁生产技术和新能源技术世界领先,应该成为中国发展环境友好技术的重要来源。在与欧盟的谈判中,应该把重点放在技术转让方面,不能让欧盟以保护知识产权为借口,逃避责任。在未来的谈判中,我国应开出要求欧盟转让的技术清单,并严格规定转让速度、转让规模和预计效果,为中欧气候合作填充实质性内容。同时,欧盟在近年来推出的碳关税和产品环保生态标准也应该引起我国的重视,防止欧盟以这些标准作为武器设置市场障碍[1]。对于伞形集团,我国应该把谈判重点放在资金援助方面。我国应该强烈要求这些国家制定明确的中长期减排目标,要求发达国家切实履行资金与技术援助承诺,在2020年以后给予发展

---

[1] 何一鸣. 国际气候谈判 [M]. 北京:中国经济出版社,2012:251.

中国家成员每年 1000 亿美元的支持。

总之,气候外交要求我国在坚定的原则立场与灵活的谈判策略中找到一种平衡。我们要坚持联盟合作的策略,尽量维持与"77 国集团"和其他发展中国家之间的战略合作,努力保持在气候谈判问题上的信息通畅、义务承担上的步调一致、协议出台上的集体作为、利益分配上的相互磋商。我们也要积极开拓双边与多边的地区气候合作机制,争取发达国家在资金、技术上的支持,借助平台传递信息、表达期望、力争理解、达成共识。[1]

9.2.3　增强国际气候治理话语权

话语权不仅是一种"说话"的权利,更是一种"说话"的权力,是个体、群体或组织通过话语体系对他人或组织施加影响的能力。在关于应对气候变化的国际谈判中,一些研究者认为,国际气候谈判的本质就是关于碳减排空间制度、规则和规范的话语权的竞争。[2] 纵观历年来的国际气候谈判,从 1994 年的"柏林授权书"到 1997 年的《京都议定书》,从 2009 年的《哥本哈根协定》到 2005 年的《巴黎协定》,都体现了谁掌握国际气候谈判中的话语权,就能使国际气候谈判朝着有利于它的利益与立场的方向发展。

当前,我国在构建国际气候谈判的话语权中主要面临着三个方面的挑战:一是承担的责任与制度性话语权不匹配;二是气候知识供给与科学性话语权不匹配;三是气候应对实践与道义性话语权不匹配。具体而言,在制度性话语权方面,当前发达国家之所以能掌握国际话语权,最重要的原因就是发达国家凭借其在国际社会中的主导地位,创建了现行的国际制度体系,主导了议题设置、运行规则和话语传

---

[1] 肖兰兰. 国际气候制度的"中国烙印"及其影响 [J]. 生态经济, 2015, 31 (10): 66-70+82.

[2] 李昕蕾. 全球气候治理中的知识供给与话语权竞争——以中国气候研究影响 IPCC 知识塑造为例 [J]. 外交评论 (外交学院学报), 2019, 36 (04): 32-70+5-6.

播。① 反映在气候谈判方面，是欧盟首先提出了可持续发展的概念，是美国首先阐述了温室气体效应，是欧盟和美国制定了削减温室气体排放的"共同但有区别的责任"的基本规则，也是美国和欧盟打破这个规则，要求发展中国家在削减温室气体排放中承担共同的责任。我国是世界第二大经济体和第一大温室气体排放国，尽管近年来在气候谈判中的身份角色发生了从被动的跟随者到积极的参与者的转变，在领导发展中国家与发达国家进行针锋相对的博弈中为发展中国家争取了整体利益，在全球气候治理中贡献了"中国智慧"，在提供的"国家自主贡献方案"中体现了负责任的大国形象，但是涉及整体的国际气候谈判中的制度供给，我国在其中的角色仍然需要加强。发达国家一方面利用现有的国际气候治理制度分裂发展中国家，削弱我国的领导力；另一方面又通过议题设置和话语权的掌控无视、抹杀我国在全球气候治理中的积极贡献，要求我国在减排中承担更多的义务。这是与我国要构建人类命运共同体的伟大抱负和负责任的大国形象是不相符的，也与我国的自身实力不相匹配的，我国要实现自身话语权在国际气候谈判中构建，制度性话语权的构建是首先需要面对的重要挑战。

在科学性话语权的构建方面，正如李昕蕾所说，在日益复杂的全球气候治理中，"科学结论"已经成为左右气候谈判的重要外交工具。②科学本来是无国界的，但是科学人员却是有国籍的，一些国家的研究人员在突出我国和其他国家的气候问题时长篇大论，但是却可能对自己国家的问题避而不谈。一个基本的例子就是在2009年的哥本哈根气候大会上，一些发达国家的科研人员把我国的极端天气说成是常见情况，从而误导舆论。然而当我国利用自己的体系进行研究后才发现，对方的研究漏洞百出。③气候变化相关的科学研究可以为我们提供气候

---

① 王明国. 全球治理转型与中国的制度性话语权提升 [J]. 当代世界, 2017 (02): 60–63.
② 李昕蕾. 全球气候治理中的知识供给与话语权竞争——以中国气候研究影响 IPCC 知识塑造为例 [J]. 外交评论 (外交学院学报), 2019, 36 (04): 32–70+5–6.
③ 中国政府网. 气候科研成为各国应对气候变化"话语权"重要依据 [EB/OL]. http://www.gov.cn/jrzg/2009-12/17/content_1489627.htm.

变化成因、变化的直接与间接的影响以及可供选择的对策等客观信息，但是由于碳排放权与发展权相挂钩，如今气候变化科学研究的中立性与客观性正在越来越多地受到政治性的侵蚀。发达国家正在利用它们在气候变化研究的领导力主导气候谈判的进程，而我国在气候变化的科学研究与科学性话语权方面仍然很薄弱。根据统计，从2000~2015年，我国发表的气候变化领域国际论文与美国存在着巨大差距，在大多数领域都不到美国的1/5。即使是在某些有相对数量优势的领域例如海洋观测上，因为大多数论文都是中文，在IPCC气候评估报告中的被引用频率也很有限。[①] 查阅相关数据库可以发现，至2015年，全部12万篇气候变化论文中，美国就占了23%，远远多于世界其他国家；被引用最多的100篇气候论文的作者中有58%来自美国。以IPCC提交的5次气候评估报告中的作者人数为例，我国作者的数量在历次报告中分别为第9名、第11名、第10名、第28名和第48名，作者数量呈明显的逐次增加趋势，但是同发达国家相比，仍然存在着明显的科学话语权弱势。编写IPCC评估报告的主要作者大多是美国科学家，其相关报告也多数基于美国气候研究机构来撰写。IPCC第四次评估报告里第一工作组中国大陆作者占1.4%；IPCC第五次评估报告中中国大陆作者引文数在第一、第二、第三工作组占比分别为2.8%，1.3%和1.6%。

在道义性话语权方面，国际话语权与国家道义之间存在着正相关关系，遵循国际道义能够提升国际话语权，反过来，违背国际道义则会降低国际话语权。国际道义是构建国际话语权必须考量的重要因素，在全球化不断加深以及全球性风险不断扩展的情况下，负面的国际舆论会让国家承受国际道义压力并进一步削弱该国家对其他国家的影响力。[②] 如汉斯·摩根索所说：在一个有秩序和共识的国际社会中……只要任何一个国家的政府采取在国际上违背某种公意的行动，人类就会不分国籍团结起来反对……该国政府就会发现它同违反本国社会习

[①] 陈其针，王文涛，卫新锋，等. IPCC的成立、机制、影响及争议 [J]. 中国人口·资源与环境，2020，30（05）：1-9.

[②] 李强. "后巴黎时代"中国的全球气候治理话语权构建：内涵、挑战与路径选择 [J]. 国际论坛，2019，21（06）：3-14+155.

俗与共同规则的小部分的个人或集团一样处于孤立的境地，社会或者迫使人们遵守它的规则，或者因其不遵守而将其孤立起来。[①] 随着我国成为世界第一大温室气体排放国，我国正在面临发达国家与发展中国家的双重道义压力，尽管我国的人均碳排放量一直远低于发达国家。我国在2016年提交的"国家减排自主贡献方案"一方面回应了世界对于我国接受监督的道义标准；另一方面也展示了我国负责任的大国形象，成为发展中国家平衡经济社会发展与温室气体减排两者关系的典范。

面对"后巴黎协定"时代"美国无心，欧盟无力"的国际气候谈判形势，我国应加强对于构建中国智慧的气候谈判制度性话语权能力建设和议题设置能力，包括在《巴黎协定》内部和外部的集体领导机制，倡导创建气候变化多边领导机制，在全球气候治理中发挥引领性作用；在各种重要的国际会议或者区域性组织会谈中将气候变化议题列为优先议题，强化应对气候变化的共识与行动，持续推进全球气候治理的进程。我国也应加强关于气候变化方面的科学研究，努力从科学层面赢取国际气候治理与环境外交方面的话语权；积极参与IPCC的评估报告编制工作，向IPCC提供发展中国家的声音与行动方案，保证其评估报告的科学性与客观性；要积极开展气候变化领域的双边与多边合作研究机制，实现成果共享和优势互补，为气候变化多边合作提供有力的科学支撑与经验借鉴。我国应秉持可持续发展与绿色发展理念，统筹生态文明建设的国内与国外两个大局。在国内，坚持转变经济增长方式，大力发展低碳经济，优化能源结构，提升可再生能源与清洁能源利用水平，建设美丽中国；在国际上，填补美国退出《巴黎协定》的道义空白，继续积极参与全球气候治理进程，倡导建立人类命运共同体，为建设美丽世界贡献力量。[②]

[①] 汉斯·摩根索. 国际纵横策论——争强权，求和平 [M]. 卢明华，等译. 上海：上海译文出版社，1995：335.

[②] 李强. "后巴黎时代"中国的全球气候治理话语权构建：内涵、挑战与路径选择 [J]. 国际论坛，2019，21（06）：3-14+155.

9.2.4 灵活策略与坚定立场并重

坚持气候谈判立场的原则性与气候谈判策略的灵活性是我国气候外交的重要方针，它代表的是我国作为发展中国家的领导者在国际政治经济博弈中积极为发展中国家集体争取发展空间的一贯的坚定立场，也反映了我国政府基于不断变化的国际国内经济社会发展形势而做出积极的适应性调整的实事求是的基本原则。在气候谈判中，我们既要坚持我国的发展中国家定位、坚持"共同但有区别的责任"原则、坚持发达国家向发展中国家进行资金与技术援助的补偿原则，也要吸取在哥本哈根受到国际社会不公责难的教训，根据国际气候谈判形势的变化不断调整和优化我国的谈判策略，在国际气候谈判中既维护我国经济社会发展的空间，也要通过气候谈判树立我国负责任的大国形象与维护我国在国际社会中的良好的国际声誉。

反映在我国的减排承诺方面，我们需要详细地列出我国在参与减排承诺中的每一个环节的谈判步骤，根据我国的经济社会发展形势，特别是低碳产业和绿色经济的发展状况，在一个不损害发展的框架下，对每一个减排承诺环节进行成本与效益的总体评估，力争我国在减排承诺上的每一个环节的让步能够为我们带来更有利的潜在的国际发展空间。总体上，我国的减排行动按照由易到难的顺序可以分为四个阶段：第一个阶段是自愿承诺相对减排，我国在第一份《应对气候变化国家方案》中提出的"到2010年，实现单位GDP能源消耗比2005年降低20%"目标就属于此类行为，这代表着我国在不属于附件Ⅰ国家不承担强制性减排义务的情况下主动参与国际气候治理的基本态度；第二个阶段是有条件强制性相对减排，在这个环节，我国在满足所提出的一定的条件基础上例如发达国家的资金、技术支持以及率先大幅减排等承担具有约束力的相对减排，包括将进一步强化降低碳排放强度的承诺列入国家的发展规划当中。在"巴厘岛行动路线"中，我国承诺在得到资金、技术的支持下，采取"可测量、可报告和可核证"

的减缓行动就属于类似行动;① 第三个阶段是有条件承诺自愿绝对减排，在我国经济由高度增长阶段过渡到"新常态"，低碳经济与相关新兴产业已经成为我国重要发展战略的情况下，我国可以基于一定的条件自愿承诺绝对减排，在 2016 年我国提交的"国家自主贡献方案"中，我国承诺到 2030 年碳排放达到顶峰就属于此类行动。最后一个阶段是强制性绝对减排，在我国经济社会发展到中等发达国家水平后或者相似的水平后，我国可以将绝对减排作为一项约束力的目标，向全球社会表明我国在维护人类共同家园、创建人类命运共同体的决心和行动。这四个阶段是我国参与全球气候谈判中的阶梯式行动策略，我们不能一直保持"不承诺绝对减排义务"的目标，也不能毫无底线在气候谈判中被动退让，要保证每一步的减排行动策略的推进都能够为我国争取到更多的发展空间。

在关于碳排放量的核算以及历史责任与未来责任的交锋方面，我们同样也要加强在气候变化领域的科研话语权，根据经济社会形势的变化采取更具灵活性与适应性的口号与策略。目前，全球气候谈判的焦点在于碳排放权的初始分配上，发达国家的代表倾向于排除其历史责任的人均排放趋同的分配方案，而发展中国家包括中国、印度和巴西则提出了按历史、人均和最终消费来分配的方案，这两种方案对于最终的减排目标是一致的，但是在分配后所产生的经济影响和减排措施方面则差异很大。② 目前，包括 IPCC、G8 集团、联合国开发计划署（UNDP）、OECD 等多个国家和组织在碳排放权的分配方法上提出了 20 多种分配方案，我国学者不仅要在其中提出自己的看法，我国政府在气候谈判中也要根据碳排放量的变化做出相应的调整。由于改革开放以来我国经济增长主要依靠的是资源、土地和劳动力等生产要素大规模投入的粗放型发展模式，我国碳排放量在近 30 年来迅速增加。2007 年，我国超越美国成为世界第一大碳排放国，这促使我们在气候谈判

---

① 冯海英. 应对气候变化国际进程中的中国 [D]. 北京：北京语言大学, 2008.
② 王文举等著. 中国碳排放总量确定、指标分配、实现路径机制设计综合研究 [M]. 北京：首都经济贸易大学出版社, 2018：5.

中更加坚守人均碳排放量的概念而淡化碳排放总量的概念；2010年之后，我国人均碳排放量升至G20国家的平均水平，我国逐渐丧失了人均排放较低的优势；到2016年，我国人均二氧化碳排放量达到8.8吨，比G20国家平均值高出17%，再在国际气候谈判中使用人均碳排放量的概念已经不再是我国的谈判优势。近年来，我国气候变化研究者开始更多地关注人均累积碳排放量和国际贸易中隐含的碳排放量问题。我国作为贸易大国，2018年全球货物进出口总额为4.6万亿美元，是全球贸易第一大国。然而由于发达国家通过全球劳动分工将碳排放量大的产业转移到发展中国家，这导致国际贸易中的碳排放量是不对等的。以我国为例，2008年我国出口碳排放占国内实际碳排放的24%，进口碳排放则占7%。近年来的一系列研究显示，我国碳排放量中相当大的一部分（2006年达到30%）来自向发达国家提供的大量工业品导致。2009年OECD发布的报告显示，OECD国家（共35个国家）的二氧化碳排放量仅占全球的1/3，但是其消费排放增长量却占到全球总量的一半以上。[①][②] 我国在近年来的气候谈判中提出了国际贸易中的隐含碳排放不均等概念并得到了发展中国家的支持，但是在这部分隐含碳排放的责任分担上，到底是由生产者负责还是由消费者负责方面，目前仍然存在较大的争议。我国在气候谈判中使用隐含碳排放概念也需要防止发达国家借机设置碳关税进而削弱我国产品在国际贸易中的竞争力。

在气候谈判协议的达成与国际合作方面，我们也要注重谈判战术的灵活性。从2009年哥本哈根气候大会以后，我国在气候谈判中不再单纯加强对于原则的强调，而是提倡以一种更加开放、灵活的替代性方案来化解谈判僵局。例如，在2015年的巴黎气候大会上，美国考虑到其国会对于协定的态度而反对将《巴黎协定》进行国际法律文本约束，我国就为此提出了一个灵活的"有法律约束力的协议+没有法律

[①] 王文举等著. 中国碳排放总量确定、指标分配、实现路径机制设计综合研究 [M]. 北京：首都经济贸易大学出版社，2018：7-9.

[②] 方精云等著. 中国及全球碳排放——兼论碳排放与社会发展的关系 [M]. 北京：科学出版社，2018：37.

约束力的政治决定"的倡议,即协议中有关气候变化应对的机制性内容作为约束力规则,各国的实际困难则作为没有约束力的政治决定在其国家内部自己解决,确保2020年后的气候治理基本框架具有法律约束力,同时将国家自主贡献方案置于没有约束力的决定之中。[①] 在关于各个国家的碳排放评估体系方面,发达国家坚持所有国家都要纳入到一个统一的评估体系中,发展中国家则认为碳评估应有内容和频次上的区别,发达国家与发展中国家为此陷入僵局。我国则担当起了弥合发展中国家与发达国家之间沟壑的桥梁作用,提出了一个拥有内在灵活性的增强的透明碳排放评估框架。[②] 总体上,我国在气候谈判中应该以灵活性的策略化解来自发达国家与发展中国家的双重压力,同时尽量利用我国发展中国家地位与庞大的经济体量优势在发展中国家与发达国家之间承担桥梁作用,体现气候谈判中的中国担当。

9.2.5 在人类命运共同体下凝聚共识

命运共同体是我国政府近年来反复强调的关于人类社会的新理念,早在2011年的《中国的和平发展》白皮书就提出,要以"命运共同体"的新视角,寻求人类共同利益和共同价值的新内涵。[③] 在2012年党的十八大报告中,对"人类命运共同体"做出了广泛意义上的定义,它是指"在追求本国利益的同时兼顾他国合理关切,在谋求本国发展时也促进他国发展。"2014年国际社会联盟也对人类命运共同体作出了类似的定义。人类命运共同体与美国的自由国际主义和欧洲改良的国际主义不同,它是体现我国传统治理哲学的"天下观"与可持续发展理念相结合的新的超越了意识形态的全球治理理念。同现行国际政治经济强调博弈不同的是,人类命运共同体理念强调分享、合作、共赢和包容,它回答了中国希望建设一个什么样的世界,具有一种"立足

[①] 李昕蕾. 全球气候治理领导权格局的变迁与中国的战略选择[J]. 山东大学学报(哲学社会科学版),2017(01):68-78.

[②] 杨晓娟. 从巴厘岛到巴黎:责任视角下的中国气候政策分析[D]. 北京:外交学院,2016.

[③] 曲星. 人类命运共同体的价值观基础[J]. 求是,2013(04):53-55.

国内,放眼世界的战略含义"。①

人类命运共同体是建立在相互依存的国际权力观、共同利益观、可持续发展观和全球治理观这四个价值观基础之上的,反映了我国在应对新的全球性风险时重新构建一种新的国际秩序的核心理念。全球化时代的到来促进了资本、技术、信息和劳动力等生产要素在世界范围内的流动,而这些生产要素的流动又进一步地塑造了国家在全球生产与分配体系中的具体位置。如今,我们再也找不到任何一个可以"独善其身""自给自足"的国家了,每个国家之间都处于一种相互依存的状态,每一个国家的发展目标的实现与否都与其他国家存在着紧密的联系。2008 年的金融危机也好,2019 年的新冠肺炎疫情也好,都向全世界证明了人类社会是一个相互依存的共同体。国际政治经济秩序的达成与国际权力的分配不能再依赖传统的战争、强权来实现,而是应该基于一种相互依存与相互合作的国际协调体系,超越零和博弈的思维来维护我们共同的利益;可持续发展观则时刻提醒着我们生活在同一个地球村里,生活在历史、现实与未来三者交汇的时空中,我们现在的一举一动都有可能给整体人类社会的未来造成不可磨灭的影响,任何一项污染或事故也可能给人类带来全球性的灾难。我们没有第二个地球,也不存在任何的"避难所",每一个人的命运都与其他人的命运相连,每一个个体与集团现在的行动也是它们未来的结果。我们需要一种超越人种、超越阶级、超越国家的共同体意识,以可持续的发展价值观来维护全球共同利益。正如习近平总书记在第 70 届联合国代表大会所指出的:"打造人类命运共同体……要以人类文明幸福发展的可持续为使命,谋求开放创新、包容互惠的发展前景,要构筑尊崇自然、绿色发展的生态体系";② 全球治理价值观则倡导一个在国际行为主体多元化、新型风险全球化的形势中建立一个由政府、政府间组织、非政府组织、跨国公司等共同参与和互动

---

① 李爱敏. "人类命运共同体":理论本质、基本内涵与中国特色 [J]. 中共福建省委党校学报,2016(02):96–102.
② 阮宗泽. 人类命运共同体:中国的"世界梦"[J]. 国际问题研究,2016(01):9–21+133.

的致力于解决全球性问题的新的国际规范机制。它回应了生产要素与生产力量在全球分配、风险与威胁在全球蔓延的新的国际政治经济形势，也强调了平等互信的新型权力观。"国际社会应该倡导综合安全、共同安全、合作安全的理念，使我们的地球村成为共谋发展的大舞台。"

对于环境与气候问题，离不开人类命运共同体和可持续发展的发展观念，地球的生态、气候系统一旦破坏，就没有从头再来一次的机会。2013年9月和10月，习近平总书记分别倡导建立了"21世纪丝绸之路经济带"和"21世纪海上丝绸之路"，并为此投入400亿美元成立丝路基金支持"一带一路"国家的互利合作。"一带一路"倡议不仅促进各国经济共同发展，增进各国之间的联系、改善区域经济治理体系，更为气候合作和气候治理提出新机制，全方面贯彻了可持续发展理念。

"一带一路"具有很强的开放性和包容性，全球已有150多个国家和30多个国际组织加入共建"一带一路"大家庭。开展"一带一路"建设有利于实施更大范围、更高水平、更深层次的区域合作，其历史价值和战略意义不言而喻。"一带一路"的合作重点是基础设施建设、经贸畅通及资金流通，但它也与《巴黎协定》的减排理念高度契合。"一带一路"的合作国家中很多是全球气候变暖影响的受灾国家，也几乎包括《巴黎协定》的所有缔约方。有效利用"一带一路"会为我国履行气候治理义务以及开展更多元化的气候外交提供创新机制。中国在与"一带一路"共建国家进行经贸、金融制度合作的同时，也应该加强气候治理方面的合作。妥善利用"一带一路"带给我国的机会，增加履行《巴黎协定》的气候外交伙伴，不仅可以减轻自己碳减排的压力，也可以将减排力度扩大到"一带一路"经济圈内。2017年，环境保护部先后发布了《关于推进绿色"一带一路"建设的指导意见》和《"一带一路"生态环境保护合作规划》；国家发改委和国家能源局发布《推动丝绸之路经济带和21世纪海上丝绸之路能源合作愿景与行动》，均体现了气候变化问题在"一带一路"倡议中的重要地位。我国也应主动向"一带一路"中的气候变化受灾国家提供资金和技术的支持，既为我国向各个发展中国家提供气候资金和技术援助纳入国际法评价开辟了新通道，① 也可以提升我国的国际地位和国际认可度。总之，国际气候谈判既是我国推广、展现"人类命运共同体"意识的重要舞台，也是我国借助"人类命运共同体"概念在国际气候谈判中展现"中国智慧"、凝聚共识的重要途径。我国不仅自己要树立"人类命运共同体"意识，而且要通过国际利他主义的典范力量，让"人类命运共同体"在世界范围内普遍落地生根，进而推动"人类命运共同体"意识在全球范围内的持续生长。②

9.3 中美之间气候谈判的策略选择

中国和美国分别是世界第一大和第二大碳排放国，两个国家的碳排放量加起来占全球碳排放量的46%，可以说，中美任何一国在国际气候谈判中的缺席或不合作对于国际气候治理来说都会造成无法愈合的伤害。我国从1992年加入《联合国气候变化框架公约》以来一直积极参与国际气候谈判并表现出了逐步向前推进的持续性的气候治理主张，在国际气候谈判历程中也经历了从跟随者到参与者再到引领者三个角色的转变；在国内，我国政府则充分发挥国家力量一直秉持可持续发展理念，将低碳产业与绿色经济作为我国未来经济社会持续发展的战略产业。美国尽管同我国一样在国内一直在持续推进绿色产业与技术的发展，特别是奥巴马总统执政时期更是将新能源产业视为摆脱金融危机的新的经济增长点，但是在国际气候谈判方面，由于民主党和共和党在气候变化问题与减排承诺上的对立以及由此形成的"府院两极"体制，其历届政府在参与国际气候治理方面呈波浪形波动变化。从克林顿政府签署《京都议定书》到小布什政府退出《京

---

① 肖峰. 论"一带一路"背景下我国履行《巴黎协定》的机制创新 [J]. 海关与经贸研究, 2018, 39 (04): 113 – 124.
② 李爱敏. "人类命运共同体"：理论本质、基本内涵与中国特色 [J]. 中共福建省委党校学报, 2016 (02): 96 – 102.

都议定书》，从奥巴马政府积极促成《巴黎协定》到特朗普政府一上台就宣布退出《巴黎协定》，正如我们在第 6 章所强调的，美国政府在国际气候谈判中既有奥巴马执政时期的"主动领导型"，也有克林顿和小布什执政时期的"被动参与型"，更有特朗普政府的"拒绝参与型"。美国政府在国际气候谈判中的非连续性政策不仅为达成一个全球性的有行动力的气候治理框架蒙上了一层阴影，也给中美之间的气候谈判和合作带来了很大挑战。我国在同美国进行气候变化谈判的过程中，必须要考虑到美国政府的这种波动性，在制定谈判策略时要具有战略前瞻性，在开展稳定的气候外交政策中也要保持灵活性，充分发挥非国家和次国家行为体在气候治理中的作用，在中美气候外交方面寻找突破口。

9.3.1　以我为主，占领战略制高点

与美国的气候谈判必须明确的一点是，不管是在美国气候政策波动的顶峰还是谷底，美国的气候政策始终考虑的是美国的国家利益和战略利益，美国始终将我国作为一个战略竞争对手看待。我们在同美国的气候谈判中要有清醒的认识，要以务实的态度面对中美在气候问题上的合作与博弈。美国在气候问题上不合作，我们要积极地发展低碳经济与新能源产业，提高相关技术水平，在国际上将环境保护作为一张牌打出来，建立我们的战略制高点与国际道义领导位置。即使美国在气候领域中与我国开展合作，我们也要丢掉幻想，独立自主地开发有自己知识产权的技术产品，依靠国家力量与资源配置能力推动低碳经济与绿色产业的快速发展。低碳经济与绿色产业都是从 20 世纪八九十年代才开始发展起来的领域，在全球范围内尽管是美国与欧盟处于领先水平，但是我国同它们的差距并没有在工业革命时期的工业化技术那么大。我们可以发挥社会主义市场经济体制下集中力量办大事的原则，在低碳经济与绿色产业中实现"弯道超车"。正如潘家华所指出的："在气候变化领域，美国可以喊口号，我国也可以喊口号。但是我国与美国的合作，我们要有内心准备，美国不可能从实质上帮助我

国发展低碳经济，我们必须坚定地走自己的路。"①

9.3.2 加强宣传，注重战略前瞻性

中美目前的气候外交进程缓慢甚至倒退离不开特朗普总统自身的外交理念对气候政策的影响，但也与中国本身气候谈判能力差、底气弱，话语权不足有关。美国经常把它们退出国际气候谈判的责任归结于我国在其中的不作为，要求我国在国际气候治理中承担更多的约束性责任，甚至将环保压力转换为实质性的贸易保护主义，要求对我们的部分产品征收碳税。然而，从实际的减排行动来看，我国尽管一直到2016年"国家自主贡献方案"之前都没有承诺绝对减排，但是这并不等于我们不努力减排。举一个例子，我国从20世纪60年代起就开始发展、推广沼气技术，到目前为止，我国的沼气覆盖范围在全世界遥遥领先，沼气利用技术在世界也是领先的。沼气的推广不仅使农民减少了对于柴火与煤炭的消耗，更是直接燃烧甲烷。而在导致气温上升方面，甲烷是比二氧化碳危害大得多的温室气体。② 但是，我们到现在为止也并没有很好地在国际上、在与美国的气候谈判中宣传我国的这项行动。我国现在是全世界排名第一的风力发电国家与光伏发电国家，制定的汽车尾气排放标准与汽车燃油效率也要高于美国，在植树造林、建筑节能等方面也比美国好得多。我国一直在积极履行减排承诺，2019年就已经提前1年完成了在"十三五"规划中设定的2020年的碳强度减排目标。我国在气候治理领域一直在踏踏实实地行动，只是调子唱得不高，反过来，美国倒是经常空喊，"口惠而实不至"。在与美国的气候谈判中，我们要学会宣传，多宣传我国在节能减排中所做的贡献，在气候治理的国际道义上占领制高点。特别是美国在特朗普总统执政后实行的"本土主义""美国优先""实用主义"的外交理念，在2017年宣布退出《巴黎协定》打破了全球气候治理整体向好发

---

① 潘家华. 勿需幻想，中国应对气候变化要走独立自主之路 [J]. 绿叶，2009（03）：50-56.

② 李稻葵. 在环保上中国要有战略前瞻性——兼谈奥巴马气候变化新政策 [J]. 绿叶，2009（03）：46-49.

展的态势,为其他国家的减排行动提供了"错误示范"。① 我国更要抓住这个时机向世界展示我国在维护和推进全球气候治理的引领性作用,树立我国在国际社会中的负责任的大国形象,并保持在与美国气候谈判中的道义优势位置。

我国也要以前瞻性的战略眼光看待美国现在的气候政策,正如我们在奥巴马时期积极主导气候谈判时要看到美国国内的反减排潮流,我们也要在特朗普时期消极应对气候谈判时看到美国国内包括民主党的减排呼声。在与美国的气候谈判中,我们需要坚持一个连续性的且适应美国政府不同的气候治理主张的策略。连续性的策略包括无论美国执政党如何变化,我们始终以与美国在气候治理中展开合作行动作为主要的谈判方向,博弈结果显示,将美国纳入现行的国际气候变化治理框架中对于我国的碳排放空间与相关产业的发展是有利的。适应性策略则是指根据美国执政党的具体气候治理主张采取不同的谈判策略,当美国政府采取对环境友好的政策主张时我们不妨在谈判中建立较为紧密的合作关系,特别是在减排与清洁发展技术的合作上进行更有实质性内容的讨论。同时,尽可能将所签署的合约或声明在持续时间上更长一些,更具约束力一些。当美国政府对气候治理持消极甚至是排斥态度时,我们则可以在发展国内低碳经济的同时减少与美国在气候治理中的接触,通过增加与欧盟以及其他发展中国家在气候治理中的合作间接对美国施加压力。

9.3.3 坚持共同利益观,发挥非/次国家行为体的作用

人类命运共同体的理念内涵包括了全球治理观。中国要以开放包容、互学互鉴的态度鼓励更多形式的组织参与全球气候治理进程。全球气候问题的协商谈判是要在各个国家政府、地方政府、国际政府间组织、国际非政府组织、跨国公司等多方参与和合作下商讨出解决之路。世界强国固然是解决气候问题的主力军,但是各种国际组织、跨

---

① 孙悦,于潇. 人类命运共同体视域下中国推动全球气候治理转型的研究 [J]. 东北亚论坛,2019,28 (06):112-123+125.

国公司的贡献也不容小觑。以国际非政府组织和国际政府组织为例，1995~2014年，参加气候谈判缔约方会议的国际非政府组织数目从176个大幅度增长到1758个，国际性政府组织也从21个上涨到105个。[①]并且，一些非国家和次国家行为体也在《巴黎协定》的实施中扮演着提出建议、政策咨询、监督的角色，以及提供权威的科学数据和方案。由此对中国政府的启发是，要加强和非国家和次国家行为体的积极互动和合作，加强吸引国际组织对我国气候援助、绿色金融等领域的参与程度。

中美两国在气候方面的合作依然停滞不前，但在环境保护领域上还是有很多长期合作项目的。特朗普政府的"美国第一能源计划"虽然包括取消"气候行动计划"等不利于气候问题治理的政策，但"能源发展以保护环境为优先"也是其核心要点。中美两国政府早在10年前就签署了《中美能源和环境十年合作框架文件》，为之后环境项目的长期合作奠定了良好的基础。另外，清洁煤合作也一直是中美两国清洁能源合作的重点。"美国第一能源计划"对清洁煤技术的大力支持也为中美能源合作深化提供了机遇。中国应在与美国的环境和清洁能源外交上多下功夫，争取更加深入的合作，等到时机成熟，再追求与美国气候领域的合作，以环境、能源合作推动气候合作的形成。同时，美国各界政府虽然对《巴黎协定》的态度具有较大的不确定性，但并不意味着美国能够从此抽身。由于美国采用联邦制，州政府与市政府在实际运行过程中具有较大的自由裁量权与行动权，在环保主义与气候治理意识逐渐成为全球共识的情况下，尽管美国联邦政府可能基于自身执政利益考虑对气候治理持消极态度，但是这并不妨碍美国内部许多非政府组织与正式的州、市政府组织自己决定开展适合的气候行动。2005年，在美国退出《京都议定书》后，美国231位市长签署了《美国市长保护气候协定》，设定了继续完成甚至超过《京都议定书》的减排目标。在2017年美国宣布退出《巴黎协定》以后，美国纽约市

---

① 李昕蕾，王彬彬．国际非政府组织与全球气候治理［J］．国际展望，2018，10（05）：136－156＋162．

长和加州市长则自发参与了国际气候谈判并高调公布了温室气体减排报告。在2017年于北京举行的第八届清洁能源部长级会议上，美国加州也与我国的7个城市签订了气候合作协议。在欧盟，截至2014年底，欧盟成员国中也有超过1600多个城市自发加入了气候联盟组织，[①]在全球气候谈判中表明了自己的主张与目标。在无法与美国国家主体达成友好合作的情况下，我国应重视与美国非国家行为体的合作，通过"自下而上"的方式，在中美气候谈判中寻找突破口。

[①] 冯帅. 论全球气候治理中城市的角色转型——兼论中国困境与出路［J］. 北京理工大学学报（社会科学版），2020，22（02）：151-160.

参考文献

▲ 英文文献:

[1] Andrew deLaski, Michael McGaraghan, James E. McMahon. Next Generation Standards: How the National Energy Efficiency Standards Program Can Continue to Drive Energy, Economic, and Environmental Benefits [R]. Appliance Standards Awareness Project and American Council for an Energy - Efficient Economy, 2016 (08): 1 -66.

[2] ABC News. Trump's Executive Order Paves a Smooth Path for Oil Pipelines [EB/OL]. https://abcnews.go.com/Politics/trumps-executive-order-paves-smooth-path-oil-pipelines/story? id = 62306607.

[3] Barack Obama. The Irreversible Momentum of Clean Energy [J]. Science, 2017 (01): 126 -129.

[4] Barbara Buchner and Carlo Carraro. US, China and the Economics of Climate Negotiations [J]. International Environmental Agreements: Politics, Law and Economics, 2006, 6 (01): 63 -89.

[5] Barichella, Arnault. Climate politics under Biden: the clean energy revolution, enhanced cooperative federalism and the "all - of - government" approach. Can Cities, States and Regions Save Our Planet? Transatlantic Perspectives on Multilevel Climate Governance. Cham: Springer International Publishing, 2023: 85 -128.

[6] Beck, Ulrich, Johannes Willms. Conversations with Ulrich Beck. Cambridge, UK: Polity Press, 2004.

[7] Bodansky D. The Copenhagen Climate Change Conference - A Post - Mortem [J]. The American Journal of International Law, 2010, 104

(02): 230-240.

[8] Brulle, Robert J., Carmichael, Jason, Craig Jenkins, J. Shifting Public Opinion on Climate Change: An Empirical Assessment of Factors Influencing Concern over Climate Change in the US, 2002-2010 [J]. Climate Change, 2012, 114 (02), 169-188.

[9] Byron W., Daynes, Glen Sussman. Economic Hard Times and Environmental Policy: President Barack Obama and Global Climate Change [J]. APSA 2010 Annual Meeting Paper, 2010 (09): 1-52.

[10] C2ES. State Climate Policy Maps [EB/OL]. https://www.c2es.org/content/state-climate-policy/.

[11] CEQ (2007), A Citizen's Guide to the NEPA, pp. 10-11.

[12] Cha J M, Farrell C, Stevis D. Climate and environmental justice policies in the first year of the Biden administration [J]. Publius: The Journal of Federalism, 2022, 52 (03): 408-427.

[13] Cramton P C, Stoft S E. Price Is a Better Climate Commitment [J]. The Economists Voice, 2010, 7 (01): 3.

[14] Cynthia L. Taub, Joshua Runyan, Monique Watson, David H. Coburn. New E-xecutive Orders Aim to Reduce Federal and State Permitting Obstacles for Pi-peline and Energy Projects [EB/OL]. https://www.steptoe.com/en/news-publications/new-executive-orders-aim-to-reduce-federal-and-state-permitting-obstacles-for-pipeline-and-energy-projects.html.

[15] Delman, J. China's "Radicalism at the Center": Regime Legitimation through Climate Politics and Climate Governance. J OF CHIN POLIT SCI 16, 2011: 183-205.

[16] Dimitrov R S. Inside UN Climate Change Negotiations: The Copenhagen Conference [J]. Review of Policy Research, 2010, 27 (06): 795-821.

[17] DIESELNET. United States: Heavy-Duty Vehicles: GHG Emissions & Fuel Economy [EB/OL]. https://dieselnet.com/standards/

us/fe_hd. php.

[18] EDGI. The New Digital Landscape – How The Trump Administration Has Undermined Federal Web Infrastructures For Climate Information.

[19] Eddy, Somini Sengupta, Melissa; Buckley. As Trump Exits Paris Agreement, Other Nations Are Defiant [N]. The New York Times. ISSN 0362-4331. Retrieved 1 June 2017.

[20] EIA. California [EB/OL]. https：//www. eia. gov/state/analysis. php? sid = CA.

[21] Elder M. Optimistic prospects for US climate policy in the Biden Administration [M]. Institute for Global Environmental Strategies, 2022.

[22] EPA. The Environmental Protection Agency in the 1980s [EB/OL]. https：//www. grc. nasa. gov/WWW/K-12/fenlewis/epa. htm.

[23] EPA. National Environmental Policy Act Review Process. U. S. Environmental Protection Agency. epa. gov. Retrieved 2017-06-06. [EB/OL]. https：//www. epa. gov/nepa/national-environmental-policy-act-review-process.

[24] EPA. Air Pollutant Emissions Trends Data [EB/OL]. https：//www. epa. gov/air-emissions-inventories/air-pollutant-emissions-trends-data.

[25] Executive Office Of The President Council On Environmental Quality. Enviro-nmental Im-pact Statement Timelines (2010-2017) [EB/OL]. https：//www. whitehouse. gov/wp-content/uploads/2017/11/CEQ-EIS-Timelines-Report. pdf.

[26] Emily Pechar, Mercedes Marcano, Acacia Paton Young, Geoff McCarney and Brian Murray. Post-Conference Discussion and Summary Report-North Amer-ican Climate Policy Forum [EB/OL]. 2016. https：//nicholasinstitute. duke. edu/sites/default/files/publications/nacpf-summary-final. pdf.

[27] Falkner, Robert. The Paris Agreement and the new logic of international climate politics [J]. International Affairs, 2016, 92 (05)：

1107-1125.

[28] FEMA. FEMA Strategic Plan 2014-2018 [EB/OL]. https://www.fema.gov/media-library-data/1405716454795-3abe60aec989ecce518c4cdba67722b8/July18FEMAStratPlanDigital508HiResFINALh.pdf.

[29] Fernandez-Crehuet, J. M., Rosales-Salas, J. & Cogollos, S. D. Country's International Reputation Index [J]. Corp Reputation Rev, 2019 (10).

[30] Frank Jotzo, Joanna Depledge & Harald Winkler. US and International Climate Policy under President Trump [J]. Climate Policy, 2018 (07): 813-817.

[31] Frauke Urban. China's rise: Challenging the North-South Technology Transfer Paradigm for Climate Change Mitigation and Low Carbon Energy [J]. Energy Policy, 2018, 113 (02): 320-330.

[32] Garrett Hardin. The Tragedy of the Commons, Journal of Natural Resources Policy Research, 2009, 1 (03): 243-253.

[33] Gary Bryner. Failure and Opportunity: Environmental Groups in US Climate Change Policy [J]. Environmental Politics, 2008, 17 (02): 319-336.

[34] George D. Moffett Ⅲ. Mulroney, Reagan Postpone tough Political Factors [EB/OL]. https://www.csmonitor.com/1985/0319/acid.html.

[35] Elder M. Optimistic prospects for US climate policy in the Biden Administration [M]. Institute for Global Environmental Strategies, 2022.

[36] Graham Pugh. Clean Energy Diplomacy from Bush to Obama [EB/OL]. https://issues.org/clean-energy-diplomacy-from-bush-to-obama/.

[37] Greider, W. One World, Ready or Not-The Manic Logic of Global Capitalism [M]. New York, Simon Schuster, 1997.

[38] Habermas, J. Legitimation Crisis [M]. Lon-don, Heineman, 1976.

[39] Harris, P. G. Common but Differentiated Responsibility: The

Kyoto Protocol and United States Policy. New York University Environmental Law Journal, 19997 (01), 27 - 48.

[40] Herman, Kyle S. "Biden's climate agenda: The most ambitious ever, or overlooking key technological bottlenecks?" Sustainable Futures 7 (2024): 100209.

[41] International Renewable Energy Agency. Renewable Power Generation Costs in 2019 [R]. 2020: 1 - 144.

[42] IPCC. Climate Change 1995: A report of the Intergovernmental Panel on Cli - mate Change, Second Assessment Report of the Intergovernmental Panel on Climate Change [EB/OL]. 1995. https://archive.ipcc.ch/pdf/climate - changes - 1995/ipcc - 2nd - assessment/2nd - assessment - en.pdf.

[43] IPCC. Climate Change 2007: Working Group Ⅲ: Mitigation of Climate Chan - ge [EB/OL]. https://archive.ipcc.ch/publications_and_data/ar4/wg3/en/ch2s2 - 7 - 3.html.

[44] IEA. World Energy Outlook 2019 [EB/OL]. https://www.iea.org/reports/world e - nergy - outlook - 2019.

[45] James, H.. The End of Globalization [M]. Princeton, Princeton University Press, 2001.

[46] Jerald L Schnoor. Obama Must Lead on Climate Change [J]. Environmental Science & Technology, 2012 (03): 5635.

[47] Jeremy Leggett. The Solar Century [M]. London: Profile Books, 2009.

[48] Jessica Hejny. The Trump Administration and Environmental Policy: Reagan Redux? [J]. Journal of Environmental Studies and Sciences, 2018 (08): 197 - 211.

[49] Joanna I. Lewis. China's Strategic Priorities in International Climate Change Negotiations, The Washington Quarterly, 2008, 31 (01), 155 - 174.

[50] Jonathan Pickering, Jeffrey S. McGee, Tim Stephens, Sylvia I.

Karlsson - Vinkhuyzen. The Impact of the US Retreat from the Paris Agreement: Kyoto Revisited? [J]. Climate Policy, 2017 (12): 818 - 827.

[51] Johannes Urpelainen, Thijs Van de Graaf. United States Non - cooperation and the Paris Agreement [J]. Climate Policy, 2018, 18 (07): 839 -851.

[52] Jyoti Parikh. North - South Issues for Climate Change [J]. Economic and Political Weekly, 1994, 29 (45/46): 2940 -2943.

[53] Johannes Urpelainen & Thijs Van de Graaf. United States Non - cooperation and the Paris Agreement [J]. Climate Policy, 2018 (07): 839 -851.

[54] Karlsson C, Parker C, Hjerpe M, et al. Looking for Leaders: Perceptions of Climate Change Leadership among Climate Change Negotiation Participants [J]. Global Environmental Politics, 2011, 11 (01): 89 - 107.

[55] Kenneth Lieberthal & David Sandalow. Overcoming Obstacles to U. S. - China Cooperation on Climate Change [R]. John L. Thornton China Center Monograph Series, 2009 (01): 1 -84.

[56] Khlopov, Oleg A. "The problem of climate change in the energy policy of the Biden administration." USA & Canada: economics, politics, culture 3 (2023): 85 -108.

[57] Kirsten H. Engel, Barak Y. Orbach. Micro - Motives and State and Local Climate Change Initiatives [J]. Harvard Law & Policy Review, 2 (01), 119 -138.

[58] Koakutsu, K., Amellina, A., Rocamora, A. R., et al., 2016. Operationalizing the Paris Agre - ement Article 6 through the Joint Crediting Mechanism (JCM). IGES [EB/OL]. https: //pub. iges. or. jp/pub/operationalizing - paris - agreement - article6.

[59] Larry Parker, John Blodgett. U. S. Global Climate Change Policy: Evolving Views on Cost, Competitiveness, and Comprehensiveness

[R]. CRS Report for Congress, 2008 (01): 1-24.

[60] Lawrence H. Goulder. U. S. Climate-Change Policy: The Bush Administration's Plan and Beyond [R]. 2002 (2) 1-5.

[61] Lesley Masters. The G77 and China in the Climate Change Negotiations: a Leaky Umbrella? [R]. Institute For Global Dialogue, 2014 (10): 1-6.

[62] Liwei Liu, Chuxiang Chen, Yufei Zhao, Erdong Zhao. China's Carbon-emissions Trading: Overview, Challenges and Future [J]. Renewable and Sustainable Energy Reviews, 49 (09): 254-266.

[63] Louvin, Roberto. An assessment of the Biden Presidency's climate policy. DPCE Online, 2024, 67. SP3.

[64] Luke Kemp. US-proofing the Paris Climate Agreement [J]. Climate Policy, 2016, 17 (1-4): 86-101.

[65] Masson-Delmotte, V., P. Zhai, H.-O. Pörtner, D. Roberts, J. Skea, P. R. Shukla, A. Pirani, W. Moufouma-Okia, C. Péan, R. Pidcock, S. Connors, J. B. R. Matthews, Y. Chen, X. Zhou, M. I. Gomis, E. Lonnoy, T. Maycock, M. Tignor, and T. Waterfield, etc. Global Warming of 1.5℃ - An IPCC Special Report on the impacts of global warming of 1.5℃ above pre-industrial levels and related global greenhouse gas emission pathways, in the context of strengthening the global response to the threat of climate change, sustainable development, and efforts to eradicate poverty [R]. IPCC, 2018: 1-630.

[66] Madrigal, Alexis. "Hey, George W. Bush Put Solar Panels on the White Hou-se, Too." The Atlantic (Oct. 6, 2010) [EB/OL]. http://www.theatlantic.com/technology/archive/2010/10/hey-george-w-bush-put-solar-panels-on-the-white-house-too/64151/.

[67] Mariana Mazzucato. The Entrepreneurial State: Debunking Public vs. Private Sector Myths [M]. London: Anthem Press, 2013.

[68] Megan Darby. US-China Trade War Spills into Green Climate Fund [EB/OL]. https://www.euractiv.com/section/climate-environ-

ment/news/us-china-trade-war-spills-into-green-climate-fund/.

[69] Michael E. Kraft. U. S. Environmental Policy and Politics: From the 1960s to the 1990s [J]. Journal of Policy History, 2000 (01): 17-42.

[70] Michael Greshko, Laura Parker, Brian Clark Howard. A Running List of How President Trump is Changing Environmental Policy [EB/OL]. https://www.nationalgeographic.com/news/2017/03/how-trump-is-changing-science-environment/.

[71] Najam A, Huq S, Sokona Y. Climate Negotiations Beyond Kyoto: Developing Countries Concerns and Interests [J]. Climate Policy, 2003, 3 (03): 221-231.

[72] Neuss B, Kenneth N. Waltz. Theory of International Politics [M]. New York 1979, Schlüsselwerke der Politikwissenschaft. VS Verlag für Sozialwissenschaften, 2007: 481-485.

[73] Nicholas Stern. The Economics of Climate Change: The Stern Review [R]. Cambridge University Press, 2017 (01): 1-662.

[74] Nicolas Loris. 4 Reasons Trump Was Right to Pull Out of the Paris Agreeme-nt [EB/OL]. https://www.heritage.org/environment/commentary/4-reasons-trump-was-right-pull-out-the-paris-agreement.

[75] Nilsen, Ella. Trump Just Started a Huge Legal Battle with California over Lo-wering Car Emission Standards [EB/OL]. https://www.vox.com/policy-and-politics/2019/9/18/20872226/trump-california-car-emission-standards.

[76] NREL. NREL: 35 Years of Clean Energy Leadership [EB/OL]. https://www.nrel.gov/news/features/2012/1937.html.

[77] Office of Transportation and Air Quality and EPA. EPA and NHTSA Set Standards to Reduce Greenhouse Gases and Improve Fuel Economy for Model Years 2017-2025 Cars and Light Trucks, 2012 (08): 1-10.

[78] Oil & Gas Journal. BLM Reports Record – breaking Onshore Oil, Gas Lease Revenue in 2018 [EB/OL]. https://www.ogj.com/general-interest/government/article/17279562/blm-reports-recordbreaking-onshore-oil-gas-lease-revenue-in-2018.

[79] On The Issiue. Ronald Reagan on Environment [EB/OL]. https://www.ontheissues.org/Celeb/Ronald_Reagan_Environment.htm.

[80] Paul R. Brewer. Symposium Polarisation in the USA: Climate Change, Party Politics, and Public Opinion in the Obama Era [J]. European Political Science, 2012 (11): 7-17.

[81] Peter Aldhous. How Obama Will Deliver His Climate Promise [J]. New Scientist, 2013 (02): 10-11.

[82] Pew Center on Global Climate Change. A Roadmap for U.S. – China Cooperation on Energy and Climate Change [R]. Pew Center on Global Climate Change & Asia Society, 2009 (01): 1-58.

[83] Piet Buys, Uwe Deichmann, Craig Meisner, Thao Ton That & David Wheeler. Country Stakes in Climate Change Negotiations: Two Dimensions of Vulnerability [J]. Climate Policy, 2009 (03): 288-305.

[84] Peter V. Marsters, Jennifer L. Turner et al. Cooperative Competitors: Potential of U.S. – China Clean Energy Cooperation [R]. Woodrow Wilson Center China Environment Forum Brief, 2012: 1-5.

[85] Philip Gass, Joachim Roth, Daniella Echeverria. Current Status of Article 6 of the Paris Agreement: Internationally Transferred Mitigation Outcomes (ITMOs) [EB/OL]. https://www.iisd.org/library/current-status-article-6-paris-agreement.

[86] Putnam, Robert D. Diplomacy and Domestic Politics: The Logic of Two – Level Games. International Organization, 1988, 42 (03): 427-460.

[87] Qingqing Weng, HeXu. A Review of China's Carbon Trading Market [J]. Renewable and Sustainable Energy Reviews, 2018, 91 (08): 613-619.

[88] Ramiro Berardo & Federico Holm. The Participation of Core Stakeholders in the Design of, and Challenges to, the US Clean Power Plan, Climate Policy, 2018 (09): 1152 – 1164.

[89] Robert Falkner. Business and Global Climate Governance: A Neo – pluralist Perspective [J]. Chapter for: Business and Global Governance, ed. by M. Ougaard and A. Leander, 2010 (09): 1 – 27.

[90] Samuelson, Paul A. The Pure Theory of Public Expenditure [J]. The Review of Economics and Statistics, 1954, 36 (04): 387 – 389.

[91] Shaun Donovan. In Ongoing Response to Hurricane Sandy, We Must Remain Focused on Climate Change's Long – Term Impacts [EB/OL]. https: //obamawhitehouse. archives. gov/blog/2015/10/29/ongoing – response – hurricane – sandy – we – must – remain – focused – climate – changes – long – term.

[92] Shuai Gao, Meng – YuLi, Mao – ShengDuan, Can Wang. International Carbon Markets under the Paris Agreement: Basic form and Development Prospects [J]. Advances in Climate Change Research, 2019, 10 (01): 21 – 29.

[93] Stein Arthur A. Coordination and Collaboration: Regimes in an Anarchic World [J]. International Organization, 1982, 36 (02): 299 – 324.

[94] Stephanie B. Ohshita and Leonard Ortolano. From Demonstration to Diffusion: the Gap in Japan's Environmental Technology Cooperation with China [J]. International journal of technology transfer and commercialisation, 2003 (01): 351 – 368.

[95] Stephanie B. Ohshita. Cooperation Mechanisms: A Shift Toward Policy Development Cooperation [R]. In Sugiyama, T. & S. B. Ohshita (Eds.), Cooperation Structure: The Growing Role of Independent Cooperation Networks, 2006: 63 – 78.

[96] The Core Writing Team. AR5 Synthesis Report: Climate Change 2014 [R]. Intergovernmental Panel on Climate Change, 2014: 1 – 169.

［97］The New York Time. Reagan Is To Back Steps on Acid Rain［EB/OL］. https：//www. nytimes. com/1986/03/13/us/reagan – is – to – back – steps – on – acid – rain. html.

［98］The White House. President George W. Bush.［EB/OL］. http：//georgewbush – whitehouse. archives. gov/infocus/energy/.

［99］The White House. A Strategy to Cut Methane Emissions［EB/OL］. https：//obamawhitehouse. archives. gov/blog/2014/03/28/strategy – cut – methane – emissions.

［100］The White House. FACT SHEET：Obama Administration Announces Clean En – ergy Savings for All Americans Initiative［EB/OL］. https：//obamawhitehouse. archives. gov/the – press – office/2016/07/19/fact – sheet – obama – administration – announces – clean – energy – savings – all.

［101］The White House. National Security Strategy of the United States of America, 2017（12）：22.

The White House. An America First Energy Plan［EB/OL］. https：//www. whitehouse. gov/america – first – energy.

［102］The White House（2008）. "President George W. Bush."［EB/OL］. http：//georgewbush – whitehouse. archives. gov/infocus/energy/.

［103］The White House. Hydrogen Economy Fact Sheet［EB/OL］. https：//georgewbush – whitehouse. archives. gov/news/releases/2003/06/20030625 – 6. html.

［104］The White House. President Obama's Climate Action Plan Progress Report［R］.

［105］The White House. Statement by President Trump on the Paris Climate Accord［EB/OL］. https：//trumpwhitehouse. archives. gov/briefings – statements/statement – president – trump – paris – climate – accord/.

［106］Thomas L. Brewer. Climate change technology transfer：a new paradigm and policy agenda［J］. Climate Policy, 2008, 8（05）：516 – 526.

［107］Tollefson, Jeff. "Can Joe Biden make good on his ambitious climate agenda." Nature 588 (2020): 206-207.

［108］United Nations. Climate Change [EB/OL]. https：//www. un. org/en/sections/issues-depth/climate-change/.

［109］UNFCCC. Paris Agreement [EB/OL]. https：//unfccc. int/files/essential_background/convention/application/pdf/chinese_paris_agreement. pdf.

［110］USDOS. Overview of the Global Climate Change Initiative：U. S. Climate Fin-ance 2010-2015 [EB/OL]. 2015. http：//www. state. gov/documents/organization/250737. pdf.

［111］U. S. Department of the Interior. Powering Up Renewable Energy on Public Lands [EB/OL]. https：//www. doi. gov/blog/powering-renewable-energy-public-lands.

［112］U. S. Ethanol plant count. Capacity, and Production [EB/OL]. https：//afdc. energy. gov/.

［113］US. Department of the Interior. Bureauof Land Management. Energy Revolution Unleashed：Interior Shatters Previous Records with \$1.1 Billion in 2018 Oil and Gas Lease Sales [EB/OL]. https：//www. blm. gov/press-release/energy-revolution-unleashed-interior-shatters-previous-records-11-billion-2018-oil-and.

［114］U. S. Department of Agriculture, U. S. Environmental Protection Agency, U. S. Department of Energy. Biogas Opportunities Roadmap [EB/OL]. https：//www. energy. gov/sites/prod/files/2014/08/f18/Biogas%20Opportunities%20Roadmap%208-1-14_0. pdf.

［115］U. S. -China Economic and Security Review Commission. 2014 Report to Con-gress [EB/OL]. https：//www. uscc. gov/sites/default/files/annual_reports/Complete%20Report. PDF.

［116］Vangala, Shreyas, Kaylene Hung, and David South. "Revisiting the Biden administration's approach to climate change." Climate and Energy 39. 1 (2022): 1-12.

［117］Wikipedia [EB/OL]. https：//en. wikipedia. org/wiki/IPCC_

First_Assessment_Report.

[118] Wikipedia. List of Photovoltaics Companies [EB/OL]. https://en.wikipedia.org/wiki/List_of_photovoltaics_companies.

[119] W. J. Tegart and G. W. Sheldon. Climate Change 1992 – The Supplementary Report to the IPCC Impacts Assessment [EB/OL]. 1993. https://www.ipcc.ch/site/assets/uploads/2020/02/ipcc_wg_II_1992_suppl_report_full_report.pdf.

[120] Xiaosheng G. China's Evolving Image in International Climate Negotiation: From Copenhagen to Paris [J]. China Quarterly of International Strategic Studies, 2018: 1 – 27.

[121] Zack Colman. Europe Threatens U. S. with Carbon Tariffs to Combat Climate Change [EB/OL]. https://www.politico.com/news/2019/12/13/europe – carbon – tariff – climate – change – 084892.

▲ 中文文献：

[122] 奥利雷奥·佩西. 人类的素质 [M]. 北京：中国展望出版社，1988.

[123] 芭芭拉·沃特，勒内·杜博斯. 只有一个地球 [M]. 长春：吉林人民出版社，1997.

[124] 保罗·伯特尼，罗伯特·史蒂文斯. 环境保护的公共政策 [M]. 上海：上海三联书店，2004.

[125] 查尔斯·金德尔伯格. 1929 – 1939 年世界经济萧条 [M]. 宋承先，等译，上海：译文出版社，1986.

[126] 戴维·杜鲁门. 政治过程———政治利益与公共舆论 [M]. 陈尧，译，天津：天津人民出版社，2005.

[127] 汉斯·摩根索. 国际纵横策论———争强权，求和平 [M]. 卢明华，等译，上海：上海译文出版社，1995.

[128] 杰费里·法兰克尔，彼得·奥萨格，编；徐卫宁，译. 美国 90 年代的经济政策 [M]. 北京：中信出版社，2004.

[129] 卡尔·曼海姆. 保守主义的思想，转引自吴惕安，俞可平.

当代西方国家理论评析[M].西安:陕西人民出版社,1994.

[130] 罗伯特·吉尔平.国际关系政治经济学[M].杨宇光,等译,上海:上海人民出版社,2006.

[131] 曼瑟尔·奥尔森.集体行动的逻辑[M].陈郁,等译,上海:上海人民出版社,1995.

[132] 萨米尔·阿明.五十年足矣,转引自王列,杨雪冬.全球化与世界[M].北京:中央编译出版社,1998.

[133] 汤因比,池田大作.展望二十一世纪[M].北京:国际文化出版公司,1985.转引自蔡拓.全球主义与国家主义[J].中国社会科学,2000(03):16-27+203.

[134] 英吉·考尔,等编.全球化之道——全球公共产品的提供与管理[C].张春波,高静,译,北京:人民出版社,2006.

[135] 蔡林海.低碳经济大格局[M].北京:经济科学出版社,2009.

[136] 丁一汇主编.中国气候变化科学概论[C].北京:气象出版社,2008.

[137] 方精云,等.中国及全球碳排放——兼论碳排放与社会发展的关系[M].北京:科学出版社,2018.

[138] 胡鞍钢,管清友.中国应对全球气候变化[M].北京:清华大学出版社,2009.

[139] 何一鸣.国际气候谈判研究[M].北京:中国经济出版社,2012.

[140] 林毅夫,蔡昉,李周.中国的奇迹:发展战略与经济改革[M].上海:上海人民出版社,1999.

[141] 马小军,等.国际战略格局转变中的能源与气候问题研究[M].北京:人民出版社,2019.

[142] 齐晔主编.中国低碳发展报告2012[C].北京:中国社会科学出版社,2012.

[143] 孙振清.全球气候变化谈判历程与焦点[M].北京:中国环境出版社,2013.

[144] 唐颖狭. 国际气候变化治理：制度与路径 [M]. 天津：南开大学出版社，2015.

[145] 王金南，等. 二氧化硫排放交易美国的经验与中国的前景 [M]. 北京：中国环境科学出版社，2000.

[146] 王学东. 气候变化问题的国际博弈与各国政策研究 [M]. 北京：时事出版社，2014.

[147] 王文举，等. 中国碳排放总量确定、指标分配、实现路径机制设计综合研究 [M]. 北京：首都经济贸易大学出版社，2018.

[148] 熊焰. 低碳之路——重新定义世界和我们的生活 [M]. 北京：中国经济出版社，2010.

[149] 张海滨. 环境与国际关系：全球环境问题的理性思考 [M]. 上海：上海人民出版社，2008.

[150] 朱松丽，高翔. 从哥本哈根到巴黎——国际气候制度的变迁与发展 [M]. 北京：清华大学出版社，2016.

[151] 张焕波. 中国、美国和欧盟气候政策分析 [M]. 北京：社会科学文献出版社，2010.

[152] 郑保国. 美国霸权探析 [M]. 台北：台湾秀威资讯科技股份有限公司，2009.

[153] 周庆安. 超越有形疆界：全球传播中的公共外交 [M]. 北京：中国传媒大学出版社，2018.

[154] 中华人民共和国外交部政策研究室编. 中国外交：1997 年版 [C]. 北京：世界知识出版社，1997.

[155] 中国国家发展和改革委员会组织编制. 中国应对气候变化国家方案 [C]. 2007.

[156] "90 年代国家产业政策纲要"，人民日报，1994 年 4 月 12 日.

[157] 安德雷斯·奥博黑特曼，伊娃·斯腾菲尔德，侯佳儒. 中国气候政策的发展及其与后京都国际气候新体制的融合 [J]. 马克思主义与现实，2013（06）：125-131.

[158] 薄凡，庄贵阳. 中国气候变化政策演进及阶段性特征 [J]. 阅江学刊，2018，10（06）：14-24+133-134.

[159] 薄燕. 中美在全球气候变化治理中的合作与分歧 [J]. 上海交通大学学报（哲学社会科学版），2016，24（01）：17-27.

[160] 薄燕. 双层次博弈理论：内在逻辑及其评价 [J]. 现代国际关系，2003（06）：54-60.

[161] 鲍健强，苗阳，陈锋. 低碳经济：人类经济发展方式的新变革 [J]. 中国工业经济，2008（04）：153-160.

[162] 贝克，邓正来，沈国麟. 风险社会与中国——与德国社会学家乌尔里希·贝克的对话 [J]. 社会学研究，2010，25（05）：208-231+246.

[163] 蔡拓. 全球主义与国家主义 [J]. 中国社会科学，2000（03）：16-27+203.

[164] 曹慧. 特朗普时期美欧能源和气候政策比较 [J]. 国外理论动态，2019（07）：117-127.

[165] 柴麒敏，傅莎，祁悦，等. 《巴黎协定》实施细则评估与全球气候治理展望 [J]. 气候变化研究进展，2020，16（02）：232-242.

[166] 陈刚. 京都议定书提供的"选择性激励" [J]. 国际论坛，2005（04）：17-21+79.

[167] 陈其针，王文涛，卫新锋，等. IPCC的成立、机制、影响及争议 [J]. 中国人口·资源与环境，2020，30（05）：1-9.

[168] 陈夏娟. 《巴黎协定》后全球气候变化谈判进展与启示 [J]. 环境保护，2020，48（Z1）：85-89.

[169] 陈迎. 《京都议定书》环境保护的国际大较量 [J]. 世界知识，2010（20）：14-15.

[170] 陈迎. 中美气候合作牵动全球政经大格局 [N]. 上海证券报，2009-07-27（007）.

[171] 陈迎. 国际气候制度的演进及对中国谈判立场的分析 [J]. 世界经济与政治，2007（02）：52-59+5-6.

[172] 陈迎. 气候问题不宜过度政治化 [J]. 环境经济，2007（06）：5.

[173] 陈志敏，周国荣. 国际领导与中国协进型领导角色的构建

[J]．世界经济与政治，2017（03）：17－36＋158－159．

[174] 储昭根．美国单边主义历史溯源[J]．湖北社会科学，2007（08）：108－112．

[175] 戴瀚程，张海滨，王文涛．全球碳排放空间约束条件下美国退出《巴黎协定》对中欧日碳排放空间和减排成本的影响[J]．气候变化研究进展，2017，13（05）：428－438．

[176] 丁一凡．中美建设性合作有利世界经济增长[N]．经济日报，2012－05－06（003）．

[177] 董亮，张海滨．IPCC如何影响国际气候谈判——一种基于认知共同体理论的分析[J]．世界经济与政治，2014（08）：64－83＋157－158．

[178] 樊纲等．最终消费与碳减排责任的经济学分析[J]．经济研究，2010（01）：4－14．

[179] 樊星，王际杰，王田，等．马德里气候大会盘点及全球气候治理展望[J]．气候变化研究进展，2020，16（03）：367－372．

[180] 冯海英．应对气候变化国际进程中的中国[D]．北京：北京语言大学，2008．

[181] 冯帅．特朗普时期美国气候政策转变与中美气候外交出路[J]．东北亚论坛，2018，027（005）：109－126．

[182] 冯帅．论全球气候治理中城市的角色转型——兼论中国困境与出路[J]．北京理工大学学报（社会科学版），2020，22（02）：151－160．

[183] 付娜．清洁发展机制对中国能源与环境的影响研究[D]．大连：大连理工大学，2021．

[184] 付允，马永欢，刘怡君，等．低碳经济的发展模式研究[J]．中国人口·资源与环境，2008（03）：14－19．

[185] 傅莎，柴麒敏，徐华清．美国宣布退出《巴黎协定》后全球气候减缓、资金和治理差距分析[J]．气候变化研究进展，2017，13（05）：415－427．

[186] 高蕾，陈俊华，沈长成．基于博弈论的气候外交研究[J]．

西南师范大学学报（自然科学版），2015，40（06）：30-36.

［187］韩一元. 还有多少"群"可供美国退？［J］. 世界知识，2018（14）：56-57.

［188］何彬. 美国退出《巴黎协定》的利益考量与政策冲击——基于扩展利益基础解释模型的分析［J］. 东北亚论坛，2018，027（002）：104-115.

［189］何建坤等. 在公平原则下积极推进全球应对气候变化进程［J］. 清华大学学报，2009（06），47-48.

［190］何秋. 美国气候变化法律制度研究［D］. 武汉：中南财经政法大学，2018.

［191］胡文娟. 何建坤：全球气候治理新形势与中国的对策［J］. 可持续发展经济导刊，2020（Z1）：46-48.

［192］江宁康. 一个矛盾的集合：特朗普的逆向全球化施政［J］. 浙江学刊，2017（05）：16-24.

［193］焦莉. 奥巴马政府气候政策分析——国内与国际层次的双重视角［D］. 上海：上海外国语大学，2018.

［194］雷亚男. 气候新政下美国碳中和路径研究［D］. 北京：外交学院，2023.

［195］李爱敏. "人类命运共同体"：理论本质、基本内涵与中国特色［J］. 中共福建省委党校学报，2016（02）：96-102.

［196］李稻葵. 在环保上中国要有战略前瞻性——兼谈奥巴马气候变化新政策［J］. 绿叶，2009（03）：46-49.

［197］李干杰. 2019全国两会/推动生态环境保护和生态文明建设，打好污染防治攻坚战［EB/OL］. 十三届全国人大二次会议记者会，https：//www.sohu.com/a/300778313_656518.

［198］李海东. 从边缘到中心：美国气候变化政策的演变［J］. 美国研究，2009（02）：20-35.

［199］李慧明. 欧盟在国际气候政治中的行动战略与利益诉求［J］. 世界经济与政治论坛，2012（02）：105-117.

［200］李强. "后巴黎时代"中国的全球气候治理话语权构建：内

涵、挑战与路径选择［J］.国际论坛，2019（06）：3-14.

［201］李昕蕾，王彬彬.国际非政府组织与全球气候治理［J］.国际展望，2018，10（05）：136-156+162.

［202］李昕蕾.全球气候治理领导权格局的变迁与中国的战略选择［J］.山东大学学报（哲学社会科学版），2017（01）：68-78.

［203］李昕蕾.美国非国家行为体参与全球气候治理的多维影响力分析［J］.太平洋学报，2019，27（06）：73-90.

［204］李昕蕾.全球气候治理中的知识供给与话语权竞争——以中国气候研究影响 IPCC 知识塑造为例［J］.外交评论（外交学院学报），2019，36（04）：32-70+5-6.

［205］联合国新闻网.中国"国家自主减排贡献方案"解析［EB/OL］.https：//news.un.org/zh/story/2015/11/249392.

［206］梁姣.低碳经济国际合作博弈分析与机制研究［D］.成都：西南交通大学，2011.

［207］林洁，祁悦，蔡闻佳，等.公平实现《巴黎协定》目标的碳减排贡献分担研究综述［J］.气候变化研究进展，2018（05）：529-539.

［208］刘慧."隐性"发展型网络国家视角下的美国气候政策［J］.美国研究，2018，32（02）：88-100+7.

［209］刘建国，戢时雨，崔成，朱跃中，蒋钦云.拜登政府气候新政内容及其影响［J］.国际经济评论，2021（06）：161-176+8.

［210］刘健，彭丽娟."共同但有区别责任"内涵审视与适用研究——以国际气候变化谈判为视角［J］.湘潭大学学报（哲学社会科学版），2016，40（03）：35-39.

［211］刘卿.论利益集团对美国气候政策制定的影响［J］.国际问题研究，2010（003）：58-64.

［212］刘燕.中国政府提出应对气候变化挑战五点主张［N］.科技日报，2005-12-15（009）.

［213］刘元玲.特朗普执政以来美国国内气候政策评析［J］.当代世界，2019（12）：64-70.

[214] 娄伶俐. "双层次博弈"理论框架下的环境合作实质——以多边气候变化谈判为例 [J]. 世界经济与政治论坛, 2008 (02): 117-121.

[215] 陆争光. 中国页岩气产业发展现状及对策建议 [J]. 国际石油经济, 2016, 24 (04): 48-54.

[216] 吕晓莉. 全球治理: 模式比较与现实选择 [J]. 现代国际关系, 2005 (03): 8-13.

[217] 马建英. 美国的气候治理政策及其困境 [J]. 美国研究, 2013 (04): 72-96.

[218] 马骦. 美国在全球治理中的角色——以气候变化问题为例 [J]. 湖北民族学院学报（哲学社会科学版）, 2013, 33 (001): 92-95.

[219] 潘家华, 王谋. 国际气候谈判新格局与中国的定位问题探讨 [J]. 中国人口·资源与环境, 2014, 24 (04): 1-5.

[220] 潘家华. 负面冲击正向效应——美国总统特朗普宣布退出《巴黎协定》的影响分析 [J]. 中国科学院院刊, 2017, 32 (09): 1014-1021.

[221] 潘家华. 和谐竞争: 中美气候合作的基调 [J]. 中国党政干部论坛, 2009 (06): 42-44.

[222] 潘家华. 勿需幻想, 中国应对气候变化要走独立自主之路 [J]. 绿叶, 2009 (03): 50-56.

[223] 潘家华. 满足基本需求的碳预算及其国际公平与可持续含义 [J]. 世界经济与政治, 2008 (01): 35-42.

[224] 庞中英. 效果不彰的多边主义和国际领导赤字——兼论中国在国际集体行动中的领导责任 [J]. 世界经济与政治, 2010 (06): 4-18.

[225] 彭水军, 张文城. 国际碳减排合作公平性问题研究 [J]. 厦门大学学报（哲学社会科学版）, 2012 (01): 109-117.

[226] 秦亚青. 关系本位与过程建构: 将中国理念植入国际关系理论 [J]. 中国社会科学, 2009 (03): 69-86+205-206.

[227] 秦亚青. 全球治理失灵与秩序理念的重建 [J]. 世界经济与政治, 2013 (04): 4-18+156.

[228] 曲星. 人类命运共同体的价值观基础 [J]. 求是, 2013 (04): 53-55.

[229] 阮宗泽. 人类命运共同体: 中国的"世界梦" [J]. 国际问题研究, 2016 (01): 9-21+133.

[230] 沈雅梅. 特朗普"美国优先"的诉求与制约 [J]. 国际问题研究, 2018 (02): 96-111.

[231] 生态环境部. 中国应对气候变化的政策与行动2019年度报告 [R]. 2019 (11): 1-64.

[232] 宋亦明, 于宏源. 全球气候治理的中美合作领导结构: 源起、搁浅与重铸 [J]. 国际关系研究, 2018 (02): 137-152+158.

[233] 孙悦, 于潇. 人类命运共同体视域下中国推动全球气候治理转型的研究 [J]. 东北亚论坛, 2019, 28 (06): 112-123+125.

[234] 汤国维. 里根当选与他的保守主义 [J]. 国际问题资料, 1984 (05): 1-2.

[235] 田慧芳. 中美能源与气候合作博弈: 深化与突破 [J]. 国际经济评论, 2013 (06): 68-78+6.

[236] 托尼·麦克格鲁, 陈家刚. 走向真正的全球治理 [J]. 马克思主义与现实, 2002 (01): 33-42.

[237] 王保民, 袁博. 美国利益集团影响立法的机制研究 [J]. 国外理论动态, 2020 (01): 143-149.

[238] 王波, 翟大宇. 拜登政府气候政策: 原因、特点及中美合作方向 [J]. 中国石油大学学报 (社会科学版), 2022, 38 (04): 38-44.

[239] 王明国. 全球治理转型与中国的制度性话语权提升 [J]. 当代世界, 2017 (02): 60-63.

[240] 王谋. 隐形碳关税: 概念辨析与国际治理 [J]. 气候变化研究进展, 2020, 16 (2): 243-250.

[241] 王瑞彬. 当前美国应对气候变化的战略分析 [J]. 人民论坛, 2021 (31): 93-95.

[242] 王维, 周睿. 美国气候政策的演进及其析因 [J]. 国际观察, 2010 (05): 77-83.

[243] 王卫东. 美国外交中理想主义与现实主义的平衡研究——一种理性制度主义的分析 [D]. 北京: 中共中央党校, 2008.

[244] 王文涛, 仲平, 陈跃. 美国《第三次气候变化国家评估报告》解读及其启示 [J]. 全球科技经济瞭望, 2014 (09): 1-11.

[245] 王文涛, 朱松丽. 国际气候变化谈判: 路径趋势与中国的战略选择 [J]. 中国人口·资源与环境, 2013 (09): 6-11.

[246] 王鑫. 论共同但有区别责任原则在气候变化国际立法中的分歧和发展 [D]. 北京交通大学, 2017.

[247] 王玉婷. 拜登政府的气候政策研究 [D]. 长春: 吉林大学, 2023.

[248] 维基百科. 巴黎协定 [EB/OL]. https://zh.wikipedia.org/wiki/%E5%B7%B4%E9%BB%8E%E5%8D%94%E5%AE%9A.

[249] 乌尔里希·贝克, 王武龙. 从工业社会到风险社会 (上篇) ——关于人类生存、社会结构和生态启蒙等问题的思考 [J]. 马克思主义与现实, 2003 (03): 26-45.

[250] 夏正伟, 梅溪. 试析奥巴马的环境外交 [J]. 国际问题研究, 2011 (02): 23-28.

[251] 肖峰. 论"一带一路"背景下我国履行《巴黎协定》的机制创新 [J]. 海关与经贸研究, 2018, 39 (04): 113-124.

[252] 肖兰兰. 拜登气候新政初探 [J]. 现代国际关系, 2021 (05): 41-50+61.

[253] 肖兰兰. 对欧盟后哥本哈根国际气候政策的战略认知 [J]. 社会科学, 2010 (10): 35-42.

[254] 肖兰兰. 国际气候制度的"中国烙印"及其影响 [J]. 生态经济, 2015, 31 (10): 66-70+82.

[255] 谢莉娇. 新保守主义在小布什外交政策中的悖论 [J]. 国际关系学院学报, 2006 (05): 41-44.

[256] 谢世清. 美国新能源安全规划及其对我国的启示 [EB/OL].

http: //econ. pku. edu. cn/displaynews. asp? id = 5640.

[257] 新华网. 中方权威人士:《巴黎协定》凝聚各方最广泛共识 [EB/OL]. http: //www. xinhuanet. com//world/2015 - 12/13/c_1117443108. htm.

[258] 信强, 杨慧慧. 中美气候技术合作: 进程、动力与挑战 [J]. 美国问题研究, 2024 (01): 1 - 25 + 287.

[259] 邢彩丽. 对气候政治中国家利益的阶层属性的马克思主义解读 [D]. 杭州: 浙江理工大学, 2013.

[260] 熊鑫. 气候政治: 拜登政府气候治理政策调整及实施困境研究 [D]. 南昌: 南昌大学, 2024.

[261] 徐金金, 余秀兰. 拜登政府的气候政策及中美气候合作前景 [J]. 区域国别学刊, 2023, 7 (04): 128 - 153 + 160.

[262] 许琳, 陈迎. 全球气候治理与中国的战略选择 [J]. 世界经济与政治, 2013 (01): 116 - 134.

[263] 杨晓娟. 从巴厘岛到巴黎: 责任视角下的中国气候政策分析 [D]. 北京: 外交学院, 2016.

[264] 杨雪冬. 风险社会理论述评 [J]. 国家行政学院学报, 2005 (01): 87 - 90.

[265] 叶江. 单边主义与多边主义的相互转换——试析多边主义在布什第二任期回归的可能 [J]. 美国研究, 2004 (04): 59 - 72.

[266] 于贵瑞, 牛栋, 王秋凤.《联合国气候变化框架公约》谈判中的焦点问题 [J]. 资源科学, 2001 (11): 10 - 16.

[267] 于宏源, 李志青. 浅析奥巴马政府的气候政策调整及其前景 [J]. 现代国际关系, 2013 (11): 27 - 32.

[268] 于宏源, 张潇然, 汪万发. 拜登政府的全球气候变化领导政策与中国应对 [J]. 国际展望, 2021, 13 (02): 27 - 44 + 153 - 154.

[269] 于宏源. 拜登政府气候政策的内容、特点与前景 [J]. 当代世界, 2024 (02): 32 - 37.

[270] 于宏源. 国际环境合作中的集体行动逻辑 [J]. 世界经济与政治, 2007 (05): 43 - 50 + 4.

[271] 于宏源. 特朗普政府气候政策的调整及影响 [J]. 太平洋学报, 2018, 026 (001): 25-33.

[272] 于欣佳. 奥巴马的困境——美国在世界气候变化问题面前的选择 [J]. 世界经济与政治论坛, 2010 (02): 101-110.

[273] 袁鹏. 奥巴马政府对华政策走向与中美关系前景 [J]. 外交评论（外交学院学报）, 2009, 26 (01): 1-6.

[274] 袁征. 美国为何偏爱单边主义 [J]. 人民论坛, 2017 (035): 116-118.

[275] 张海滨, 戴瀚程, 赖华夏, 等. 美国退出《巴黎协定》的原因、影响及中国的对策 [J]. 气候变化研究进展, 2017 (05): 439-447.

[276] 张海滨. 印度: 一个国际气候变化谈判中有声有色的主角 [J]. 世界环境, 2009 (01): 30-33.

[277] 张健, 陈云轩, 张亦诺. 拜登政府气候政策: 动因、框架与缺陷 [J]. 和平与发展, 2023 (04): 25-50+156-157.

[278] 张莉. 美国气候变化政策演变特征和奥巴马政府气候变化政策走向 [J]. 国际展望, 2011 (01): 75-94+129.

[279] 张永香, 巢清尘, 郑秋红等. 美国退出《巴黎协定》对全球气候治理的影响 [J]. 气候变化研究进展, 2017 (05): 407-414.

[280] 赵行姝.《巴黎协定》与特朗普政府的履约前景 [J]. 气候变化研究进展, 2017 (05): 448-455.

[281] 赵行姝. 拜登政府的气候新政及其影响 [J]. 当代世界, 2021 (05): 26-33.

[282] 赵行姝. 美国能源决策的影响因素分析——基于拱心石 XL 项目的案例研究 [J]. 美国研究, 2017 (03): 77-94.

[283] 赵行姝. 透视中美在气候变化问题上的合作 [J]. 现代国际关系, 2016 (08): 47-56+65.

[284] 甄炳禧. 智能制造与国家创新体系——美国发展先进制造业的举措及启示 [J]. 人民论坛·学术前沿, 2015 (11): 27-39.

[285] 中国气候变化信息网. 从《京都议定书》到《巴黎协定》

中国逐渐成为国际气候治理引领者［EB/OL］. http：//www. ccchina. org. cn/Detail. aspx？ newsId = 70469&TId = 61.

［286］中国气候变化信息网. 美缘何一再拒签《京都议定书》？［EB/OL］. https：//www. ccchina. org. cn/Detail. aspx？ newsId = 19763&TId = 58.

［287］中国新闻网. 联合国报告：中国近10年可再生能源投资规模全球第一［EB/OL］. http：//news. sciencenet. cn/htmlnews/2019/9/430241. shtm.

［288］中国政府网. 气候科研成为各国应对气候变化"话语权"重要依据［EB/OL］. http：//www. gov. cn/jrzg/2009 - 12/17/content_1489627. htm.

［289］中国政府网. 我国提前完成2020年碳减排国际承诺［EB/OL］. http：//www. gov. cn/xinwen/2019 - 11/28/content_ 5456537. htm.

［290］中华人民共和国生态环境部. 中国应对气候变化的政策与行动2024年度报告［R］. https：//www. mee. gov. cn/ywgz/ydqhbh/wsqtkz/202411/W020241106685054014098. pdf.

［291］周战超. 当代西方风险社会理论引述［J］. 马克思主义与现实，2003（03）：53 - 59.

［292］朱伯玉，李宗录. 气候正义层进关系及其对《巴黎协定》的意义［J］. 太平洋学报，2017（09）：1 - 10.

［293］朱超. 公共产品、外部性与气候变化［D］. 上海：华东师范大学，2011.

［294］朱松丽，朱磊，赵小凡，等. "十二五"以来中国应对气候变化政策和行动评述［J］. 中国人口·资源与环境，2020，30（04）：1 - 8.

［295］庄贵阳，薄凡，张靖. 中国在全球气候治理中的角色定位与战略选择［J］. 世界经济与政治，2018（04）：4 - 27 + 155 - 156.

［296］庄贵阳. 后京都时代国际气候治理与中国的战略选择［J］. 世界经济与政治，2008（08）：6 - 15 + 3.